ABOLIÇÃO

ANGELA Y. DAVIS

Abolição
Políticas, práticas, promessas — Volume 1

Tradução
Bruna Barros

Copyright © 2024 by Angela Y. Davis

Grafia atualizada segundo o Acordo Ortográfico da Língua Portuguesa de 1990, que entrou em vigor no Brasil em 2009.

Título original
Abolition: Politics, Practices, Promises — Volume 1

Capa
Giulia Fagundes

Foto de capa
Bettmann/ Getty Images

Preparação
Ângela Vianna

Índice remissivo
Probo Poletti

Revisão
Thaís Totino Richter
Luís Eduardo Gonçalves

Dados Internacionais de Catalogação na Publicação (CIP)
(Câmara Brasileira do Livro, SP, Brasil)

Davis, Angela Y.
 Abolição : Políticas, práticas, promessas : Volume 1 / Angela Y. Davis ; tradução Bruna Barros. — 1ª ed. — São Paulo : Companhia das Letras, 2025.

 Título original : Abolition : Politics, Practices, Promises — Volume 1.
 Bibliografia.
 ISBN 978-85-359-4158-6

 1. Afro-americanos – Direitos civis – História 2. Corrupção policial 3. Discriminação racial na aplicação da lei 4. Justiça restaurativa 5. Movimento de abolição das prisões – Estados Unidos 6. Mulheres prisioneiras 7. Penas alternativas – Estados Unidos 8. Racismo 9. Violência contra afro-americanos I. Título.

25-269137	CDD-364.6

Índice para catálogo sistemático:
1. Abolicionismo penal : Problemas sociais 364.6

Cibele Maria Dias – Bibliotecária – CRB-8/9427

Todos os direitos desta edição reservados à
EDITORA SCHWARCZ S.A.
Rua Bandeira Paulista, 702, cj. 32
04532-002 — São Paulo — SP
Telefone: (11) 3707-3500
www.companhiadasletras.com.br
www.blogdacompanhia.com.br
facebook.com/companhiadasletras
instagram.com/companhiadasletras
x.com/cialetras

Para Gina

Sumário

Prefácio. 9

PARTE I — CAPITALISMO, DEMOCRACIA E PRISÃO

1. A permuta de prisioneiros: A face inferior dos direitos
civis. 21
2. Prisão: Um sinal da democracia estadunidense?. 41

PARTE II — ESCRAVIDÃO E A PRISÃO NOS ESTADOS UNIDOS:
CONEXÕES GENEALÓGICAS

3. Da prisão da escravidão à escravidão da prisão: Frederick
Douglass e o sistema de arrendamento de condenados. 57
4. Do sistema de arrendamento de condenados à prisão de
segurança máxima. 90

PARTE III — DESARTICULANDO O CRIME E A PUNIÇÃO:
MODELOS ABOLICIONISTAS EMERGENTES

5. Raça e criminalização: Pessoas negras dos Estados Unidos
e a indústria da punição. 111

6. Mudança de atitudes em relação ao crime e castigo......130
7. Encarceramento público e violência privada: Reflexões
sobre a punição oculta de mulheres.......................167

PARTE IV — REPENSANDO O ENCARCERAMENTO:
IDENTIFICANDO O COMPLEXO INDUSTRIAL PRISIONAL

8. Racismo mascarado: Reflexões sobre o complexo industrial
prisional..187
9. Raça, gênero e o complexo industrial prisional:
Na Califórnia e além................................196

PARTE V — MULHERES ENCARCERADAS: HOLANDA,
ESTADOS UNIDOS E CUBA

10. Mulheres na prisão: Pesquisando raça em três contextos
nacionais...231
11. Mulheres encarceradas: Estratégias de transformação....255
12. Lutando pelo futuro dela: Reflexões sobre direitos
humanos e prisões para mulheres na Holanda............271

Notas..313
Referências bibliográficas.............................333
Índice remissivo......................................343

Prefácio

Estes escritos, que giram em torno da prisão, do complexo industrial prisional e da abolição de ambos, representam esforços coletivos e provisórios — dada a relação que possuem com práticas de movimentos que ainda se desenvolvem — de compreender processos responsáveis por formas contínuas e sistemáticas de devastação em nossa sociedade. Embora tenha continuamente revelado suas inadequações como garantidora da segurança pública e como reabilitadora das pessoas sujeitas ao encarceramento, a instituição prisional, ainda assim, sempre promoveu sua própria permanência.

Considerando que estes ensaios foram escritos durante um momento histórico que difere bastante do presente, espero que haja algum valor contemporâneo nos insights que compartilho aqui. Mais especificamente, espero que os textos possam auxiliar militantes de movimentos sociais e ativistas-intelectuais a apreciar o fato de que, apesar de não existir uma correlação direta entre as mudanças que tentamos gerar a partir de práticas radicais nos nossos movimentos e as consequências reais de tais práticas, essas consequências ainda carregam o potencial de fazer muita diferença e podem revelar transformações que, de outra maneira, talvez nunca soubéssemos serem necessárias. Cada ensaio aqui reunido representa percepções e práticas plenamente colaborativas, e, embora eu conste como autora da maioria dos escritos, jamais reivindicaria responsabilidade total por essas ideias. Revisito esses textos com o propósito de apreender os progressos (e regressos) históricos, intelectuais e práticos que eles possibilitaram. E é com esse espírito que os ofereço a um público leitor mais amplo.

Ao longo dos últimos anos — e principalmente desde os protestos de 2020 em resposta aos assassinatos de George Floyd, Breonna Taylor e tantos outros cometidos pela polícia —, nós presenciamos o despertar de uma nova consciência coletiva sobre a dura onipresença das instituições carcerárias e nossa capacidade irrisória de imaginar outras formas de garantir a saúde e a segurança públicas. Apesar de forças políticas regressivas persistirem em suas tentativas de expurgar as evidências dessa consciência emergente, as possibilidades políticas anunciadas por estratégias abolicionistas (em oposição às reformistas) são cada vez mais reconhecidas — às vezes até mesmo no interior do discurso convencional.

Não digo isso, no entanto, para argumentar que estamos nos encaminhando para a abolição das prisões e de estruturas de policiamento, e sim que conversas públicas sobre detenção de imigrantes, sistema de policiamento familiar, policiamento de maneira geral e o encarceramento como principal forma de punição não podem mais prosseguir com sua parceira até então inevitável, a "reforma", sem o reconhecimento da abolição como uma estratégia possível para futuros mais habitáveis.

Ao mesmo tempo, isso também não significa dizer que, só porque o abolicionismo foi excluído do discurso convencional por tantas décadas, agora estamos satisfeitas com sua simples menção. Reconhecê-lo como uma estratégia possível para a abordagem de práticas de encarceramento contemporâneas nos permite seguir de maneira mais confiante com nossas críticas radicais da carceralidade, que revelam as influências persistentes de ideologias ligadas ao que se presumem ser instituições extintas. Esse momento do abolicionismo — e do feminismo abolicionista — nos ajuda a criar novos pontos de partida para nossos esforços contínuos de revelar como sistemas e estruturas repressivas que se alimentam do racismo, do heteropatriarcado e de hierarquias de classe nos aprisionam ao passado, nos amarram ao capitalismo, de diversas formas, e nos impedem de vislumbrar futuros socialistas coletivamente.

Uma grande parcela dos artigos reunidos nesses dois volumes (o segundo está por vir) revela as primeiras tentativas de pensar algumas das imbricações do que são geralmente considerados modos aceitáveis de vigilância e punição com elementos da instituição escravocrata. Muitas prisões do Sul dos Estados Unidos — mas não somente de lá — ainda carregam a marca da escravidão e do sistema de arrendamento de pessoas condenadas.* No fim do último século, enquanto desenvolvíamos nossa análise acerca da conexão entre escravidão e prisão, reconhecemos que seguir o caminho do exame dessa relação como analógica — ou seja, que estratégias de encarceramento apresentam uma similaridade com a escravidão — seria muito menos frutífero que postular um referencial diferente para ela, um referencial genealógico. De fato, pode haver elementos de similaridade entre as duas instituições, mas podemos nos beneficiar muito mais ao examinar o histórico de ideias, ideologias e instituições que revelam conexões históricas entre escravidão e encarceramento.

---

* O sistema de arrendamento de condenados era uma forma de trabalho forçado, vigente no Sul dos Estados Unidos depois da Guerra Civil; os prisioneiros eram "alugados" como trabalhadores a empresas privadas, como companhias de estrada de ferro, minas, plantações. (N. E.)

Estes ensaios visam revelar como podemos pensar criticamente sobre instituições que se constituem como precondições de nossa vida. Por exemplo, a democracia — representada no discurso público como a garantia institucional de direitos e liberdades civis — pode também ser pensada como a condição fundamental de possibilidade para a prisão, que, por sua vez, teria que ser encarada como uma instituição essencialmente democrática. O encarceramento como punição consiste na revogação de direitos e liberdades democráticas, portanto, na teoria, na negação constitutiva desses direitos e liberdades.

Por que é útil se ater a tais questionamentos críticos da prisão? Pelo mesmo motivo que isso nos ajuda a subverter pressupostos prevalentes acerca da sua permanência — o seu caráter a-histórico. Se o cárcere como estrutura de punição estatal é produzido pela história e está, inclusive, estreitamente associado à ascensão do capitalismo e a suas expressões políticas na democracia burguesa — democracia para uma classe em ascensão, mas não para outros setores da sociedade —, então pode-se esperar que elas percam relevância histórica conforme a transformação da própria história. E esse processo pode ser auxiliado, e esperamos que até mesmo acelerado, por movimentos de massa e outros tipos de ação política radical. O envolvimento abolicionista com as instituições carcerárias de nosso planeta nos leva a reconhecer que não podemos parar com os apelos pela abolição de prisões, cadeias, detenções de imigrantes, estruturas de policiamento e outras instituições de encarceramento. Na verdade, ao realizarmos o trabalho de imaginar e desenvolver estratégias para novas formas de gerar segurança, em menor e maior escala, em nossas sociedades, não conseguiremos atingir nossos objetivos se não pensarmos e imaginarmos para além das instituições carcerárias que queremos abolir.

Enquanto o capitalismo racial ditar cenários econômicos de exploração ao redor do mundo, as mesmas condições que promoveram a ascensão e a execução de modos retributivos de legalidade continuarão afirmando a permanência de estruturas carcerárias inspiradas pelo racismo. É, portanto, completamente contraditório clamar pela abolição das prisões (e da polícia) e se envolver em práticas que deixam intactas a democracia capitalista e o próprio capitalismo. O abolicionismo é uma missão para criar novas condições sociais, econômicas e políticas que tornarão obsoleta a punição carcerária. É uma missão de revolução.

E é justamente porque a abolição é uma missão de revolução que estes ensaios também visam demonstrar por que o gênero é uma categoria analítica central, que se sobrepõe a classe e raça — e com elas se entrecruza —, pois ajuda a consolidar o trabalho ideológico de instituições carcerárias. Desde que estes textos foram originalmente publicados, desenvolvemos maneiras mais complexas de teorizar gênero.[1] É importante mencionar que a emergência de um movimento trans radical e influente aprofundou nossa consciência acerca de como essas instituições funcionam para produzir e reproduzir no cotidiano normas que são supostamente situadas fora do âmbito do questionamento crítico. Os ensaios foram escritos em um período anterior ao surgimento da ampla consciência acerca de como os desafios ao binarismo de gênero podem derrubar instituições e ideologias.

O trabalho radical e transformador de lideranças LGBTQ dos movimentos abolicionistas ecoou amplamente, mesmo diante da ausência de uma consciência específica acerca de como elas desenvolveram análises mais profundas e demandas mais poderosas. Não foi por acidente que — antes mesmo dos protestos em meados de 2020, uma das campanhas políticas mais recentes no epicentro da revolta — Mineápolis, em Minnesota, protagonizou a luta para libertar CeCe McDonald, mulher trans negra que foi sentenciada ao encarceramento em uma prisão masculina por se defender de um homem branco que escolheu usar a força e a violência para mostrar que não se achava obrigado a coexistir no mesmo espaço que uma pessoa trans. Graças ao trabalho coletivo de ativistas de Mineápolis e de suas alianças nos Estados Unidos e em outros lugares, CeCe foi libertada após dezenove meses. Destaco essa campanha específica porque a revolta que foi retratada de maneira simplista pela mídia como uma resposta puramente espontânea ao linchamento de George Floyd, cometido pela polícia, deveu-se muito a essa e muitas outras campanhas promovidas pela sociedade civil. De fato, os enormes protestos de meados de 2020 podem ser mais bem entendidos como uma culminação de anos e até mesmo décadas de trabalho de organização promovido por ativistas representantes de uma ampla gama de movimentos que se entrecruzam.

Há muitas lacunas nos textos aqui apresentados, mas talvez a ausência mais importante seja a do essencial papel transformador do movimento Free Palestine [Palestina Livre]. Lamento especialmente que a centralidade da Palestina para a teoria e a prática do abolicionismo não esteja representada aqui, porque neste exato momento a guerra israelense contra Gaza e a ocupação militar continuada do território palestino por parte de Israel se tornaram o centro da atenção mundial. Todos os meus escritos neste volume foram originalmente publicados antes de minha viagem à Palestina em 2011, com uma delegação de mulheres de cor* e intelectuais-ativistas feministas indígenas.[2] Durante nossa visita, mantivemos muitas discussões com indivíduos e organizações a respeito de práticas carcerárias do governo israelense e das estruturas carcerárias da vida cotidiana na Margem Ocidental, onde passamos a maior parte do tempo. O período em que começamos

---

* *People of color* [pessoas de cor], assim como *women* [mulheres] *of color*, é uma categoria política de coalizão utilizada nos Estados Unidos que inclui diversos grupos étnico-raciais, como povos originários, negros e asiáticos. (N. T.)

a enfatizar publicamente as relações estreitas entre lutas antirracistas nos Estados Unidos e em outros lugares e lutas contra o colonialismo de ocupação israelense foi após os protestos de 2014 contra o assassinato de Michael Brown, cometido pela polícia em Ferguson, Missouri. Militantes da resistência palestina contataram ativistas de Ferguson (inclusive palestino-estadunidenses) a fim de informar, como muitos bem se lembram, que a mesma marca de gás lacrimogêneo era usada nos dois lugares. Além disso, pessoas ativistas da resistência palestina transmitiram recomendações importantes para os que protestavam em Ferguson a respeito de como reduzir o efeito nocivo do gás. Como resultado desta e de muitas outras trocas importantes, a Palestina se tornou uma grande referência da era Black Lives Matter [Vidas Negras Importam]. Essa associação é reforçada pelo grande número de jovens negros que, neste momento, protesta diariamente em solidariedade à Palestina nos Estados Unidos e no mundo, reforçando o que Nelson Mandela disse em 1997: "Quando estendemos nossas mãos por tantos quilômetros até o povo da Palestina, fazemos isso com a plena consciência de que somos parte da humanidade que é uma só".[3]

Neste momento, enquanto tento enquadrar os escritos aqui incluídos, estou participando de uma conferência internacional em Brisbane, Austrália (8 a10 de novembro de 2023), convocada pela organização abolicionista Sisters Inside. Fundada em 1999, a instituição oferece uma série de serviços para mulheres que estão ou estiveram encarceradas e também advoga pelo fim do encarceramento de mulheres, meninas e pessoas de todos os gêneros. Como tem ocorrido em muitas reuniões, muitos lugares e muitos países, a conferência pôs em primeiro plano o esforço fundamental pelo fim da guerra em Gaza e a expressão de solidariedade com a luta por justiça na Palestina. Ao longo das sessões da conferência, artigos e outras apresentações estão abordando o colonialismo de ocupação e a proximidade entre as lutas de povos indígenas e povos nativos do estreito de Torres, na Austrália, lutas maoris em Aotearoa e a resistência palestina contra uma forma especialmente repressiva de colonialismo de ocupação que visa estender seu alcance geográfico e seu controle político ainda no século XXI. No palco da conferência, ilustrando esse parentesco, estavam as bandeiras dos aborígenes, maoris e palestinos, posicionadas bem próximas.

As pessoas que lerem este livro devem estar conscientes do amplo número de escritos importantes sobre a abolição publicados nas duas últimas décadas. Tenho a sorte de ter aprendido com todos os que tive a chance de ler. Ofereço esta coletânea como uma pequena parte da história de ideias que ajudaram a gerar a literatura sobre abolicionismo, que está em processo de rápida expansão.

Devo apontar que não busquei alterar expressões por vezes obsoletas que permanecem como evidência da época em que os textos foram escritos. Por exemplo, tendo a utilizar "nativos norte-americanos", sendo que, atualmente, é mais provável que utilizemos "indígenas" para enfatizar que a presença desses povos antecede por muitos milhares de anos a imposição da identidade "americana" nessa parte do mundo. Em vez de "latinx", designação ainda contestada de pessoas de ascendência latino-americana, uso "latino/a". Além disso, na época ainda não tinha aprendido como apontar a inclusão de gênero de maneira mais ampla por meio do reconhecimento de identidades para além do binarismo controlador que, felizmente, começou a perder o poder. Mas aprendemos a como não aprisionar identidades humanas em conceitos que, por ignorância, considerávamos descritores neutros. Todas essas mudanças comprovam o fato de que nossas lutas pela liberdade se estendem até a linguagem que utilizamos para representá-las. Portanto, assim como aprendemos a não aprisionar seres humanos na designação de "escravos", optando, em vez disso, pelo termo "pessoa escravizada", aplicamos a mesma lógica a "prisioneiro", "condenado" e outros termos que visam implementar as próprias formas de repressão que designam. Outras mudanças refletem transformações políticas e econômicas, como a mudança de "Terceiro Mundo" para Sul Global (em parte porque o "Segundo Mundo" se desassociou do socialismo que o tornava uma ameaça perceptível para o "Primeiro Mundo" capitalista).

Apesar de não poder oferecer uma lista completa do que seria expresso de maneira diferente se eu tivesse atualizado minha linguagem (o que não seria possível se também não fossem atualizados os contextos descritivos e analíticos, o que significaria escrever ensaios completamente novos), também quero reconhecer minha falha em perceber quão difundidas e presentes são as metáforas capacitistas em nossos modos de expressão. Apenas com o auxílio de trabalho intelectual coletivo e persistente poderemos expurgá-las de nossos vocabulários com o tempo. E quero mesmo enfatizar quão gratificante tem sido viver o suficiente para testemunhar mudanças que só ocorreram porque tantas pessoas ativistas, organizadoras e também intelectuais-ativistas trabalharam rigorosamente por tantos anos e vidas — não pela honra que podem ou não receber, mas pelo conhecimento de que contribuíram coletivamente para o projeto de expandir o alcance da liberdade no mundo.

Angela Y. Davis
Brisbane, Austrália
Novembro de 2023

PARTE I
CAPITALISMO, DEMOCRACIA E PRISÃO

1. A permuta de prisioneiros
A face inferior dos direitos civis[*]

Pensar recentemente sobre o significado da frase "o complexo industrial prisional" me levou ao conto "The Space Traders" [Os Comerciantes Espaciais], de Derrick Bell, que começa com a descrição da chegada, em 1º de janeiro de 2000, de mil naves de um planeta distante cuja missão é permutar um enorme suprimento de recursos materiais por corpos negros:

> Aquelas naves gigantescas traziam em seus porões tesouros dos quais os Estados Unidos precisavam desesperadamente: ouro, para afiançar os praticamente falidos governos federal, estaduais e distritais; substâncias químicas especiais capazes de despoluir o meio ambiente, que a cada dia se tornava mais tóxico, e restaurá-lo até o estado perfeito em que estava antes de os exploradores ocidentais pisarem por lá; e um combustível nuclear completamente se-

[*] Publicado originalmente em Anatole Anton, Milton Fisk, Nancy Holmstrom (Orgs.), *Not for Sale: In Defense of Public Goods*. Bolder, COL: Westview Press, 2000, pp. 131-44.

guro, para aliviar os estoques quase esgotados de combustíveis fósseis da nação. Em troca, os visitantes queriam apenas uma coisa: levar para sua estrela de origem todas as pessoas negras que viviam nos Estados Unidos.[1]

Na história, no entanto — e, para meus propósitos, este é um ponto crucial —, há o rumor de que os negociadores estadunidenses tentam fazer um acordo com os Comerciantes Espaciais que envolve aceitar a permuta por todas as pessoas que estivessem na prisão ou em bairros periféricos dos centros urbanos,* mas permitindo que pessoas negras mais influentes permanecessem na Terra. Mas os comerciantes escravistas da modernidade, em vez disso, se atêm a uma base legal estrita para a inclusão, desprezando praticamente todas as outras diferenciações de categorias (exceto por idade e deficiência), e estão decididos a deportar todos os indivíduos cujas certidões de nascimento os descrevem como "negros", independentemente de qual sejam seu status econômico e seu prestígio social ou político. A permuta acontece em 17 de janeiro de 2000, Dia de Martin Luther King, o que, dada a correlação entre identidade racial, interesses, memória e história que o conto apresenta, erradica de maneira eficaz a necessidade dessa data comemorativa:

O amanhecer do último feriado de Martin Luther King que a nação observaria iluminou uma visão extraordinária. Durante a noite, os Comerciantes Espaciais haviam dirigido suas estranhas naves até as praias e despejado seus carregamentos de ouro, minerais e maquinaria, deixando os porões vazios. Amontoados nas praias estavam os recrutados, cerca de 20 milhões de homens, mulheres e crianças, incluindo bebês de colo, todos em silêncio. Quando o

---

* Em inglês, *walled-off inner-urban environments*. (N. T.)

sol nasceu, os Comerciantes Espaciais os organizaram para que primeiro se despissem de todas as peças de roupa, exceto por uma única peça de roupa íntima; depois para que se enfileirassem; e, finalmente, para que adentrassem os porões que escancaravam as bocas sob a luz da manhã feito a "escuridão visível" de Milton. Os recrutados lançaram olhares temerosos para trás. Mas, nas dunas acima das praias, com armas já engatilhadas, jaziam guardas dos Estados Unidos. Não havia escapatória nem alternativa. De cabeças baixas, braços agora ligados por finas correntes, as pessoas Negras deixaram o Novo Mundo da mesma maneira que seus ancestrais haviam chegado.[2]

A parábola de Bell sobre a "permanência do racismo" — a legenda da coletânea em que a história foi publicada — levanta questões importantes e perturbadoras acerca das estruturas materiais, ideológicas e psíquicas do racismo e, especificamente, sobre a disposição da nação de aderir a uma estratégia "em que o sacrifício dos direitos mais básicos de pessoas negras resultaria na acumulação de benefícios substanciais para todos os brancos".[3] De maneira previsível, o conto gerou controvérsias, principalmente entre intelectuais relutantes em criticar ideias liberais a respeito da história do progresso das "relações raciais" estadunidenses, que, como consequência, condenaram Bell por narrativas de racismo muito pessimistas e historicamente obsoletas. Há outra maneira, no entanto, de examinar criticamente a versão do racismo apresentada nessa parábola sem deixar de levar a sério a insistência do autor na permanência — ou, ao menos, na persistência — do racismo e no papel da lei na garantia disso por meio da institucionalização de ideologias racistas.

Devo observar que podemos formular questionamentos importantes, assim como faz Michael Olivas, a respeito da relação entre o cenário histórico do conto de Bell e as histórias dos nativos americanos, de pessoas latinas e de outras populações de cor não negras que também poderiam "marcá-las como candidatas para a permuta maligna dos Comerciantes Espaciais".[4] Em sua resposta ao conto, Olivas justapõe as leis de Remoção Cherokee e de Exclusão Chinesa, bem como o Programa Bracero e a Operação Wetback.* Ele conclui com o argumento de que esses padrões históricos estabelecidos de expulsão também podem ser encontrados na política de imigração estadunidense da década de 1990, que criou um cenário que ironicamente coincide com a parábola dos Comerciantes Espaciais. Olivas aponta que

> a "Crônica dos Comerciantes Espaciais" não é [...] fantástica demais ou improvável de acontecer, muito pelo contrário: o cenário já ocorreu mais de uma vez na história de nossa nação. Não apenas pessoas negras foram escravizadas, como a "Crônica" dolorosamente observa, como outros grupos raciais foram conquistados e removidos, importados por conta de sua mão de obra e impedidos de participar na sociedade que construíram, ou expulsos quando já não se considerava mais necessário o seu trabalho.[5]

Ao expandir as noções de Bell para incluir populações latinas, nativas norte-americanas e asiáticas norte-americanas no cenário,

---

* A autora refere-se a quatro grandes programas de imigração estadunidenses ao longo dos séculos XIX e XX: A Remoção Cherokee (também conhecida como Trilha das Lágrimas), cujo acordo coercitivo de permuta de terras promoveu a expulsão do povo cherokee para o oeste do rio Mississippi; a Lei de Exclusão Chinesa, assinada em 1882, que restringiu a imigração de chineses para os Estados Unidos por dez anos e instituiu novos requisitos de reentrada para os que já residiam no país; o Programa Bracero, série de acordos diplomáticos firmados em 1942 entre o México e os Estados Unidos que permitiu milhões de mexicanos trabalharem legalmente nos Estados Unidos com contratos de trabalho de curto prazo; e a Operação Wetback, uma campanha de aplicação da lei de imigração dos EUA durante o verão de 1954, que resultou na deportação em massa de mais de 1 milhão de cidadãos mexicanos. (N. E.)

bem como os eixos de classe e gênero que atravessam a ordem racial, podemos descobrir exemplos contemporâneos significativos que cada vez mais envolvem a remoção de um número substancial de pessoas da sociedade civil.

No entanto, se nos concentramos de maneira específica na história negra dos Estados Unidos, ainda assim precisamos nos perguntar se é necessário que negros estadunidenses conservadores de classe média sejam capturados pela mesma rede racista que trabalhadores empobrecidos para confirmar a persistência do racismo antinegro nos Estados Unidos. Quero sugerir que, apesar de o sacrifício racial que todas as pessoas negras dos Estados Unidos são compelidas a fazer na história de Bell poder nos ajudar a entender características históricas convencionais do racismo estadunidense, se olharmos mais atentamente e observarmos as exceções à realocação em massa e ao boato da proposta que substituiria a expatriação de prisioneiros e moradores de bairros marginalizados, encontraremos insights acerca da relação contemporânea entre raça e criminalização. Além disso, o plano dos Comerciantes Espaciais confirma alguns dos pensamentos mais estereotipados sobre mão de obra e capacidade de trabalho. As zonas masculinizadas da prisão e de bairros periféricos de centros urbanos consistem em espaços de potencial lucro bruto, mas que por si sós são insuficientes para se reproduzir. A feminilização da população idosa e com deficiência as condena e as relega a uma zona de negligência aparentemente benigna. As pessoas idosas e as que têm alguma deficiência, junto com os mil representantes detidos para manter a propriedade negra como garantia — caso o grupo um dia voltasse — são as únicas pessoas negras autorizadas a permanecer na Terra, inúteis para os objetivos dos Comerciantes Espaciais. Com sua divisão da população negra, a história de Bell expõe a conjunção insidiosa do capitalismo com o que é, de forma ampla, o reino da justiça, já que a lógica dos Comerciantes coincide ironicamente com a prática prisional, ao reconhecer que prisioneiros, desempregados e subempregados (que logo estarão sujeitos à detenção) já são uma população ideal para ser mão de obra. Isso contraria as representações midiáticas de prisioneiros preguiçosos que recebem alojamento e alimentação gratuitos e que, aparentemente, preferem a vigilância constante da polícia a um emprego substancial em economias legalizadas. A libertação piedosa de prisioneiros que estão idosos ou doentes (e, portanto, não podem mais ter seu trabalho explorado de maneira efetiva), ainda que conseguida a duras penas, é decerto uma das grandes ironias do ativismo prisional, já que a vitória deve sempre ser avaliada em relação ao sistema que não mais considera o prisioneiro liberto como rentável.

De fato, o complexo industrial prisional nos deu um novo cenário de remoção e subtração, que marca homens e mulheres, sobretudo de cor, como a matéria-prima básica para uma indústria da punição lucrativa. O encarceramento de números significativos de pessoas pobres negras, latinas, nativo-americanas e asiático-americanas também resulta na ocultação de estruturas do racismo matizadas pela classe dentro dos espaços, em rápida expansão, em que a economia corporativa redefine para nós a punição e a anuncia como segurança pública.

Não estou, no entanto, propondo uma crítica de "Os Comerciantes Espaciais" por sua falha em considerar esses padrões históricos e contemporâneos de alienação de comunidades de cor da sociedade estadunidense tradicional. O que me interessa no conto é a envolvente narrativa de ficção científica que, ao recapitular a escravidão de forma negativa sob a estrutura da lei constitucional, demonstra o argumento do autor a respeito do papel de um sistema legal democrático na manutenção do racismo. Bell — um estudioso de direito considerado pioneiro por intelectuais da teoria crítica racial pelas críticas do discurso dos direitos civis —[6]

constrói uma história na qual enfrentamos a possibilidade chocante de que essa proposta poderia se tornar a lei dessa terra. O argumento dele não se refere meramente à lei como doutrina, mas às ideologias embutidas nela, por mais bem disfarçadas que sejam: o racismo que precedia sua própria instanciação na lei e a falha, talvez até a inabilidade, da legislação em fornecer proteção contra os interesses da maioria.

No mesmo espírito do trabalho de Bell, quero investigar brevemente as maneiras como conceitualizações do racismo que se baseiam em uma interpretação tacanha de princípios legais de igualdade (e na presunção de que a lei pode proteger) atrapalham um entendimento da relação entre o complexo industrial prisional e mutações contemporâneas do racismo — tendendo a garantir a permanência do racismo precisamente em um momento em que discursos dominantes insistem no desaparecimento dele. Na parábola do autor, uma emenda constitucional é necessária para fornecer base legal para o recrutamento de todo o povo negro para esse serviço especial de sacrifício pela nação. O referendo tem aprovação de 70% contra 30%.[7] Pode ser suficiente parar aqui e perguntar, extrapolando um pouco as sugestões de Lani Guinier,[8] como isso é democracia, considerando que não se poderia dizer que a parcela a ser sacrificada constituía os 30% e que a lógica individualista de "um homem/um voto" (que em sua atual estrutura antifeminista já revela o quanto é insuficiente) não dá conta e não tem como dar conta de interesses de grupo. Mas como podemos entender aquelas estruturas do racismo que não precisam da legislação e que não podem ser contestadas por meio do acionamento do sujeito abstrato jurídico que a princípio permanece o mesmo, independentemente de classe, gênero e outros eixos de poder social? Se o racismo só pode ser confirmado em termos legais, dos quais os exemplos mais significativos são as leis da época da segregação que os movimentos de direitos civis conseguiram eliminar, e se pudermos presumir que as leis contra pessoas negras, latinas ou outros sujeitos de cor não têm muita possibilidade de reemergir, então seria bastante razoável aceitar o discurso liberal predominante sobre o desvanecimento da ordem racial.

Na parábola de Bell, o referendo ficcional para a nova emenda constitucional exigindo a conscrição de todos os negros estadunidenses incita protestos e gera a organização de esforços em apoio à comunidade negra. No entanto, a remoção forçada real de mais de 1 milhão de pessoas de cor, atualmente encarceradas em uma rede de prisões e cadeias que prolifera dia após dia, não incitou protestos e oposição da grande maioria. Será que essa ausência de ativismo pode ser explicada pelo fato de que nenhum procedimento legal específico designando exclusão racial foi exigido para justificar essa "nova segregação"?[9] O relatório de março de 1999 da Agência de Estatísticas Jurídicas do Departamento de Justiça sobre "Detentos de prisões e cadeias provisórias na metade de 1998" revelou que mais de 1,8 milhão de pessoas estão encarceradas nas prisões e cadeias do país.[10] A taxa de encarceramento é de 668 a cada 100 mil — mais que duas vezes a taxa de 1985 (313 a cada 100 mil). Um em cada 150 residentes dos Estados Unidos está na prisão ou sob detenção. Esses números já são alarmantes por si só, mas considerar que aproximadamente 70% desses 1,8 milhão de prisioneiros são pessoas de cor[11] talvez leve a uma reflexão sobre o papel não reconhecido da lei. Ao mesmo tempo que permite a racialização da punição e invisibiliza seu impacto devastador sobre essas populações, a lei constrói "criminosos" individuais a respeito de quem pode decidir por meio da justiça a questão da culpa ou inocência. O sujeito dela é o cidadão abstrato portador de direitos, e, de fato, o movimento pelos direitos civis deu grandes passos no processo de desracialização da legislação e na extensão de sua suposta neutralidade. No entanto, a condição para a assimilação legal de comunidades racialmente marginalizadas é a conceituação destas como agregações de indivíduos portadores de direitos que devem se apresentar separadamente diante de uma lei que vai considerar apenas a culpabilidade deles e não a sua própria. Torna-se cada vez mais difícil identificar o flagrante e profundo impacto do racismo, dentro e fora da legislação, nessas comunidades. Nenhuma lei racialmente explícita provocou o deslocamento de vastas populações negras e latinas do mundo livre para o universo dos aprisionados. Mesmo assim, cabe perguntar como a comunidade dos direitos civis teria respondido 35 anos atrás se tivesse sido informada que no ano 2000 provavelmente haveria (de acordo com o analista de políticas Jerome Miller) 1 milhão de homens negros e números crescentes de mulheres negras atrás das grades.[12] Ironicamente, é o status até que recente de sujeitos portadores de direitos iguais que prepara essa parcela da população para ser privada desses direitos na arena da punição e do lucro, pois a igualdade implica responsabilidades iguais. Isso reafirma, como explicarei adiante, as origens históricas da prisão.

Em outro artigo, "Racial Realism" [Realismo racial], Bell propõe a seguinte avaliação dos limites das estratégias de direitos civis:

> Como veterano de uma era de direitos civis que agora se findou, lamento ter de explicar o que deu errado. Nitidamente, precisamos examinar o que, na nossa dependência de remédios raciais, nos impediu de reconhecer que esses direitos legais poderiam fazer mais do que pôr fim a uma forma de conduta discriminatória, que logo reapareceu de modo mais sutil, porém não menos discriminatório. A pergunta é se essa investigação requer que redefinamos os objetivos de igualdade racial e oportunidades adotados por pessoas negras por mais de um século. A resposta precisa ser um enorme sim.[13]

A ênfase do discurso convencional dos direitos civis na igualdade abstrata e na ideia de "não ver mais cor" (esses princípios foram analisados de maneira abundante por intelectuais da teoria crítica racial)[14] dificultou bastante o desenvolvimento de um entendimento popular sobre a forma como — e Bell sugere que devemos ir além do paradigma de direitos civis — práticas de encarceramento reafirmam e aprofundam práticas de segregação social. Já que não se pode comprovar que pessoas de cor conduzidas como gado para as prisões e cadeias do país foram condenadas e sentenciadas sob leis que as identificam explicitamente em termos raciais, os números deveras desproporcionais de prisioneiros negros, latinos, nativo-americanos e cada vez mais asiático-americanos não podem ser oferecidos como evidência material de racismo. As limitações das estratégias de direitos civis do passado na análise dos alicerces econômicos do racismo tornam-se ainda mais nítidas diante de suas utilizações contemporâneas por parte de opositores de ações afirmativas.

Pode ser mais que mera coincidência que o primeiro estado a abolir ações afirmativas na educação pública e no campo do trabalho possui a maior população prisional do país.[15] A linguagem utilizada na votação conhecida como California Civil Rights Initiative (CCRI) [Iniciativa de Direitos Civis da Califórnia] foi especificamente projetada para ligar essa estratégia antiações afirmativas ao movimento dos direitos civis das décadas de 1950 e 1960. Seus defensores argumentavam que, ao acabar com preferências de raça e gênero, cotas e reservas, será possível — evocando a oratória do dr. Martin Luther King — "realizar o sonho de uma sociedade que não vê cor".[16] Mesmo assim, na Califórnia, um homem negro tem cinco vezes mais chances de estar em uma cela de prisão do que na sala de aula de uma universidade pública.[17] O Texas, que possui a segunda maior população carcerária, também aboliu ações afirmativas. E, no momento em que escrevo este texto, a Flórida, que tem a quarta maior população carcerária (Nova York tem a terceira), foi identificada por Ward Connerly, professor negro da Universidade da Califórnia e líder da CCRI, como próximo estado onde se deve passar proposta similar eliminando as ações afirmativas.* A concomitância de esforços antiações afirmativas e o aumento das populações prisionais na Califórnia, no Texas e na Flórida não pareceriam acidentais se nos dispuséssemos a entender o elo histórico entre a afirmação de direitos democráticos para uns e a garantia desses direitos por meio da privação de direitos de outros. No debate em torno das ações afirmativas, deveríamos, portanto, examinar a ampla falha, mesmo por parte das pessoas genuinamente interessadas na extensão dos direitos civis, de não levar em consideração as pessoas que são privadas de forma clandestina de seus direitos (ainda que por vias legais) por meio do complexo industrial prisional.

A cláusula principal da CCRI contém o seguinte texto: "O Estado não deve discriminar ou dispensar tratamento preferencial para qualquer indivíduo ou grupo com base em raça, sexo, cor, etnia ou nacionalidade na operação de empregos públicos, educação pública ou contratação pública".[18] Conforme implícito aqui, uma premissa fundamental do ativismo antiações afirmativas é que os direitos civis agora estão distribuídos igualmente entre cidadãos (*qualquer indivíduo ou grupo*) sem distinção de raça. Para dar conta do status social e econômico obviamente inferior daqueles que são a princípio iguais perante a lei, opositores das ações afirmativas tendem a utilizar um modelo explicativo de disfuncionalidade social e cultural. O argumento contrário de Nicholas Capaldi, por exemplo, que não considera de maneira séria os impactos das ações afirmativas em nenhum grupo além da população

---

* Connerly se aposentou do Conselho de Administração Universitária em março de 2005.

negra estadunidense, baseia-se na sua própria alegação de que, como conjunto de iniciativas, as ações afirmativas não são capazes de lidar de maneira efetiva com o problema que foram projetadas para resolver, ou seja, "a falha da população negra em participar de maneira plena na vida 'americana'".[19]

> O que seria participar de maneira plena? Participar de maneira plena em nossa sociedade significa ser um indivíduo autônomo e responsável — alguém que respeita as leis, se sustenta, se autodefine e é construtivamente ativo em uma ou mais instituições. Qualquer pesquisa estatística confirmará que, no que tange a desemprego, assistência social, criminalidade, desestruturação familiar e outros problemas sociais, a população negra é flagrantemente "super-representada" em relação a sua proporção na população geral do país. Essas estatísticas mostram que, não apenas a população negra como grupo não está participando de maneira plena, mas que muitos desses indivíduos são socialmente disfuncionais.[20]

Assim, seguindo a lógica do argumento de Capaldi, figuras políticas como Ward Connerly desconsideram a "super-representação" de pessoas de cor nas prisões do país e nos registros de assistência social como resultado dessa disfuncionalidade. Tal lógica, por sua vez, vem de uma interpretação errônea da relação entre a suposta igualdade aparente da lei e os resultados previsíveis e racializados que ela oculta. Nesse âmbito, a interpretação limitada dos princípios dos direitos civis é então empregada de maneira eficaz para desconsiderar formas de discriminação e marginalização que desaparecem por trás da igualdade legal e da segregação espacial na prisão. É justamente por ser fundamentado em uma construção tão estreita de cidadania que o discurso convencional dos direitos civis — e sua estrutura padrão negro/branco — falha em registrar não apenas a situação dos prisioneiros, mas também daqueles, como é o caso de imigrantes sem documentos, que partilham de um status similar e com frequência do mesmo espaço físico na cadeia. O Serviço de Imigração e Naturalização dos Estados Unidos* de fato constitui um importante setor do complexo industrial prisional, com o maior número de agentes federais armados, uma rede de centros de detenção em expansão e detentos transbordando para as prisões da nação. A ironia do status compartilhado pelo prisioneiro e pelo imigrante não está apenas na criminalização racializada, mas no fato de que o padrão da criminalização desses grupos demonstra uma falha fundamental da lei: ela não consegue apreender a individualidade dessas pessoas exceto para seu próprio benefício. O imigrante e o prisioneiro paradigmáticos (leia-se: não brancos) são marcados antes mesmo de se apresentar diante da lei como membros de grupos criminalizados. A afirmação de direitos individuais só é respeitada no seu aspecto negativo — a presunção da responsabilidade pela ilegalidade.

A ideia de que prisioneiros podem possuir direitos civis é uma noção relativamente nova. Em 1871, muitas décadas depois de se estabelecer o encarceramento como o modo predominante de punição nos Estados Unidos, a Suprema Corte da Virgínia declarou que o condenado "não apenas perdeu sua liberdade, mas também seus direitos pessoais, exceto por aqueles que a lei, em sua humanidade, lhe concede". Em outras palavras, o prisioneiro era, "neste momento, um escravo do Estado".[21] Embora várias decisões judiciais tenham revertido a decisão de Ruffin v. Commonwealth of Virginia, que determinou que prisioneiros não possuíam direitos exceto pelos que fossem expressamente estendidos a eles pelo estado, nos Estados Unidos e em países que viram o sistema de justiça criminal estadunidense como modelo, os direitos demo-

---

* Em 2003, o Serviço de Imigração e Naturalização (ins) foi substituído pela Polícia de Imigração e Alfândega dos Estados Unidos (ice) e duas outras agências.

cráticos continuam a significar muito pouco para quem está atrás das grades.

Cidadãos condenados por crimes são desprovidos de direitos com base na Constituição. E o fato de uma parcela desproporcional desses cidadãos ser formada por pessoas de cor não é atribuído à violência racista direcionada, mas a disfunções individuais e comunitárias. O palco histórico foi montado para esse encobrimento ideológico da racialização do aprisionamento com a aprovação da Décima Terceira Emenda da Constituição dos Estados Unidos, que, ao abolir a escravidão geral de pessoas negras, preservou o status de escravos para partes "devidamente condenadas por um crime".[22] O fato de estruturas racistas estarem imbuídas e ocultas por trás dos processos aplicados para "condenar devidamente" alguns "cidadãos" por crimes, mantendo outros relativamente imunes, não pode ser descoberto sob uma interpretação estreita do discurso *legal*. Torna-se impossível argumentar que a raça é responsável pelo fato de que alguns cidadãos são acusados, "devidamente condenados", sentenciados e aprisionados com muito mais facilidade que outros, mesmo quando as desproporcionalidades se tornam cada vez mais grotescas.

Diferenciações raciais em práticas de sentenciamento são uma característica perene do sistema de justiça criminal desde pelo menos o fim da Guerra Civil. Nem mesmo Frederick Douglass, que discursou de maneira tão eloquente contra os linchamentos, desenvolveu uma crítica do sistema de arrendamento de condenados, que transformou de maneira radical os sistemas prisionais do Sul dos Estados Unidos no pós-Guerra Civil.[23] Durante a era do movimento dos direitos civis, havia raras referências a pessoas negras cujo encarceramento as havia privado da cidadania plena. Mesmo quando o movimento concentrou suas energias na extensão do direito de voto para a população negra, não se presumiu que a privação de direitos de prisioneiros representava um problema sério. Esses equívocos nos levam de volta à avaliação de Bell acerca da falha de ativistas dos direitos civis e da dependência que tinham nos princípios legais e demonstram a necessidade de contestar essa visão limitada no momento atual.

O atual ativismo prisional produziu evidências abundantes da magnitude do problema da privação de direitos de prisioneiros. Um relatório de 1998 produzido pelo Sentencing Project e pelo Human Rights Watch revela que um total de 3,9 milhões de pessoas estão atualmente ou permanentemente privadas de direitos em virtude de serem criminosas ou ex-criminosas.[24] Como resultado de leis estatais, 1,4 milhão de homens negros — 13% de todos os homens negros adultos — perderam o direito ao voto. Nos estados do Alabama e da Flórida, 31% de todos os homens negros foram privados de forma permanente do direito de participar do processo eleitoral.[25] Não é uma ironia totalmente imprevisível que, ao passo que as populações prisionais se expandem sob as condições de um complexo industrial prisional emergente, os princípios dos direitos civis tenham sido apropriados por conservadores e se tornado inutilizáveis no que poderia ser, de outra maneira, uma campanha monumental por direitos eleitorais.

Isso levanta algumas questões maiores sobre a evolução da democracia sob as condições do capitalismo. Em que sentido podemos dizer que a abrangência da cidadania (ou de direitos disponíveis) sempre esteve ligada à negação de direitos para algumas pessoas? Uma breve discussão sobre a história da prisão pode ser útil aqui, especialmente se nos concentrarmos nas implicações da emergência simultânea do encarceramento como modo dominante de punição e do capitalismo industrial, com seus respectivos discursos sobre direitos individuais na sociedade civil. Assim como o jovem Estados Unidos forneceu um modelo de democracia política para o mundo ocidental, também proporcionou um modelo de punição — encarceramento em penitenciárias. Como alternativa à punição corporal, a penitenciária era a expressão suprema da democracia burguesa, pois afirmava negativamente o status do cidadão como um sujeito portador de direitos — criminalizando a pobreza, segmentando a população e imputando ao indivíduo (leia-se: homem) a responsabilidade moral pelo bem-estar social, liberando assim o Estado.

Baseando-se em suas visitas a diversas prisões estadunidenses em 1831, Alexis de Tocqueville e Gustave de Beaumont declararam:

> O sistema penitenciário nos Estados Unidos é severo. Enquanto a sociedade americana dá o exemplo da mais extensa liberdade, as prisões do mesmo país oferecem o espetáculo do mais completo despotismo. Os cidadãos sujeitos à lei são protegidos por ela; só deixam de ser livres quando se tornam vis.[26]

Essa observação, que foi feita no trabalho que escreveram juntos, *On the Penitentiary System in the United States and Its Application in France* [Sobre o sistema penitenciário dos Estados Unidos e sua aplicação na França],[27] baseou-se na pesquisa conduzida durante a mesma viagem aos EUA que forneceu a Tocqueville o material para *A democracia na América*. É importante mencionar que a discussão sobre o encarceramento como uma imagem reversa da democracia e, portanto, como uma instituição peculiarmente "antidemocrática" impossível de desvincular do processo democrático, está faltando na obra dele. A única referência que Tocqueville faz a prisões neste trabalho está no capítulo "Da onipotência da maioria nos Estados Unidos e de seus efeitos", em que se refere à mobilização da opinião pública para reformar criminosos. No texto, ele critica o poder da maioria por ter apoiado as novas penitenciárias projetadas para reformar e por ter negligenciado as antigas instituições, de forma que, "ao lado d[e uma] prisão, monumento

duradouro da brandura e das luzes de nosso tempo, encontrava-
-se uma masmorra que recordava a barbárie da Idade Média".[28]

Mas Tocqueville ficou impressionado o suficiente com a nova penitenciária estadunidense que se tornou uma figura relevante no debate parlamentar sobre a reforma das prisões francesas. Ele argumentava que as prisões nos Estados Unidos — até mesmo as piores delas — eram amplamente superiores a suas correspondentes em seu país natal: "Nossas prisões são tão inferiores às estadunidenses, até mesmo àquelas que eles declararam nocivas à saúde e ao equilíbrio mental, que tentar compará-las é abusar da razão".[29] Durante o debate parlamentar, Tocqueville argumentou a favor do sistema da Pensilvânia — idealizado por reformistas prisionais quacres —, que consistia na separação e no silêncio absolutos, os quais, segundo ele, impediam os prisioneiros de corromperem ainda mais uns aos outros, resultando assim na reforma moral do indivíduo condenado.[30]

Essa reforma, no entanto, só poderia ser alcançada por meio da mais absoluta repressão da sociedade civil. Uma sociedade democrática, em que a liberdade de associação e de expressão fossem diretrizes, só poderia ser preservada ao relegar seus infratores à solidão e ao silêncio — não apenas banindo-os da sociedade civil, mas os impedindo de se envolverem em qualquer tipo de relação social. É óbvio que Charles Dickens, outro europeu que visitou prisões estadunidenses, considerou o sistema da Pensilvânia completamente incompatível com a democracia. Em uma passagem citada com frequência de sua obra *American Notes* [Notas sobre os Estados Unidos], Dickens prefaciou uma descrição de sua visita à Penitenciária Estadual do Leste em 1842 com a observação de que "o sistema aqui é de confinamento solitário rígido, estrito e sem esperanças. Acredito que [esse sistema] é cruel e errado em seus efeitos".

Em sua intenção estou convencido de que seja terno, humano e destinado a reformar; mas estou certo de que aqueles que projetaram esse sistema de Disciplina Prisional, bem como os senhores benevolentes que o executam, não sabem o que estão fazendo. Acredito que pouquíssimos homens são capazes de estimar a imensa amplitude da tortura e da agonia que essa punição terrível, prolongada por anos, inflige sobre aqueles que a sofrem [...]. Só estou mais convencido de que existe uma profundidade terrível de resistência que ninguém além dos que a sofrem podem sequer imaginar, e que nenhum homem tem o direito de infligir sobre seu semelhante. Assevero que essa manipulação diária e vagarosa dos mistérios do cérebro é imensamente pior que qualquer tortura do corpo [...] porque as feridas que provoca não ficam na superfície e porque ocasiona poucos gritos possíveis de serem escutados por ouvidos humanos; portanto a denuncio mais ainda, como uma punição secreta que a humanidade adormecida não é capaz de suportar.[31]

Ao contrário de Tocqueville, que acreditava que essa punição resultaria em renovação moral e, portanto, que transformaria detentos em cidadãos melhores, Dickens acreditava que "aqueles que passaram por essa punição DEVEM retornar à sociedade moralmente debilitados e adoecidos".[32]

O sistema da Pensilvânia adotou o conceito inglês de "morte civil", à qual infratores (e mulheres casadas, que não tinham legitimidade jurídica exceto por meio de seus maridos) eram relegados. No entanto, esperava-se que o prisioneiro banido da sociedade civil reemergisse como uma fênix, por meio dos próprios esforços reflexivos, como um novo sujeito-cidadão. Porém, conforme previsto por Dickens, a insanidade era a consequência mais provável para anos de isolamento e silêncio. A ideia da "morte civil" do prisioneiro possuía ressonâncias óbvias com a escravidão, pois escravos e seus descendentes libertos eram legalmente despojados de uma série de direitos, inclusive o direito ao voto. Assim como eles eram excluídos da proteção constitucional, prisioneiros também se viram além do alcance da Constituição. Apesar de detentos terem por vezes conseguido adquirir alguns direitos (como o direito de entrar em tribunais federais com um mandado de habeas corpus a fim de entrar com recursos referentes à Oitava ou Décima Quarta Emenda da Constituição dos Estados Unidos), esses direitos foram drasticamente reduzidos pela Suprema Corte de Reagan-Bush. Na Califórnia e em outros estados, prisioneiros perderam há pouco tempo o direito de dar entrevistas para a imprensa. Considerando que a maioria das pessoas encarceradas é formada por pessoas de cor, as comunidades que são historicamente alvo de racismo são as mesmas cujos membros são tratados de maneira desproporcional como cidadãos de segunda classe e, portanto, que enfrentam restrições severas a suas possibilidades de falar por si mesmos na arena jurídica e na arena pública.

Contudo, a racialização do encarceramento é naturalizada. Desde a abolição da escravatura, pessoas negras vêm sendo encarceradas em números cada vez mais excessivos. Atualmente, 49% de todos os prisioneiros estaduais e federais são negros e 17% são latinos.[33] As categorias da negritude e da criminalidade têm transmitido informações uma à outra, de forma mútua, nos discursos dominantes populares e acadêmicos. Em regiões do país com uma quantidade significativa de populações latinas e nativo-americanas, a criminalidade também é racializada de acordo com as devidas proporções. Não só os imigrantes sem documentos vindos da América Central e da Ásia estão sujeitos à detenção e à deportação, latinos e asiático-americanos que são cidadãos dos Estados Unidos também o estão. Em contrapartida, discursos jurídicos — principalmente na era pós-direitos civis — baseiam-se em categorias neutras de raça para explicar o processo de punição. Assim, o despojamento histórico dos direitos de pessoas de cor se fundiu ao tratamento historicamente dispensado a criminosos.

Com essas breves evocações a respeito da conexão histórica entre a ascensão do encarceramento como punição e a ascensão do capitalismo industrial e de seus respectivos discursos sobre direitos individuais associados à democracia burguesa, quero aludir às complexidades do desenvolvimento de argumentos persuasivos contra o complexo industrial prisional e contra o uso sistemático e racista do confinamento em prisões e cadeias como solução para aquilo que é encarado como disfunções sociais associadas a comunidades racializadas. Assim como a análise histórica da emergência do sistema prisional necessita de uma crítica do capitalismo em sua fase inicial, uma análise do complexo industrial prisional de hoje precisa estar aliada a uma crítica radical das estruturas e dos valores do capitalismo global, inclusive a importância estratégica do racismo e do patriarcado. (Em um artigo anterior,[34] tentei sugerir estratégias teóricas para evitar uma abordagem masculinista do complexo industrial prisional em vista da população amplamente masculina das prisões por meio do posicionamento da punição de mulheres em um continuum que inclui tanto o circuito público quanto privado do poder.) Visei aqui apontar o potencial radical de teorizar e se organizar contra o complexo industrial prisional. Ao posicionar a crise carcerária atual em um contexto analítico que é crítico acerca dos entendimentos limitados de direitos civis e que considera implicações de classe, raça e gênero na democracia burguesa, a parábola de Derrick Bell dos Comerciantes Espaciais pode ser reimaginada nas transações cotidianas de corporações e agências governamentais que colhem lucros colossais da indústria da punição e que consomem os recursos sociais necessários para responder aos problemas da sociedade que empurram tantas pessoas para a prisão. Este trabalho contra o complexo industrial prisional pode nos auxiliar a desenvolver críticas populares ao capitalismo tardio e potencialmente radicalizar intelectuais e ativistas.

2. Prisão

Um sinal da democracia estadunidense?*

Pouco tempo atrás, eu estava olhando papéis antigos da família e me deparei com um trabalho escrito pelo meu irmão mais novo em seu primeiro ano de faculdade. O trabalho não apenas tentava advogar pela abolição das prisões, baseando-se bastante em literatura produzida por condenados e pessoas com antecedentes criminais, como também argumentava que um projeto de transformação revolucionária e democrática não poderia ser alcançado sem a participação e a liderança de prisioneiros. Minha surpresa inicial deu lugar a um momento perturbador de nostalgia, enquanto eu tentava afastar o sentimento de que abolicionistas prisionais estavam fadados, como Sísifo, a ensaiar eternamente todos os motivos convincentes — entre os quais muitos foram propostos no início, no momento em que a prisão surgiu como tecnologia de punição — de por que prisões simplesmente não

---

* Apresentado originalmente como discurso no Cultural Studies Symposium, Universidade da Califórnia, Santa Cruz, 28 nov. 2007.

funcionam, por que são um anátema para a "democracia" e por que deveriam, portanto, ser retiradas da arena social.

Estamos agora apenas repetindo os argumentos que lograram alguma medida de aceitação durante as décadas de 1960 e 1970, mas que falharam em fazer frente ao discurso de lei e ordem associado à era Reagan-Bush? Depois da Rebelião de Attica em 1971,* a abolição prisional foi amplamente reconhecida em círculos populares, acadêmicos e jurídicos — e não só em comunidades de jovens negros e radicais — como um tópico de discussão legítimo. Enquanto questionava por que o trabalho do meu irmão mais novo parecia um artefato estranho de uma era passada, pensei em como minha própria reação recapitulou a presunção atual de que o abolicionismo prisional não tem história — e que só pode ser encarado como uma fantasia utópica desvairada e impossível de realizar, ou como um projeto sempre adiado para o futuro.

O estudioso do direito Michael Tonry começa seu prefácio à homenagem de 2004 a Norval Morris, *The Future of Imprisonment* [O futuro do encarceramento], com esta observação:

> Não muito tempo atrás, pessoas sérias acharam que os dias da prisão estavam contados. "Os dias do encarceramento como método de tratamento de massa de infratores da lei", escreveu Hermann Mannheim, mentor de Norval Morris, em 1943, "estão praticamente acabados." Em um *festschrift* [livro de homenagem] para Mannheim em 1965, Morris escreveu que as origens da prisão eram precárias, sua operação era insatisfatória e seu futuro não prometia muito, e "previu com confiança" que "antes do fim

---

* Rebelião prisional ocorrida na Prisão de Segurança Máxima de Attica, Nova York, em que detentos tomaram o controle do presídio por cinco dias e fizeram agentes penitenciários de reféns para reivindicar melhores condições na cadeia. (N. E.)

deste século" a prisão, como Mannheim e Morris a conheciam, seria "extinta".[1]

No entanto, apesar de Tonry concordar com as críticas propostas mais de sessenta anos atrás por Mannheim e mais de quarenta anos atrás por Morris, ele conclui que, ainda que a prisão seja indiscutivelmente iatrogênica — sua suposta cura cria ainda mais distúrbios —, ela ainda tem um futuro — ao menos durante a vida daqueles de nós que somos adultos no presente. Tonry até mesmo sugere que, apesar de ter sido proposto dois séculos atrás como uma alternativa humana à pena de morte e à punição corporal, o encarceramento pode agora ser concebido como uma alternativa humana ao possível uso de drogas psicotrópicas para controlar os impulsos de infratores da lei, que podem ser introduzidos em um estado semelhante ao de zumbis no mundo livre. Tais drogas, para ele, violariam a autonomia de seres humanos ainda mais que o encarceramento.

Ao passo que Tonry não relega o abolicionismo de maneira explícita aos extremos ultrarradicais do ativismo prisional, ele parece relutante em questionar como a derrocada da prisão pode se acelerar, em vez de presumir que a instituição em si só pode ruir como resultado das próprias contradições internas. Em lugar disso, propõe determinações para o funcionamento apropriado da prisão durante o resto de sua existência.

Nesse sentido, Tonry reconstitui o drama de duzentos anos, para o qual Foucault voltou nossa atenção, de propor a prisão como a única solução para problemas que jamais foram resolvidos — e que foram, de fato, agravados de maneira consistente — por ela. Prisões maiores e melhores sempre produziram mais crises, cujas soluções são sempre prisões ainda melhores que, por sua vez, produzem ainda mais crises.

O sistema prisional do estado da Califórnia, diante da ameaça de ser colocado sob administração judicial federal por conta de tais crises, está prestes a adentrar um novo período de expansão considerável, se o governador conseguir o que deseja. Quando o governador Arnold Schwarzenegger foi recentemente confrontado com a possibilidade muito real de libertar um número significativo de prisioneiras mulheres, ele escolheu, em vez disso, propor uma nova rede de prisões "sensíveis a questões de gênero" para elas. A contribuição de Schwarzenegger para o drama de duzentos anos foi de acentuar a amnésia histórica que ele promove ao adicionar o termo "reabilitação" ao nome da agência controladora de prisões, de forma que o antigo Department of Corrections [Departamento de Correções] hoje se chama California Department of Corrections and Rehabilitation [Departamento de Correções e Reabilitação da Califórnia]. Agora estamos de volta aos dias primordiais da penitenciária.

Nos Estados Unidos, o projeto de instituir o encarceramento como o modo dominante de punição foi associado historicamente à metamorfose pós-revolucionária do governo e da sociedade no final do século XVIII e início do século XIX. A ascensão da penitenciária nos novos Estados Unidos da América foi encarada ao mesmo tempo como evidência dramática da democratização e como um sintoma do não reconhecimento das desigualdades raciais, de gênero e de classe imbuídas na própria estrutura da nova democracia. O encarceramento como punição significava, por um lado, que a negação da liberdade gerava provas negativas da emergência dela como padrão social. A negação da liberdade era, por assim dizer, a exceção que provava a regra. Contudo, havia aqueles que argumentavam que (estou citando o intelectual Adam J. Hirsch) "a liberdade era um tesouro precioso demais para ser confiscado por causa de infrações criminais leves (ou mesmo graves)".[2] O estudo de Hirsch a respeito da rápida disseminação da penitenciária nos Estados Unidos pós-revolução também aponta que, durante os debates acerca da nova punição, havia radicais que clamavam pela abolição de todas as punições, "um ponto de vista que, caso houvesse prevalecido, não teria levado o povo estadunidense à penitenciária".[3]

Mas, lamentavelmente, esse ponto de vista não prevaleceu. E, apesar de a persistência de argumentos para a abolição prisional (quase sempre eclipsados pelos clamores que pedem a reforma prisional) ser um elemento importante — ainda que subjugado — da história intelectual da prisão, mesmo assim a prisão se estabeleceu obstinadamente como uma instituição permanente e hegemônica da democracia estadunidense. De maneira irônica, ela ainda se apresenta, ao mesmo tempo, como uma evidência da democracia, e, portanto, exceção necessária, e como uma contradição irreconciliável. O que quero perguntar é se uma consideração mais profunda da relação entre encarceramento e democracia pode estabelecer uma abordagem mais produtiva para argumentos contra a hegemonia da prisão e, portanto, em prol da abolição prisional nos dias de hoje.

Antes de continuar, preciso compartilhar com vocês os motivos mais imediatos para essas reflexões. Na última década, trabalhei com uma organização e um movimento que atua sob a rubrica Critical Resistance: Beyond the Prison Industrial Complex [Resistência crítica: Além do complexo industrial prisional]. Esse movimento, que é amplamente responsável pela introdução do termo "complexo industrial prisional", acaba de embarcar em uma campanha intensa de popularização da noção de abolição prisional. Estamos no momento organizando uma conferência internacional que celebrará o décimo aniversário do Critical Resistance.

Portanto, fazer essas perguntas, perguntar quem é responsável pela resiliência fenomenal da punição carcerária; por que a instituição da prisão conseguiu se associar à ideia de democracia, pelo menos em sua manifestação nos Estados Unidos; em que medida o encarceramento é um processo de racialização que insinua a desigualdade racial, de gênero e sexual no coração da democracia liberal... Fazer essas perguntas é também questionar quais as perspectivas de uma campanha viável de abolição no século XXI.

Em outras palavras, agora não é — nem nunca foi — suficiente apenas propor evidências da falha da prisão e esperar que esses fatos incontestáveis deem início à sua derrocada. Por mais naturalizada que seja, a prisão com toda a certeza não vai morrer de morte natural.

Campanhas anteriores pela abolição de várias formas de punição, incluindo a prisão, se basearam em sua maioria no pressuposto de que certos tipos de punição são moral e politicamente incompatíveis com os ideais democráticos liberais. Apesar do imenso arquivo de casos legais apoiados pela Oitava Emenda da Constituição, que proíbe "punições cruéis e inadequadas" (assim como fianças e multas excessivas), a Suprema Corte ainda não foi persuadida a abolir a pena de morte, e sem dúvidas nem mesmo as formas mais extremas de encarceramento — o confinamento solitário indeterminado e a característica de privação sensorial da mais nova reinvenção da prisão estadunidense, a prisão de segurança supermáxima. Com frequência se observou que "poucas garantias constitucionais de liberdade individual foram tão invocadas com tanta regularidade e tiveram tão poucos resultados proveitosos como a Oitava Emenda".[4]

Em seu estudo sobre a Oitava Emenda, Colin Dayan argumenta que a justaposição bizarra de afirmações legais de punições cruéis com as proibições de tais punições na Oitava Emenda remonta à história da escravidão e dos esforços ideológicos para justificar a subjugação racializada dentro de uma ordem social baseada na democracia.

Se os métodos de punição utilizados nos Estados Unidos atualmente — a pena de morte, o confinamento solitário prolongado, força bruta e tortura psicológica — soam como barbárie para nossos padrões e para os padrões do resto do suposto mundo civilizado, isso pode ser atribuído à história colonial de estigmatização e privação legal de um grupo considerado menos que humano.

As decisões mais recentes da Suprema Corte referentes à Oitava Emenda, aquelas que estão por trás dos memorandos de tortura, invocam a ideologia da escravidão e da incapacitação civil em novos lugares e sob novas roupagens.[5]

Dayan reconstitui a história da Oitava Emenda ao passo que tenta entender as atuais justificativas legais para o tratamento dispensado a prisioneiros da Guerra ao Terror global estadunidense, que ela associa a práticas legitimadas em prisões domésticas que são, por sua vez, historicamente ancoradas nas práticas da escravatura.

É importante, para meus propósitos, apontar o fato de que a instituição da prisão cumpriu um papel-chave na Guerra ao Terror iniciada pelos Estados Unidos, que George W. Bush com frequência caracterizou como uma "luta ideológica em defesa da democracia". A articulação de instituições carcerárias com ideologias democráticas neoliberais contra a ameaça do terror remonta aos primórdios da democracia estadunidense, quando se executou o projeto de estender direitos e liberdades para alguns e negá-los para outros — negá-los, de maneira consistente, a escravos negros.

Isso suscita a questão: e se o encarceramento for tão filosoficamente ancorado a concepções liberais de democracia, inclinado e infectado por exclusão racial, que não podemos deixar de pensá-lo — e muito menos desmantelar suas instituições — sem primeiro reconceitualizar a democracia? Isso requer que prestemos bastante atenção às interdependências complicadas do racismo e do capitalismo responsáveis por instituições peculiares da democracia nos Estados Unidos.

Espera-se que considerações sobre punição e democracia façam uma referência obrigatória à pesquisa de Alexis de Tocqueville para o livro *A democracia na América*, que foi escrito por conta de uma comissão que ele e seu colega Gustave de Beaumont receberam do governo francês para estudar a nova penitenciária estadunidense à luz de sua aplicabilidade na França. Explicações acerca do silêncio sobre essa nova forma de "punição democrática", na obra dela, costumam partir do pressuposto de que Tocqueville não se interessava muito por prisões (apesar de ter visitado todas as principais instituições carcerárias dos Estados Unidos e entrevistado quase todos os prisioneiros mantidos na nova Penitenciária Estadual do Leste da Pensilvânia).

Dez anos atrás, em celebração ao "reavivamento [do pensamento de] Tocqueville", a C-SPAN patrocinou uma excursão escolar de nove meses explorando a democracia "na América". Refizeram a viagem de Tocqueville e Beaumont, parando nas comunidades visitadas pelos dois pesquisadores para discutir tópicos como "religião e política, o impacto e o poder da imprensa e a mudança do papel do governo". O objetivo da viagem era descobrir "o que significa democracia atualmente".

Essa série — do canal C-SPAN 3, utilizado em grande parte em salas de aula de colégios e faculdades comunitárias — coincidiu com uma renovada consciência pública a respeito da crise prisional. Apesar de ela ter incluído algumas discussões sobre prisões específicas — como a Sing Sing e a Penitenciária Estadual do Leste da Pensilvânia —, as prisões não parecem ter tido qualquer relação orgânica com a discussão a respeito de democracia. Eu me pergunto como teria sido a excursão se os participantes tivessem visitado tantas prisões e falado com tantos prisioneiros (e agentes penitenciários e guardas) quanto Tocqueville.

Nesse sentido, a viagem da C-SPAN foi condizente com a tendência histórica de esconder a prisão por trás das sombras da democracia. Após o exemplo e a recepção de Tocqueville, a punição do encarceramento — apesar de se sustentar em direitos e liberdades individuais e ao mesmo tempo negá-los — foi expulsa das margens da democracia. Em um sentido muito real, foi a negação que a democracia liberal exigia como evidência de sua própria existência. Foi e continua sendo a negação constitutiva da democracia liberal. A punição carcerária, ou seja, uma punição que consiste na privação de direitos e liberdades, só faz sentido em uma sociedade que, em teoria, respeita direitos e liberdades individuais.

O sujeito democrático liberal sabe que é livre precisamente porque não está encarcerado (e utilizo o gênero masculino de propósito aqui). Mas essa negação constitutiva é uma negação necessária que demonstra o valor da liberdade. Nesse sentido, é estruturalmente similar à escravidão. Sei que sou livre porque não sou escravo. Sei que sou livre porque não sou prisioneiro.

De que outra maneira podemos explicar o fascínio persistente pela prisão? No século XIX, prisões eram o maior destino turístico (10 mil pessoas visitaram a Penitenciária Estadual do Leste em 1858, por exemplo), e as prisões históricas seguem sendo alvo de encanto para turistas. Mais de 68 mil visitantes caminharam pelas celas da Penitenciária do Leste em 2002.

É interessante que, apesar de toda a literatura secundária a respeito de *A democracia na América*, não se dê muita atenção para o fato de que o envolvimento íntimo de seu autor com a penitenciária estadunidense pode ter influenciado sua análise da democracia. Como podem ser lidos os silêncios sobre a prisão — incluindo e extrapolando a especulação de Roger Boesche de que a prisão pode ter sido o modelo de Tocqueville para o despotismo?

Atualmente, o número de pessoas que entram e saem de penitenciárias em um ano é maior do que toda a população dos Estados Unidos na época da visita de Tocqueville. Em 1831, havia aproximadamente 13 milhões de habitantes no país. Hoje, 13,5 milhões passam algum tempo presos ao longo de um ano. O número que costumamos ouvir é 2,2 milhões, que reflete a soma de pessoas encarceradas em qualquer dia do ano. A vida de 7 milhões de pessoas é supervisionada diretamente por guardas prisionais e agentes de liberdade condicional. São 60 bilhões de dólares por ano.[6]

Eu poderia continuar com essa ladainha de estatísticas — me baseando na Agência de Estatísticas Jurídicas (BJS), que publica um censo prisional anual intitulado "Prisons and Jails at Midyear" [Prisões e cadeias na metade do ano]. O último censo realizado em 30 de junho de 2006 destaca o fato de que 4,8% de todos os homens negros estavam presos — 11% dos homens negros entre 25 e 34 anos (1,9% dos homens hispânicos e 0,7% dos homens brancos).

Cito o BJS sabendo muito bem que a enormidade dos números tem pouco impacto na forma como o público responde ao saber que os Estados Unidos mantêm agora mais pessoas atrás das grades — tanto absoluta quanto proporcionalmente — do que qualquer outro país. Mas não consigo me conter e, apesar da abstração dos números — e as maneiras convencionais de conhecer a prisão dependem deles, mais que qualquer outra coisa —, quero que você pense sobre o impacto quantitativo do encarceramento sobre as comunidades negras.

Já me referi ao papel ideológico clandestino que a prisão desempenhou e continua a desempenhar na afirmação dos direitos e das liberdades individuais na democracia liberal. Agora quero me ater por um momento à maneira como esses direitos e liberdades operam na trajetória que leva ao encarceramento. O que é peculiar aos Estados Unidos é o entrelaçamento da escravidão na emergência histórica da prisão. Já durante a escravatura — como salientou Saidiya Hartman —, pessoas negras eram reconhecidas como indivíduos com personalidade jurídica apenas pela sua culpabilidade. Ou seja, havia um sentido importante em que escravos não eram considerados propriedade — propriedade não pode ser considerada culpada de um crime.

A trajetória jurídica que termina com uma sentença de prisão reconhece o indivíduo como um sujeito jurídico com uma série de direitos — de confrontar seu acusador, de ter o devido processo, de ser julgado por um júri de pares etc. Portanto, o prisioneiro — e, como vimos, na atual população prisional, há mais pessoas negras do que brancas, e um número significativo de pessoas latinas (na Califórnia, são a maioria) — vivencia seus direitos e suas liberdades precisamente por meio do processo da negação dos mesmos.

Ainda que dentro dos limites da prisão, esses direitos devem ser respeitados. Alguns anos atrás, tive a oportunidade de assistir a uma audiência de classificação numa prisão masculina de segurança máxima na Califórnia. A audiência deveria decidir se o prisioneiro seria classificado como preso de nível IV, para ser alojado em uma unidade de 180 graus, ou como preso de nível III, para ser alojado em uma unidade de 270 graus. O ponto mais enfatizado foi o direito dele ao devido processo. Em outras palavras, não poderia ser classificado indiscriminadamente como de qualquer nível. A administração teve que seguir o devido processo para decidir se ele era perigoso a ponto de merecer um alojamento composto de celas que estivessem sempre na linha de visão da torre de guarda.

Desde o seu advento, a prisão tem sido uma instituição essencialmente democrática — pois demonstra, por meio do processo de negação, a centralidade dos direitos e das liberdades individuais. A vida civil é negada e o preso é relegado à condição de morte civil. Seguindo Claude Meillassoux e Orlando Patterson, Colin (Joan) Dayan e outros intelectuais compararam a morte social da escravidão à morte civil da prisão, especialmente considerando o histórico caso jurídico Ruffin versus Commonwealth, que, em 1871, declarou o prisioneiro "escravo do Estado".

> Um criminoso condenado [...] como consequência de seu crime não somente perdeu sua liberdade, mas também seus direitos pessoais, exceto aqueles que a lei, em sua humanidade, lhe concede. Ele é, nesse momento, um escravo do Estado. Ele é *civiliter mortuus*; e seus bens, se os tiver, serão administrados como os de um homem morto.

Embora o estado de morte civil dos prisioneiros tenha agora sofrido uma alteração, de modo que não são mais mortos-vivos como Dayan os caracterizou — ou seja, seus direitos residuais foram ligeiramente aumentados —, persiste ainda uma série de privações que posicionam o prisioneiro, e de fato também o ex-prisioneiro, para além dos limites da democracia liberal.

Quero analisar uma dessas privações — a perda do direito ao voto — e gostaria de pensar sobre o impacto da privação de direitos dos condenados no funcionamento da democracia contemporânea dos Estados Unidos. A maioria da população carcerária perde o direito ao voto temporária ou permanentemente. A privação, para detentos, foi um ponto-chave nas disputadas eleições presidenciais de 2000. Curiosamente, a questão não foi identificada como central nas eleições de 2004, embora poucas alterações tenham ocorrido na lei.

Cinco milhões e trezentas mil pessoas perderam o direito ao voto — de forma permanente ou temporária. Entre homens negros, os números são ainda mais dramáticos — quase 2 milhões, ou 13% da população total de homens negros adultos. Em alguns estados, um em cada quatro homens negros está impedido de votar.

A privação do direito ao voto para criminosos tem uma longa história, mas durante o início de seu surgimento nos Estados Unidos — na verdade, quando a primeira lei proibindo ex-criminosos de votar foi aprovada pela Virgínia em 1776 —, votar era em si uma prática rara, em grande parte porque uma minoria muito pequena da população (apenas 6%) tinha o direito de ser eleitor.[7] Era nitidamente uma democracia para poucos — para aqueles que eram homens, brancos e com patrimônios.

O período histórico que testemunhou uma expansão significativa das leis de privação de direito ao voto para criminosos foi a era pós-Guerra Civil — em outras palavras, depois da aprovação da Décima Quarta e da Décima Quinta Emenda. Na verdade, assim como a Décima Terceira Emenda, que acabou legalmente (e apenas legalmente) com a escravidão e caracterizou os condenados como exceção, a Décima Quarta, que garantiu a todas as pessoas proteção igual da lei, também continha uma exceção — a seção 2 permitia que os estados retirassem o direito ao sufrágio daqueles que estivessem envolvidos em "rebeliões ou outros crimes".[8]

De acordo com Elizabeth Hull, as convenções constitucionais do Sul dos Estados Unidos durante o período seguinte à derrubada da Reconstrução Radical —* para usar a periodização de Du Bois — desenvolveram estratégias de criminalização precisamente para despojar ex-escravos e seus descendentes do direito ao voto. Muitos estados do Sul aprovaram leis que ligavam crimes especificamente associados a pessoas negras à privação do direito ao voto, enquanto os crimes associados aos brancos não resultavam na retirada do mesmo direito. Em estados como o Mississippi, havia a situação irônica de que, se uma pessoa fosse condenada por ho-

---

* Chamado de Reconstrução Radical, foi o período pós-Guerra de Secessão em que o Congresso dos Estados Unidos promulgou leis e emendou a Constituição para garantir os direitos civis dos libertos e de pessoas negras em geral, além de autorizar o envio de tropas federais ao Sul para supervisionar o estabelecimento de governos estaduais mais democráticos. (N. E.)

micídio, mantinha seu direito ao voto, mas se fosse condenada por miscigenação, perdia esse direito.[9]

Não tenho tempo para aperfeiçoar uma análise ampla do desenvolvimento histórico das práticas atuais de privação de direito ao voto para condenados por crimes, por isso apontarei as descobertas dos sociólogos Jeff Manza e Christopher Uggen de que, entre 1850 e 2002, os estados com maiores proporções de pessoas de cor em suas populações carcerárias eram mais propensos a aprovar leis restringindo o direito dessa parcela ao voto, o que os leva a concluir que existe uma ligação direta entre a política racial e a privação de direito eleitoral para condenados por crimes. "Quando perguntamos como chegamos ao ponto em que a prática estadunidense está tão fora de sintonia com o resto do mundo", escrevem eles, "a resposta mais plausível que podemos oferecer é a raça."[10]

Concluo lembrando a todos nós que é possível afirmar com confiança que a presidência de Bush foi possibilitada precisamente pela relegação de uma grande população de indivíduos "livres" de maioria negra ao status de morte civil. A maioria de vocês conhece a história das eleições na Flórida e estão cientes de que não apenas ex-prisioneiros foram removidos dos cadernos eleitorais, mas também os suspeitos de crimes.

Como seria o mundo hoje — quais seriam as perspectivas para a democracia — se ex-presidiários tivessem podido votar nas eleições de 2000? Ao refletir sobre o significado do trabalho de conclusão de curso do meu irmão mais novo na faculdade, no qual ele previa que a transformação democrática revolucionária teria que envolver a participação de prisioneiros, ele perde sua aura anacrônica. Como salientou o congressista John Conyers, o fato de a participação nas eleições ter sido negada a 600 mil ex-criminosos só no estado da Flórida "pode ter mudado literalmente a história desta nação".[11]

PARTE II
ESCRAVIDÃO E A PRISÃO NOS ESTADOS UNIDOS

Conexões genealógicas

3. Da prisão da escravidão à escravidão da prisão

*Frederick Douglass e o sistema de arrendamento de condenados**

"A escravidão nos Estados Unidos", escreveu Frederick Douglass em 1846, "é a concessão de um poder pelo qual um homem exerce e impõe o direito de propriedade sobre o corpo e a alma de outro." Ao longo de sua carreira como abolicionista, seus escritos e discursos investigaram as contradições da definição legal de escravo como "um pedaço de propriedade — uma mercadoria comerciável".[1] Ele usou essa definição de propriedade, por exemplo, como base para sua análise de roubos cometidos por escravos como uma prática cotidiana de resistência à escravidão. O escravo "não pode ser dono de nada, possuir nada, adquirir nada além daquilo que deve pertencer a outro. Comer o fruto de seu próprio trabalho ou trajar sua pessoa com aquilo que foi produzido por suas próprias mãos é considerado roubo".[2] Já que o escravo

nasceu em uma sociedade organizada para usurpá-lo dos resultados de seu trabalho [...], ele naturalmente não pensou que fosse

---

* Publicado originalmente em Bill E. Lawson e Frank M. Kirkland (Orgs.), *Frederick Douglass: A Critical Reader*. Malden, Mass.: Blackwell, 1999, pp. 339-62.

roubo obter de maneira discreta — a única maneira possível para ele — uma parte do que foi forçado a produzir sob as duras condições do açoite.[3]

Quando o próprio Douglass escapou da escravidão, ele também roubou a propriedade que pertencia, aos olhos da lei, a seu senhor. Por ser um escravo fugitivo, foi considerado criminoso pelas leis estadual e federal — um ladrão que fugiu levando seu próprio corpo.

Ao longo de sua vida, Douglass se referiu por vezes à criminalização da população negra como um subproduto da escravidão. Em 1877, o presidente Rutherford Hayes o nomeou delegado* do Distrito de Columbia (apesar de muitas críticas de negros e brancos), o que, segundo ele, o colocou em contato direto com indivíduos negros estigmatizados como criminosos.[4] Embora contestasse invariavelmente a presunção predominante de que ex-escravos tinham inclinações naturais para o crime, Douglass concordava, no entanto, que "eles compõem uma proporção maior de ladrões simples do que qualquer outra classe",[5] atribuindo essa "propensão ao roubo" a vestígios da escravidão. Um componente central na filosofia da história de Douglass era a suposição de que, com o tempo, à medida que a população negra se tornasse cada vez mais afastada da era da escravidão, essas tendências criminosas diminuiriam proporcionalmente:

> É triste pensar na multidão que apenas saiu da escravidão para cair em prisões e gangues, pois os crimes pelos quais são punidos raramente são mais graves do que o roubo de um porco ou de um par de sapatos; mas é consolador pensar que isso não se deve à li-

---

* Em inglês: *US marshall*. (N. T.)

berdade, mas à escravidão, e que o mal desaparecerá conforme essas pessoas se afastem do sistema em que nasceram.[6]

Mais de um século depois de Douglass ter expressado a sua confiança de que ao longo do tempo a população negra seria transformada pelo progresso material e pela iluminação espiritual, e deixaria assim de ser tratada como uma classe criminalizada, a negritude está ideologicamente ligada à criminalidade de maneiras mais complicadas e perniciosas do que ele jamais poderia ter imaginado. Os números e as porcentagens esmagadoras de homens negros e mulheres negras em cárceres tendem a definir a população negra como a sujeita a priori ao encarceramento e à vigilância. Em 1997, havia 1,8 milhão de pessoas nas cadeias e prisões do país, aproximadamente metade das quais eram negras. Quase um terço de todos os jovens homens negros estavam encarcerados ou sob vigilância direta da justiça criminal.[7] Embora mulheres constituam uma porcentagem estatisticamente pequena da população prisional total (7,4%), a taxa de crescimento do encarceramento de mulheres negras ultrapassa a mesma taxa para homens negros.[8] Ao passo que o sistema prisional estabeleceu sua autoridade como uma importante instituição de disciplina e controle para comunidades negras durante as duas últimas décadas do século XIX, a regulação carcerária de comunidades negras atingiu proporções críticas no final do século XX.

Considerando o papel central que a raça desempenhou na emergência do complexo industrial prisional contemporâneo e na consequente expansão das populações carcerárias, examinar os pontos de vista históricos de Douglass acerca da criminalização de comunidades negras e a racialização do crime pode nos fornecer insights importantes. Neste ensaio, estou especialmente interessada no silêncio de Douglass em relação ao sistema de arrendamento de condenados pós-Guerra Civil, que transferiu números simbolicamente significativos de pessoas negras da prisão da escravidão para a escravidão da prisão. Por meio dessa transferência, heranças ideológicas e institucionais da escravidão começaram a fortalecer a equação entre negritude e criminalidade na sociedade estadunidense.

À época de sua aprovação em 1865, abolindo legalmente a economia escravista, a Décima Terceira Emenda também continha uma cláusula que foi celebrada de maneira universal como uma declaração da inconstitucionalidade da peonagem.* "Nem escravidão nem servidão involuntária, *exceto como punição por um crime* pelo qual a parte tenha sido devidamente condenada, deverão existir nos Estados Unidos ou em qualquer lugar sob sua jurisdição" (grifos meus). A exceção tornaria constitucional a servidão penal — de 1865 até os dias atuais. Parece não ter ocorrido a Douglass e a outras lideranças abolicionistas que seres humanos negros pudessem continuar a ser escravizados sob o patrocínio dos sistemas de justiça do Sul dos Estados Unidos (e que isso poderia estabelecer um precedente para o encarceramento fora do Sul). É bem compreensível que essa brecha possa ter sido ignorada no meio do júbilo geral da recepção da emancipação. No entanto, a rápida aprovação dos Códigos Negros nos estados do Sul — que criminalizavam comportamentos como vadiagem, quebra de contratos de trabalho, ausência no trabalho, posse de armas de fogo e gestos ou atos insultantes —[9] deveria ter incentivado uma reconsideração crítica do potencial perigoso da brecha da emenda. Substituindo os Códigos da Escravidão da era anterior, os Códigos Negros ao mesmo tempo reconheceram e anularam o novo status jurídico de pessoas negras como cidadãos dos Es-

---

* Nos Estados Unidos, trabalho forçado resultante de acordo para pagamento de uma dívida. (N. E.)

tados Unidos. * A racialização de crimes específicos significava que, de acordo com a lei estadual, havia crimes pelos quais apenas pessoas negras poderiam ser "devidamente condenada[s]". Os Códigos Negros do Mississippi, por exemplo, que foram adotados logo após o fim da Guerra Civil, declaravam vadios

> quaisquer indivíduos culpados de roubo, que tivessem fugido [de um trabalho, aparentemente], estivessem bêbados, que apresentassem conduta ou discurso desenfreado, que houvessem negligenciado trabalho ou família, que lidassem com dinheiro de maneira descuidada e [...] todas as outras pessoas ociosas e desordeiras.[10]

Assim, a vadiagem foi codificada como um crime negro, punível com encarceramento e trabalho forçado.

Considerando a importância que Douglass atribuiu à instituição da escravidão como fator explicativo em relação ao vasto número de pessoas negras "livres" que foram identificadas como criminosas, é surpreendente que ele não tenha criticado diretamente a expansão do sistema de arrendamento de condenados e seu sistema vinculado de peonagem. Como o principal intelectual público negro de seu tempo, ele parece ter estabelecido um padrão de relativo silêncio a respeito do arrendamento de condenados, da peonagem e do sistema penitenciário, todos descendentes institucionais da escravidão. A denúncia mais explícita de Douglass a respeito da peonagem só ocorreu em 1888, depois de uma viagem que fez à Carolina do Sul em que, segundo Philip Foner, "percebeu quão pouco sabia sobre as verdadeiras condições de seu povo

---

* Os Códigos da Escravidão eram leis referentes à escravização e aos escravizados durante o comércio atlântico nas Américas. Foram substituídos pós-Guerra Civil pelos Códigos Negros, conjunto de leis promulgadas para exercer controle social da população negra nos antigos estados confederados. (N. E.)

no Sul".[11] Num discurso na ocasião do vigésimo sexto aniversário da emancipação no Distrito de Columbia, Douglass disse que as leis sobre proprietários e arrendatários no Sul soavam como "as dobradiças das grades de uma prisão de escravos" e mantinham pessoas negras "firmemente atadas a um domínio firme, implacável e mortal, um domínio do qual só a morte poderia libertá-los".[12] No entanto, no momento em que ele fez essa observação, o arrendamento rural, a peonagem e o sistema de arrendamento de condenados já estavam em vigor há mais de duas décadas em alguns estados. O Compromisso Hayes-Tilden de 1877 levou à expansão e ao fortalecimento desses sistemas em todo o Sul dos Estados Unidos. Justamente quando a voz de Frederick Douglass era mais necessária para dificultar a ascensão dessa nova forma de escravidão — vivenciada diretamente por milhares e simbolicamente por milhões de pessoas negras —, sua lealdade política ao Partido Republicano e sua fé absoluta nos princípios do Iluminismo parecem tê-lo tornado incapaz de perceber o papel que o governo federal estava desempenhando no desenvolvimento do arrendamento e da peonagem de pessoas sentenciadas. Na verdade, ao se preparar para retirar as tropas federais do Sul (uma das estipulações do Compromisso), o presidente Rutherford Hayes também decidiu nomear Frederick Douglass como delegado do Distrito de Columbia.

De acordo com Milfred Fierce, autor de um dos primeiros estudos extensos sobre o sistema de arrendamento de condenados no campo dos estudos negros dos Estados Unidos, pouco se sabe sobre as opiniões de Douglass ou de outras lideranças negras de sua época sobre esse sistema.[13] Mais tarde, Booker T. Washington ocasionalmente se manifestou contra o arrendamento e implementou no próprio projeto de educação industrial algumas iniciativas para ajudar indivíduos capturados pelo sistema de peonagem. Mas ele nunca desenvolveu uma estratégia explícita para abolir tal arrendamento. W. E. B. Du Bois publicou um ensaio em 1901 intitulado "The Spawn of Slavery: The Convict-lease System of the South" [Sucessor da escravidão: O sistema de arrendamento de condenados do Sul] num agora pouco conhecido periódico missionário, e embora propusesse uma análise radical, parece que o trabalho não foi amplamente lido ou discutido.[14] Du Bois argumentava que não apenas o crime era um "sintoma de condições sociais inadequadas", mas também que a consolidação do arrendamento de condenados "vinculava indissoluvelmente o crime à escravidão nas mentes [de pessoas negras]".[15] Em 1907, Mary Church Terrell publicou um ensaio no periódico *The Nineteenth Century* intitulado "Peonage in the United States: The Convict Lease System and the Chain Gangs" [Peonagem nos Estados Unidos: O sistema de arrendamento de condenados e as *chain gangs*].[16]

Fierce explica o relativo silêncio de lideranças como Frederick Douglass em parte como resultado do conhecimento limitado que tinham a respeito das atrocidades relacionadas a esse sistema. No entanto, é difícil acreditar que Douglass não tivesse consciência do desenvolvimento do sistema de arrendamento no rescaldo da emancipação ou da sua expansão no final da Reconstrução Radical. Embora seus discursos e escritos deem a entender que ele não considerava essa questão suficientemente importante para merecer um lugar em suas pautas de libertação negra, as referências recorrentes a presunções de criminalidade negra e evocações, ainda que abstratas, de *chain gangs** me convencem de que Douglass deve ter tido ciência das atrocidades cometidas em nome da justiça. Portanto, tendo a pensar que Fierce é mais preciso quando afirma que,

---

* *Chain gang*: grupo de pessoas acorrentadas umas às outras por grilhões presos em suas pernas praticando trabalho forçado em fileira. (N. T.)

além disso, lideranças negras acabaram vítimas da ideia de que "criminosos" estavam tendo o que mereciam, e, apesar da crueldade do arrendamento de condenados, uma cruzada em nome de prisioneiros não era vista como mais importante do que o combate ao linchamento, a oposição às restrições de voto ou ao protesto contra os abundantes atos de preconceito racial. Aqueles que aceitaram essa análise falharam em avaliar plenamente quantas das pessoas sentenciadas eram sequestradas, mantidas presas para além das suas sentenças, ou de fato inocentes dos crimes pelos quais foram encarceradas — um número que jamais saberemos.[17]

Também falharam em reconhecer que crianças negras não estavam isentas do sistema de trabalho forçado de pessoas sentenciadas. David Oshinsky, autor de *Worse Than Slavery* [Pior que a escravidão], faz referência a um pedido de perdão para uma menina de seis anos chamada Mary Gay, que foi condenada a trinta dias, "mais custas judiciais", sob a acusação de roubar um chapéu.[18]

O impacto geral do sistema de arrendamento de condenados foi muito além dos horrores que trouxe à vida de pessoas negras. De acordo com Oshinsky:

Desde seu início no Mississippi, no final da década de 1860, até a sua abolição no Alabama, no final da década de 1920, o arrendamento de condenados serviria para minar a igualdade legal, solidificar estereótipos raciais, estimular o desenvolvimento industrial, intimidar trabalhadores livres e gerar um desprezo aberto pelas leis. Transformaria alguns homens em milionários e destruiria milhares de vidas comuns.[19]

Quando o Comitê Nacional do Trabalho Prisional se reuniu em 1911, vários estados do Sul já haviam abolido o trabalho forçado de pessoas sentenciadas e a campanha abolicionista tinha sido legitimada pela crescente influência do movimento de reforma penal. O secretário-geral do comitê intitulou seu livro sobre as conclusões da comissão de *Penal Servitude* [Servidão penal], e o introduziu com a seguinte observação:

> O Estado tem um direito de propriedade sobre o trabalho do prisioneiro. A Décima Terceira Emenda da Constituição dos Estados Unidos estabelece que nem a escravidão nem a servidão involuntária existirão, mas por inferência permite a sua continuidade como punição por crime, após o devido processo legal. O estado pode arrendar ou reter este direito de propriedade para seu uso próprio, conforme estabelecido nas constituições estaduais e atos legislativos.[20]

Embora a brecha na Décima Terceira Emenda tenha sido aparentemente ignorada pela maioria na época de sua aprovação, em retrospectiva, é fácil perceber como a limitação da "escravidão" e da "servidão involuntária" a "criminosos" poderia facilitar a maior criminalização de ex-escravos.

Ao longo de seus escritos e discursos pós-Guerra Civil, Frederick Douglass argumentou que um grande número de pessoas negras descobriu que lhes eram imputados crimes que não resultavam em pena de prisão para brancos. Se ele tivesse decidido examinar mais detalhadamente essa atribuição de criminalidade a pessoas negras, poderia ter descoberto uma ligação entre o sistema de arrendamento e outras instituições destinadas ao controle do trabalho negro. A Décima Terceira Emenda supostamente libertou o trabalho negro do controle total ao qual estava sujeito durante a escravidão. Mas, na verdade, foram desenvolvidas novas formas de *controle* quase total — *sharecropping*,* arrendamen-

---

* Acordo em que o proprietário cede o uso de suas terras em troca de parte da colheita que nela se produza; no Brasil, sistema de parceria ou de meação. (N. T.)

to rural, sistema de pagamento por títulos e a prova mais dramática da persistência da escravidão, o sistema de arrendamento de condenados. Apesar de o Alabama e a Louisiana terem começado a usar o sistema de arrendamento antes da Guerra Civil, foi somente após a emancipação que eles e outros estados do Sul passaram a utilizá-lo em escala relativamente grande. Durante o período pós-Guerra Civil, as porcentagens de sentenciados negros em relação a brancos com frequência eram maiores que 90%. No Alabama, a população carcerária triplicou entre 1874 e 1877 — e o aumento consistiu quase por completo de negros.[21]

A Reconstrução Radical não acabou abruptamente com a retirada das tropas federais em 1877. No entanto, como o primeiro negro a receber uma nomeação federal que exigia confirmação do Senado, Douglass falhou em utilizar sua posição para desafiar com veemência a cumplicidade do Partido Republicano com o processo repressivo de restabelecimento de controle sobre o trabalho negro no Sul dos Estados Unidos. "Ficou nítido no dia da posse", afirma Philip Foner, "que o acordo de Hayes para remover as últimas tropas federais que restavam no Sul tinha tornado sem sentido a sua promessa de defender os direitos das pessoas de cor. Nesse momento crucial, Douglass não manifestou nenhuma oposição à política de Hayes."[22] Em vez disso, Douglass seguiu definindo liberdade como acesso a direitos políticos, priorizando assim o progresso político em detrimento da liberdade econômica. O argumento de que "a escravidão não estará abolida até que o homem negro chegue às urnas"[23] foi transformado num apoio intransigente — embora nem sempre acrítico — ao Partido Republicano, combinado a uma filosofia iluminista da história que enfatizava o inevitável progresso futuro de ex-escravos. Ao longo de sua campanha pela Décima Quinta Emenda e pela legislação necessária para aplicá-la, Douglass representou o voto como o motor do progresso para o povo negro estadunidense — mesmo que esses direitos políticos fossem explicitamente atribuídos apenas a homens e proibidos pelo processo de criminalização diante do qual todas as pessoas negras estavam vulneráveis. No entanto, após a derrocada da Reconstrução Radical e a solidificação do rumo à privação do direito ao voto, ele desenvolveu outros argumentos que revelaram o carácter hegeliano de sua crença inabalável no Iluminismo e no progresso histórico.

Num artigo de 1879, em oposição ao movimento Exoduster,* Douglass afirmou que o povo negro era a única esperança de progresso no Sul. Ele argumentou que "qualquer sorte de prosperidade, beleza e civilização que o Sul atualmente possui" poderia ser atribuída ao trabalho de escravos negros. Essa dependência da região em relação ao povo negro não diminuiu no rescaldo da escravidão: "[O *negro*]** é o árbitro do seu destino".[24] Além disso, Douglass afirmou:

> O Êxodo revelou aos homens do Sul o fato humilhante de que a prosperidade e a civilização do Sul estão à mercê do desprezado e odiado *negro*. Que cabe ao *negro*, mais do que a qualquer outro, dizer qual será o futuro dos finados Estados Confederados; que, dentro dessas amplas fronteiras, somente ele pode se colocar entre os poderes adversários da vida selvagem e da vida civilizada; que a concessão ou sua recusa ao trabalho irá abençoar ou destruir o belo país dos homens do Sul.[25]

O fato de ele ter representado trabalhadores negros como se já tivessem alcançado o status outorgado a trabalhadores brancos

---

* Migração de africanos-americanos do Sul para o Oeste, durante a Reconstrução. Foi o primeiro grande êxodo de pessoas negras depois da Guerra Civil. (N. E.)

** *Negro* — e seu plural, *negroes* — aparece em itálico quando se refere ao termo *negro* em inglês, que tem conotação pejorativa, para diferenciá-la do uso e significado da palavra em português do Brasil. (N. T.)

— isto é, como se fossem livres para vender ou não sua mão de obra aos empregadores do Sul — revelou seu fracasso surpreendente em se inteirar da posição real do trabalho negro na região:

> O *negro*... tem mão de obra, o Sul a quer e precisa tê-la, ou perecerá. Como o *negro* é livre, agora pode conceder ou negar sua força de trabalho; usá-la onde estiver ou levá-la para outro lugar, como desejar. Seu trabalho fez dele um escravo, e pode, se ele quiser, torná-lo livre, cômodo e independente. [Seu trabalho] tem mais valor para ele do que fogo, espadas, urnas ou baionetas. Isso toca o coração do Sul por meio do bolso.[26]

De maneira irônica, o argumento de Douglass aqui prenuncia, em termos estritamente literais, a advertência de Booker T. Washington para que "abasteça[m] seus balde[s] onde estiver[em]".* Se, de alguma forma, o trabalho negro era livre, isso era apenas no sentido formal de que o sistema econômico da escravidão foi declarado inconstitucional. Arrendamento rural, *sharecropping*, peonagem, a prática de pagar salários com títulos — e, para um número imensamente desproporcional de pessoas negras, o trabalho forçado de pessoas sentenciadas — contrariavam qualquer afirmação *de* liberdade econômica por parte das massas de ex-escravos. Embora um número relativamente pequeno de pessoas tenha sido afetado de forma direta pelo sistema de trabalho forçado de sentenciados, sua importância simbólica residia na demonstração a todos os trabalhadores negros de que o encarceramento e a servidão penal eram seus possíveis destinos. O arrendamento de condenados foi uma iniciativa totalitária para controlar o trabalho negro na era pós-emancipação e serviu como lembrete simbólico

---

* Referência ao discurso conhecido como "Atlanta Compromise speech" de Booker T. Washington. (N. T.)

para o povo negro de que a escravidão não havia sido totalmente desmantelada.[27] E o fato de mulheres negras poderem ser alojadas, exploradas e abusadas física e sexualmente por detentos e guardas em campos em sua maioria masculinos era uma mensagem de que havia um destino ainda pior do que a escravidão à espera delas. D. E. Tobias, um dos poucos intelectuais negros na virada do século a priorizar a campanha contra o arrendamento de condenados, faz referência à "imoralidade" que abundava nos campos de prisioneiros por causa das políticas correcionais de moradia mista e porque mulheres eram açoitadas nuas na presença de sentenciados do sexo masculino.[28] Enquanto fosse possível prender e encarcerar pessoas negras (não apenas sob acusações graves, mas também sob acusações diminutas que nunca levariam uma pessoa branca para a cadeia), assim como arrendar seu trabalho sob condições opressivas que muitas vezes ultrapassavam as da escravidão, o trabalho negro não poderia ser considerado livre.

Em *Black Reconstruction* [Reconstrução negra], W. E. B. Du Bois argumentaria mais tarde que, já que não havia precedente histórico para a presença negra nas prisões do Sul e que os sentenciados brancos foram soltos durante a guerra para se juntarem aos exércitos confederados, o papel dos sistemas penitenciários da região foi reconceituado após a explosão da Guerra Civil. "Todo o sistema criminal", escreveu Du Bois, "passou a ser usado como um método para manter *negroes* trabalhando e para intimidá-los. Como consequência, passou a existir uma demanda por cadeias e penitenciárias superior à natural pelo aumento da criminalidade."[29] Após o início do sistema de arrendamento de condenados, um membro negro do Legislativo apresentou um projeto de lei para a abolição do sistema penitenciário.[30]

O argumento de Douglass contra o movimento Exoduster baseava-se, portanto, numa concepção bem abstrata de "trabalho livre" que não tinha nenhuma relação com as realidades econômicas negras no Sul e, nesse contexto, serviu para substituir a noção falha de que as urnas prometiam plena liberdade e igualdade para ex-escravos. No entanto, para sermos justos com tal argumento, é necessário salientar que ele não o utilizou contra a emigração em si, mas concentrou sua oposição no movimento organizado Exoduster e suas requisições de financiamento federal. À luz da situação horrenda no Sul, sugeriu que "a emigração voluntária, espontânea e autônoma por parte de libertos pode ou não ser louvável. É um assunto que só diz respeito a eles".[31] Douglass não tinha nenhuma objeção à emigração como assunto privado e individual. No entanto, quando era sugerida pública e politicamente como uma estratégia para a libertação, ele se opunha com firmeza.

Ao resumir os argumentos a favor da emigração, Douglass menciona no Senado o testemunho dos próprios emigrantes. Ele acentua a afirmação deles de "que um crime pelo qual um homem branco é libertado, um homem negro é severamente punido", e "que a lei é o refúgio do crime e não da inocência; até mesmo o açoite do velho feitor de escravos reapareceu, e o espetáculo desumano e repugnante da *chain gang* está começando a se observar".[32] Douglass não contestava a veracidade desse testemunho — inclusive, se baseava e continuaria se baseando no fato de que o sistema de justiça criminal tinha se tornado um santuário para o tipo mais cruel de racismo —, mas mesmo assim optava por responder a isso defendendo que o trabalho negro era "livre" e prometia muito mais que a emigração.

No entanto, mesmo que o racismo violento que jazia no âmago dos sistemas reestruturados de justiça criminal no Sul não consistisse, na opinião de Douglass, em argumentos convincentes para uma estratégia política de êxodo a partir da região, seus discursos e escritos durante o resto da vida evocaram de maneira poderosa as formas pelas quais o crime foi racializado e a raça, criminalizada. Num ensaio para a *North American Review* em 1881, desafiando as noções essencialistas do preconceito racial, ele escreveu que "o homem 'de cor'* é o Jean Valjean da sociedade estadunidense. Escapou das galés e, portanto, todas as suposições estão contra ele".[33] Apesar de sua alegação de que as condições sociais da escravidão e a persistência do racismo durante a era pós-escravidão eram inteiramente responsáveis pela criminalização de pessoas negras ter levado Douglass a desafiar as presunções de criminalidade, isso também o conduziu a um impasse analítico. Se a escravidão produzia criminosos, então pessoas negras tinham que ser reconhecidas da mesma forma. No entanto, ele argumentava contra a imputação de culpa quando esta não existia:

> Se um crime for cometido e o criminoso não for positivamente conhecido, sem dúvidas um homem "de cor" de aparência suspeita terá sido avistado na vizinhança. Se um homem de cor desarmado é baleado e morre imediatamente, um júri, sob a influência deste espírito, não hesita em considerar o homem assassinado o verdadeiro criminoso, e o assassino, inocente.[34]

Como foi indicado antes, Douglass fazia alusões frequentes ao fato de que pessoas negras eram punidas por delitos menores como se fossem criminosas contumazes, de que "os crimes pelos quais são punidos raramente são mais graves do que o roubo de um porco ou de um par de sapatos". De fato, o Legislativo do Mississippi aprovou a notória "Pig Law" em 1876, classificando o roubo de qualquer gado ou suíno como furto qualificado passível de até cinco anos de pena. Essa lei foi em parte responsável por um

---

* Em inglês, *colored*: traduzido aqui como "de cor", entre aspas; o termo, antigamente utilizado, nos Estados Unidos, para se referir a pessoas negras, agora é considerado pejorativo. Ocorrências sem as aspas se referem a *of color*, termo guarda-chuva para populações não brancas. (N. T.)

grande aumento da população carcerária naquele estado.[35] Em 1875, o Legislativo democrata do Arkansas aprovou uma lei semelhante qualificando o roubo de propriedade no valor de dois dólares um crime punível com pena de um a cinco anos.[36] Várias semanas após a aprovação da Pig Law do Mississippi, o Legislativo legalizou o arrendamento de mão de obra forçada de sentenciados para empresas privadas. De acordo com essa lei, prisioneiros seriam autorizados a "trabalhar fora da penitenciária na construção de ferrovias, diques ou em qualquer trabalho ou emprego privado".[37] Como observa David Oshinsky,

> em todo o Sul dos Estados Unidos, milhares de ex-escravos estavam sendo presos, julgados e condenados por atos que, no passado, eram administrados apenas pelo senhor escravista [...]. Uma ofensa contra [o senhor] tornou-se uma ofensa contra o Estado.[38]

Em 1875, o governador John Brown, do Tennessee, expressou a opinião de que prender no mesmo lugar um homem negro que tivesse roubado um porco e um homem branco assassino era uma grande injustiça — com o homem branco.[39]

Como pessoas negras tinham mais chances de serem presas por delitos menores do que pessoas brancas, em estados como a Flórida, um grande número de pessoas negras condenadas por roubo dividia o cárcere com homens brancos que muitas vezes tinham cometido crimes terríveis. O autor de um relato sobre trabalho forçado nos campos de extração de terebintina da Flórida apontou que era possível "mandar um *negro* para a prisão sob quase qualquer pretexto, mas difícil colocar lá um branco, a menos que ele tivesse cometido um crime muito hediondo".[40]

Douglass certamente tinha consciência do grau de racialização do crime, da tendência do Sul de "atribuir o crime à cor".[41]

Com sua habitual eloquência, ele disse que "a justiça é muitas vezes pintada com olhos vendados [...], mas uma máscara de ferro, por mais espessa que fosse, *jamais seria capaz* de cegar a justiça dos Estados Unidos diante de um homem negro em julgamento".[42] Não apenas a culpa era atribuída a comunidades negras, independentemente da raça do perpetrador de um crime, como homens brancos, afirmava Douglass, às vezes buscavam escapar da punição disfarçando-se de negros:

> Em certas partes de nosso país, quando um homem branco deseja cometer um crime hediondo, ele recorre com perspicácia à cortiça queimada, escurece o rosto e sai com a aparência de um *negro*. Concluído seu ato, ele destrói sua identidade com um pouco de sabão e água e se livra da justiça. Algum *negro* é imediatamente considerado suspeito e levado perante a vítima do delito para ser identificado, e nunca há muitos problemas aqui, pois, aos olhos de muitas pessoas brancas, todos os *negros* se parecem, e, como o homem que foi preso e está acorrentado no banco dos réus é *negro*, sem dúvida ele é o criminoso.[43]

Douglass fez esses comentários durante um discurso, em 1883, em comemoração ao vigésimo primeiro aniversário da emancipação no Distrito de Columbia. Três anos mais tarde, na mesma ocasião, ele fez referência a suas observações anteriores e apresentou o exemplo recente de um homem branco no Tennessee que foi morto enquanto cometia um crime com *blackface*:

> Apenas alguns dias atrás, o sr. J. H. Justice, um cidadão de bem do condado de Grainger, Tennessee, tentou, sob esse disfarce, cometer um roubo planejado de maneira astuciosa e ter seu crime atribuído a um *negro*. Tudo correu bem até que uma bala o levou ao chão, um pouco de água e sabão foram aplicados em seu rosto e

assim se descobriu que ele não era *negro*, mas sim um cidadão branco muito respeitável.[44]

Cheryl Harris argumenta que uma reivindicação de propriedade na branquitude emergiu das condições de escravidão, e que "possuir a identidade branca como propriedade afirmava a autoidentidade e a liberdade de brancos e, de maneira inversa, negava a autoidentidade de negros".[45] Os comentários de Douglass indicam como essa reivindicação foi facilmente convertida em esquemas para negar a pessoas negras o direito ao devido processo. Curiosamente, casos semelhantes aos discutidos por Douglass surgiram durante a década de 1990 — o caso de Charles Stuart, que matou a esposa em Boston e tentou colocar a culpa num assassino negro anônimo, e Susan Smith, que matou os filhos em Union, Carolina do Sul, e alegou que haviam sido sequestrados por um ladrão de carros negro.

O último período da vida de Frederick Douglass coincidiu com a consolidação da segregação das leis Jim Crow no Sul. Nas penitenciárias e nos campos de trabalho forçado de pessoas condenadas, a criminalidade imputada à negritude deu origem a ideologias de separação que, comparadas às ideologias do mundo "livre", eram aumentadas e exageradas. No mundo "livre", sistemas educacionais, sistemas de transporte, hospitais e bairros estavam sujeitos a leis rigorosas de segregação. Em alguns estados, havia a prática de encarcerar condenados brancos em penitenciárias e enviar condenados negros para os campos de trabalho forçado.[46] Ao passo que as prisões e os campos estabeleciam linhas de demarcação racial, negros encarcerados sob a acusação de pequenos furtos eram frequentemente tratados como um perigo para os condenados brancos, inclusive os que estavam presos por homicídio. Durante a década de 1880, as reuniões da National Prison Association (NPA) estavam repletas de defesas racistas contra o arrendamento de condenados, incluindo argumentos de que os campos de trabalho eram um pouco melhores que as condições de vida de pessoas negras em liberdade e que a prisão simplesmente lhes negava "liberdade, bebida e luxúria". Condenados brancos, no entanto, enfrentavam uma provação muito mais difícil, em grande parte porque eram obrigados a viver entre pessoas negras.[47] Alegava-se que a lei "impõe sobre o caucasiano uma dor terrível, que o africano não sente [...]. Permanece e permanecerá o fato de que existe uma repulsa psicológica entre raças, horrível para uma, mas não para a outra".[48] Os sulistas que discursavam antes das reuniões da NPA faziam comparações extremamente exageradas, dizendo, por exemplo, que encarcerar brancos com negros era como "a 'tortura antiga' de amarrar assassinos com 'cadáveres em decomposição', o que resultava na morte do assassino vivo".[49]

À luz do comportamento reticente de Frederick Douglass em relação à servidão penal, uma análise das respostas dele aos discursos predominantes sobre raça — que tornaram a criminalidade uma companheira ideológica obrigatória da negritude — pode fornecer insights sobre o relativo silêncio no tocante à servidão penal nos círculos intelectuais negros de hoje. Douglass falava de maneira explícita sobre a questão do linchamento e, nos seus muitos discursos e ensaios dedicados ao assunto, era certo que ele precisava abordar a ideologia criminalizante do racismo. Mas por que falar contra o linchamento e ficar em silêncio sobre o arrendamento de pessoas condenadas? O linchamento estava fora dos *limites* da lei. Poderia ser combatido com base em sua ilegalidade, sua qualidade aparentemente caótica e anômala. A questão, pela maneira como Douglass a formulou, não era tanto a culpa ou a inocência das vítimas, mas sim o fato de terem sido privadas do direito de confrontar seus acusadores numa arena estruturada pela lei. Tratar do arrendamento de condenados exigiria que Douglass renunciasse a alguns de seus principais princípios iluministas — e a sua vìsão da libertação negra estava muito solidamente ancorada na promessa de justiça legislada para que ele pudesse ponderar a possibilidade da profunda cumplicidade das instituições legais na continuação desse sistema escravista microcósmico.

Considerem essa descrição do linchamento em seu conhecido ensaio, "Why Is the *Negro* Lynched?" [Por que o *negro* é linchado?]:

> [A lei das turbas] ri-se dos processos legais, dos tribunais e dos júris, e seus flagrantes assassinos andam por aí incontrolados e incontestados pela lei ou pela opinião pública. Se a turba resolve perseguir *negroes* que estão sendo acusados por algum crime, sejam eles inocentes ou culpados, os muros da prisão e as barras de ferro não oferecem nenhuma proteção. As portas das prisões são derrubadas na presença de carcereiros que não apresentam resistência, e os acusados, aguardando julgamento nos tribunais, são arrastados para fora e enforcados, baleados, esfaqueados ou queimados até a morte, conforme o desejo da turba alucinada e irresponsável.[50]

O que Douglass falhou em reconhecer é que as próprias barras de ferro que ele procurava como segurança também eram uma arma de terror, assim como a turba. "De maneira perversa", segundo Oshinsky, "a emancipação tornou a população negra ainda mais vulnerável do que antes. Agora enfrentavam ameaças vindas de duas direções: turbas brancas e tribunais brancos. Tal como a Ku Klux Klan, o sistema de justiça criminal se tornaria uma rede de arrasto para o negro."[51]

Talvez a confiança de Douglass na lei o tenha cegado para as maneiras como o povo negro era concebido, precisamente por meio da legislação, como apto apenas para a escravidão. Esse era o significado simbólico do sistema de arrendamento de pessoas condenadas. Em 1911, a NPA reconheceu abertamente as ligações entre o sistema prisional e a escravidão:

O *status de condenado* é o de alguém em *servidão penal* — o último vestígio sobrevivente do antigo sistema escravista. Com sua sanção pelo direito comum, sua regulamentação nos atos legislativos e seu reconhecimento implícito na Constituição dos Estados Unidos, [a servidão penal] segue incontestada e sem questionamentos, como uma instituição básica, supostamente necessária para a estabilidade contínua de nossa estrutura social.[52]

Quando Douglass escreveu em 1894 sobre "a determinação da escravidão de se perpetuar, se não sob uma forma, sob outra",[53] ele se referiu ao sistema de arrendamento rural, bem como à prática de pagar trabalhadores negros com encomendas de mercado (e não com dinheiro) como formas de perpetuar a escravidão. "Os proprietários de terras do Sul querem o trabalho do *negro* nas condições mais duras possíveis. Já o tiveram à custa de nada. Agora o querem à custa de quase nada."[54] Curiosamente, ele sugeriu que os donos de terras empregavam três estratégias, mas apenas mencionou duas (arrendamento rural e pagamento em títulos). Talvez a intenção original dele fosse incluir o arrendamento de condenados e/ou a peonagem, mas, pensando melhor, decidiu remover as referências a esses sistemas porque envolviam intervenção direta ou sanção implícita por parte do Estado.

O arrendamento de pessoas condenadas e as leis que o acompanham, permitindo processos criminais contra quem não cumpria seu contrato de trabalho, estavam ainda mais estreitamente ligados à escravidão do que os sistemas explicitamente mencionados por Douglass. Ao mesmo tempo, todos esses sistemas jurídicos e econômicos — arrendamento de mão de obra, peonagem, arrendamento rural, *sharecropping* e pagamento em títulos — compartilhavam informações entre si, todos sobredeterminados pela escravidão nas suas técnicas de controle do trabalho negro. No que diz respeito ao fato de a maioria das pessoas sujeitas a esses sistemas serem negras, Milfred Fierce salienta que, "para eles, a distinção entre a escravidão de jure antes da guerra e a escravidão de facto pós-guerra era bem próxima de muito alvoroço sem motivo".[55] Além disso, de acordo com Fierce:

> Os negros sulistas ficaram presos em [um] atoleiro penal, representando números e porcentagens excessivos da população carcerária total de todos os estados do Sul. Para as vítimas, muitas das quais eram ex-escravos, a situação representou nada menos que revisitar a escravidão. Negros libertos e que se tornaram vítimas do sistema de arrendamento de pessoas condenadas — principalmente os condenados e encarcerados sob acusações forjadas, ou inocentes dos crimes pelos quais foram presos — devem ter se imaginado em um túnel do tempo.[56]

Fierce argumenta — como indicado pelo título de seu estudo, *Slavery Revisited* [Escravidão revisitada] — que o sistema de arrendamento estabeleceu condições equivalentes à escravidão, permitindo que proprietários de plantations e magnatas industriais alugassem um pessoal composto em sua maioria de condenados negros, fazendo uso dos mesmos métodos de coerção para garantir a mão de obra que haviam sido praticados durante a escravidão.

Embora Douglass possa não ter abordado o sistema de arrendamento de pessoas condenadas pelo seu caráter jurídico e por sua elaboração ter acontecido sob o apoio dos sistemas de justiça criminal, se o tivesse examinado mais de perto poderia ter descoberto que a autoridade do Estado não era exercida diretamente através do sistema de arrendamento — em vez disso, o Estado serviu para mediar a privatização da mão de obra forçada de pessoas condenadas. O Alabama já tinha estabelecido um precedente para a privatização desse tipo de mão de obra forçada antes da abolição da escravidão, o que reforça ainda mais a ligação histórica entre a escravidão e o arrendamento. A primeira penitenciária foi construída no estado em 1840. Em 1845, ela estava tão endividada que toda a prisão foi alugada por um período de seis anos a J. G. Graham. Este simplesmente se tornou diretor da prisão e se apropriou dos lucros do *trabalho forçado* das pessoas condenadas.[57]

Quando todos os estados do Sul adotaram o sistema de arrendamento de pessoas condenadas, isso disponibilizou uma força de trabalho forçado esmagadoramente negra para proprietários de plantations e capitalistas sob os moldes da escravidão, condições que, em muitos aspectos, se mostraram piores que o sistema anterior. Matthew Mancini, autor de *One Dies, Get Another* [Se um morrer, compre outro], propõe uma análise do sistema de arrendamento que complexifica a óbvia ligação com a escravidão. Ele argumenta de forma convincente que, dadas as semelhanças e continuidades indiscutíveis, são as diferenças e descontinuidades que fornecem a perspectiva mais interessante sobre o arrendamento de pessoas condenadas. Mancini salienta que a taxa de exploração econômica — definida em termos marxianos como o valor do trabalho não remunerado (e, portanto, também a taxa de lucro) — era na verdade maior com o sistema de arrendamento do que com a escravidão. Proprietários de escravos eram responsáveis não apenas pela manutenção dos sujeitos em situação de trabalho forçado, mas também se esperava que garantissem a manutenção de toda a comunidade escrava — incluindo crianças e idosos que não pudessem trabalhar.[58] Os arrendadores, no entanto, só eram responsáveis por condenados individuais, entre os quais cada um representava uma unidade de trabalho. Além disso, compravam o trabalho de grupos de condenados, não de indivíduos. De acordo com Mancini:

O condenado de maneira individual não representava um investimento significativo, e, portanto, sua morte ou libertação não era uma perda. Quando considerados como fonte de trabalho, escravos recebiam uma "remuneração" mais bem pensada como agregada, e os condenados, como individual; como forma de capital, por contraste, escravos eram importantes individualmente, e os condenados, coletivamente. Esta parece ser uma distinção relevante, e não um exercício metafísico, pois a consequência era um incentivo econômico para exceder-se na utilização dos prisioneiros. Esses dois fatores econômicos — a "remuneração" de subsistência ou de "menos que a subsistência" que condenados recebiam e o status deles como capital agregado — serviram para reforçar um ao outro e para tornar o arrendamento de trabalho forçado, do ponto de vista da definição econômica, "pior" que a escravidão.[59]

Um número pequeno mas significativo de homens e mulheres negros foram condenados a viver os piores pesadelos do que poderia ter sido a escravidão se o custo de comprar escravos fosse baixo o suficiente para justificar condições de genocídio; em outras palavras, nenhum homem, mulher ou criança incapaz de trabalhar seria sustentado pelos senhores escravistas. Nessas condições (que não eram inexistentes na escravidão), também seria lucrativo fazer os escravos trabalharem até a morte, porque o custo de comprar novos não teria nenhum impacto sobre os lucros. Justamente por causa disso, Mancini decidiu intitular seu estudo sobre o arrendamento de condenados *One Dies, Get Another*. Só podemos especular como Frederick Douglass poderia ter reagido ao sistema de arrendamento de condenados se ele tivesse se desvencilhado de sua fé em legalidades formais e examinado mais de perto esse reencarceramento simbólico e maligno da escravidão. Da mesma maneira, podemos apenas especular a respeito do impacto que o engajamento dele com esse sistema poderia ter em pautas futuras para a libertação negra e sobre a futura relação entre intelectuais negros e movimentos sociais contra o sistema prisional estadunidense.

Apesar de Frederick Douglass não ter investido seus poderes comunicativos em uma investigação sobre o arrendamento de condenados, três de seus descendentes intelectuais viram sentido em escrever sobre a questão.[60] D. E. Tobias, pesquisador e intelectual orgânico no sentido gramsciano, publicou um ensaio em 1899, dedicado em grande parte a discutir essa forma de arrendamento. Em 1901, W. E. B. Du Bois publicou um artigo relativamente obscuro sobre o tema, e, em 1907, Mary Church Terrell escreveu sobre o assunto no mesmo periódico que publicou o trabalho de Tobias.

Em seu artigo, "A Negro on the Position of the Negro in America" [Um *negro* discutindo a posição do *negro* nos Estados Unidos], D. E. Tobias se descreve como um homem negro de 29 anos, filho de escravos, que estava estudando o sistema prisional dos Estados Unidos.[61] Infelizmente, esse parece ser o único escrito publicado de Tobias. É interessante mencionar que ele posicionou a campanha contra o arrendamento de condenados como primeira pauta de sua agenda pela libertação negra. Nesse sentido, contestou diretamente a tradição filosófica iniciada por Frederick Douglass — e mais tarde adotada por Du Bois em seu debate com Washington —, de acordo com a qual os direitos políticos dos negros eram a condição essencial para sua libertação. Tobias não negava a importância das urnas. Mas argumentava, com efeito, que, enquanto o arrendamento de condenados continuasse a existir, pessoas negras jamais poderiam ter direitos eleitorais de fato. Além do mais, sugeriu que o encarceramento de números tão grandes da população negra era equivalente a privar essas pessoas permanentemente de seus direitos como cidadãos. "Uma vez que um eleitor *negro* é enviado para a prisão, ele perde para sempre os direitos eleitorais, e por esse motivo brancos condenaram milhares de *ne-*

gros com o objetivo de privá-los do direito ao voto."[62] Na perspectiva de Tobias, o uso do encarceramento como um esquema explícito para erodir o poder político potencial da população negra refletia o que Frederick Douglass tinha chamado de "a determinação da escravidão em se perpetuar". "O único objetivo do Sul ao entrar em guerra com a nação", escreveu Tobias,

> era manter a raça negra como bens e, sendo derrotados nessa questão, ex-senhores escravistas ficaram determinados a aprisionar *negroes* para que os servissem. Dessa maneira, o notável esquema engenhoso para fazer dos *negroes* prisioneiros logo foi desenvolvido e de uma vez só dezenas de milhares de ex-escravos foram presos e condenados por qualquer acusação frágil e vendidos para aqueles que dessem os maiores lances por carne humana. Por causa dessa nova forma de escravidão, centenas de milhares de homens negros e mulheres negras jamais souberam de fato que foram emancipados.[63]

Tobias aponta que as autoridades sulistas justificaram a instituição do sistema de arrendamento de pessoas condenadas evocando a destruição da maior parte das estruturas prisionais do Sul durante a Guerra Civil e, portanto, representando o plano de arrendamento como um "improviso e um experimento até que se pudesse encontrar outros meios de cuidar da grande população criminosa *negra*".[64] No entanto, depois de mais de três décadas, esse sistema havia se tornado um componente crucial da justiça criminal do Sul.

O artigo de W. E. B. Du Bois de 1901, "The Spawn of Slavery: The Convict-lease System in the South" [O fruto da escravidão: O sistema de arrendamento de condenados], examina o sistema de arrendamento como uma herança estrutural da escravidão em que as pessoas negras acusadas de cometer crimes eram disciplinadas pela imposição privada de trabalho, usando "a teoria escravista da punição — dor e intimidação".[65] Ele definiu esse sistema como "a escravização, por parte de mãos privadas, de pessoas condenadas por crimes e contravenções nos tribunais".[66] Du Bois argumentou que esse método de controlar o trabalho negro surgiu com uma construção jurídica da criminalidade negra no caos que sucedeu a emancipação, quando a punição deixou de ser competência privada dos senhores escravistas, na época em que escravos negros eram legalmente reconhecidos como propriedade deles. "Como consequência, no que dizia respeito ao Estado, não havia crime de relevância entre *negros*. O sistema de jurisprudência criminal tinha que lidar, portanto, quase exclusivamente com brancos".[67] Embora o Freedmen's Bureau [Departamento de Libertos]* tenha tentado criar métodos inovadores de mediação de relações jurídicas, as novas estratégias falharam e os tribunais estaduais restabeleceram sua autoridade:

> À medida que os tribunais estaduais regulares recuperaram gradualmente o poder, foi necessário que consolidassem por meio de suas decisões o novo status dos libertos. Talvez tenha sido tão natural como lamentável que, em meio a esse caos, os tribunais procurassem fazer através de decisões judiciais o que as legislaturas antes buscavam fazer por meio de leis específicas — isto é, reduzir os libertos à servidão. Como resultado, os pequenos pecados de uma classe incauta e destreinada serviram de desculpa para sentenças severas. Os tribunais e as prisões ficaram cheios de incautos e ignorantes, daqueles que procuravam enfatizar a liberdade

---

* O Bureau of Refugees, Freedmen, and Abandoned Lands [Departamento de Refugiados, Homens Libertos e Terras Abandonadas], criado em 1865, tinha o objetivo de supervisionar e administrar questões relativas a esses grupos e propriedades durante a Guerra Civil nos Estados Unidos. (N. T.)

recém-adquirida e, muitas vezes, de vítimas inocentes da opressão. O depoimento de um *negro* contava pouco ou nada no tribunal, ao passo que a acusação por parte de testemunhas brancas era em geral decisiva. O resultado foi um grande aumento súbito da população aparentemente criminosa dos estados do Sul — um aumento tão grande que não havia forma de o Estado abrigá-la ou vigiá-la, mesmo que o quisesse. E o Estado não quis. Em todo o Sul foram imediatamente aprovadas leis autorizando oficiais públicos a arrendar o trabalho dos condenados ao licitante que desse o maior lance. O arrendador então assumia o comando dos condenados — punha-os para trabalhar como quisesse, sob o controle simbólico do Estado. Assim, foi estabelecida uma nova escravidão e um novo tráfico escravista.[68]

Cito essa longa passagem porque é um resumo muito perspicaz da forma como o sistema de arrendamento de condenados serviu como alavanca decisiva para a transição de um sistema bifurcado de justiça criminal — punição privatizada para negros e punição pública para brancos — para um sistema em que o Estado se concentrava na punição de negros e funcionava como mediador da punição por meio do trabalho privatizado. Em outras palavras, "o Estado se tornou um traficante de crimes, lucrando com isso a ponto de obter uma receita líquida anual por seus prisioneiros".[69] Du Bois escreveria mais tarde em *Black Reconstruction*: "Em nenhuma parte do mundo moderno houve um tráfico de crimes visando a degradação social deliberada e o lucro privado tão transparente e resoluto quanto no Sul desde a escravidão".[70] A análise de Du Bois do sistema de arrendamento de condenados contestou implicitamente a concepção de Douglass acerca do trabalho negro como "livre". Du Bois fez a observação astuta de que o suposto trabalho negro livre estava, num sentido muito concreto, acorrentado ao trabalho forçado de condenados negros, posto que em muitas indústrias em que pessoas negras procuravam emprego — fabricação de tijolos, mineração, construção de estradas — os salários estavam gravemente reduzidos pelo fato de que condenados podiam ser arrendados do Estado a custos tão baixos quanto três dólares por mês.[71] Além disso, Du Bois salientou que a própria teoria do trabalho incorporada no arrendamento de pessoas condenadas teria que ser radicalmente transformada para estabelecer um sistema de justiça criminal livre de discriminação racial. Em vez de servir como um esquema para o lucro privado e estatal, o trabalho forçado de condenados teria que ser reconstruído como meio de correção e reabilitação da pessoa que foi presa. Du Bois parecia sugerir que, com a abolição da motivação do lucro, deixaria de existir um incentivo poderoso para o racismo no centro do sistema.

Infelizmente, seus contemporâneos não adotaram essa análise perspicaz e radical do sistema de arrendamento de pessoas condenadas. A relativa obscuridade a que o ensaio foi relegado pode ser atribuída ao fato de ter aparecido num periódico protestante dedicado a escritos sobre projetos missionários, *The Missionary Review of the World*. Como resultado, seu público provavelmente consistia em grande parte de teólogos e missionários. Nos dias atuais, é provável que só seja lido por alunos de estudos religiosos e intelectuais que pesquisam arrendamento de pessoas condenadas. No entanto, Du Bois também se referiu a esse arrendamento e à peonagem em seu trabalho monumental: *Black Reconstruction* [Reconstrução negra].

Doze anos após a morte de Douglass, Mary Church Terrell observou que "é surpreendente como há poucas pessoas, mesmo entre as inteligentes deste país, que parecem ter algo além de uma vaga ideia do que significa o sistema de arrendamento de pessoas condenadas".[72] O ensaio que escreveu sobre o tema foi publicado na prestigiosa revista *The Nineteenth Century*, e embora seja difícil documentar como foi recebido, Milfred Fierce afirma que o texto "influenciou muitos outros, tanto negros quanto brancos".[73] Terrell, assim como Douglass na geração anterior, foi uma das principais figuras na cruzada antilinchamento. No entanto, ela escreveu tão vigorosamente contra o sistema de arrendamento de pessoas condenadas quanto contra o linchamento, documentando em detalhes suas alegações da crueldade sem limites com referências a comentários de autoridades legais do Sul e relatórios oficiais. "Não é exagero", escreveu Terrell,

> dizer que, em alguns sentidos, o sistema de arrendamento de condenados, tal como operado em certos estados do Sul, é menos humano do que o aprisionamento enfrentado por escravos cinquenta anos atrás. Pois sob o antigo regime era do interesse do senhor escravista vestir, abrigar e alimentar seus escravos apropriadamente, mesmo que não fossem levados a fazer isso por considerações de piedade e humanidade, mas porque a morte de um escravo significava uma perda de dólares e centavos, ao passo que a morte de um condenado atualmente não envolve nenhum tipo de perda, seja para o arrendatário, seja para o Estado.[74]

Há inúmeras referências no artigo à maneira como mulheres foram integradas no sistema de arrendamento de condenados com pouca ou nenhuma consideração relativa a seu gênero — trabalhavam e ficavam abrigadas com os homens. Concentrando-se em sua análise do estado da Geórgia, ela cita extensivamente um relatório emitido muitos anos antes pelo coronel Alton Byrd, que tinha sido apontado como investigador especial das condições dos campos de trabalho forçado de condenados na Geórgia. Em uma passagem, ele descreveu uma jovem mulher negra:

Lizzie Boatwright, uma negra de dezenove anos enviada de Thomas, Geórgia, por furto. Ela estava vestida com roupas femininas, trabalhando ao lado de homens sob as ordens de um guarda, abrindo uma vala em um campo. Essa menina era pequena em estatura e falava de maneira agradável, e a vida dela nesse campo deve ter sido de longa e dolorosa agonia, terror e sofrimento. Ela me disse que tinha sido açoitada duas vezes, ambas pelo brutal guarda branco que havia chicoteado McRay (um idoso negro, condenado ao campo) até a morte e que depravava e abusava de seus direitos legais para açoitar da maneira mais revoltante e com um ultraje repugnante. Essa menina e outra mulher foram despidas e açoitadas impiedosamente na frente de condenados homens por terem parado na lateral da estrada para amarrar trapos nos próprios pés machucados.[75]

É provável que Terrell tenha dedicado sua discussão mais extensa sobre mulheres nos campos de trabalho forçado a mulheres brancas por ter presumido que um tratamento brutal dispensado a elas provocaria expressões de indignação mais abrangentes do que o mesmo tratamento dispensado a mulheres negras. Apesar de não ter indicado a fonte de sua informação, ela escreveu que, no ano anterior, haviam saído notícias sobre

mil meninas brancas... [que] usam roupas masculinas e trabalham lado a lado com homens de cor mantidos na escravidão assim como elas [...]. Nas profundezas sombrias das *pinewoods* [Flórida], vivendo em cabanas nunca vistas por homens brancos civilizados além dos chefes dos campos de terebintina, diz-se que as mulheres envelheceram na servidão.[76]

Terrell concluiu essa seção com a observação de que "não apenas a peonagem ainda impera feroz nos estados do Sul e sob diversas formas, mas também, mesmo tendo afetado a princípio somente pessoas de cor, agora também ataca homens brancos e mulheres brancas".[77] Nesse sentido, Terrell provavelmente foi influenciada pelo discurso da reforma prisional, que tendia a igualar a crueldade da peonagem e do arrendamento de condenados a seu suposto impacto crescente sobre pessoas brancas. Por exemplo, o artigo de Richard Barry de 1907 na *Cosmopolitan Magazine* enfatizava o fato de que empregadores na Flórida estavam sendo investigados por conta de um "erro monumental" que cometeram

> indo além de homens negros com a escravidão. Se tivessem se atido à divisão racial, talvez houvessem escapado do castigo, como já escapavam há uma década. Mas, insaciáveis, e sem encontrar negros suficientes para satisfazer seus desejos ambiciosos, eles foram atrás de homens brancos.[78]

Como consequência, os movimentos para abolir o arrendamento de condenados tendiam a reforçar noções de criminalidade negra mesmo quando estavam enfatizando a brutalidade do sistema de arrendamento. Esse movimento abolicionista coincidiu com a crescente influência de discursos sobre eugenia e racismo científico. Apesar de terem tentado refutar teorias essencialistas de criminalidade inata ao enfatizar as condições históricas sob as quais a criminalidade negra emergiu, as lideranças negras não tentaram examinar abertamente o papel estrutural da crescente rede de penitenciárias e de campos de trabalho forçado para condenados ao construir e afirmar essas ideologias. Filosoficamente, isso representava um engajamento com a presunção da criminalidade, mas não com as instituições que estruturaram essa ideologia de maneira concreta.

Se Douglass manteve silêncio consistente sobre a questão do arrendamento de condenados, Terrell não integrou seus insights sobre o tema em seu trabalho antilinchamento, e, portanto, não pôde contestar de maneira efetiva um sistema de justiça criminal que perpetuava noções de criminalidade negra que ainda perduram na contemporaneidade. A mesma observação pode ser feita a respeito de Du Bois. Isso é muito importante à luz da memória histórica popular do linchamento, que segue sendo um componente crítico da identidade negra estadunidense. Se o arrendamento de condenados e a consequente desproporcionalidade com que pessoas negras eram obrigadas a habitar cadeias e prisões durante o período pós-emancipação tivessem sido abordados com a mesma intensidade e seriedade que — e estabelecendo uma conexão com — a campanha contra o linchamento, talvez o clamor atual pela abolição prisional não soasse tão pouco plausível hoje.

É óbvio que não seria justo culpar Douglass por uma falha de mais de um século em abordar o papel decisivo do sistema prisional na construção e preservação de associações ideológicas entre negritude e criminalidade. E com certeza não seria justo responsabilizá-lo pela aceitação do "senso comum" da inevitabilidade das prisões. Porém — e esta é a conclusão da minha análise do silêncio de Douglass em relação ao sistema de arrendamento de condenados —, intelectuais que o criticam legitimamente pela tenacidade com a qual ele abraçou princípios do Iluminismo e uma filosofia da história que concedia ao Estado burguês um papel fundamental na garantia do progresso racial também deveriam reconhecer como essa filosofia prejudicou um entendimento do sistema prisional e de seu papel específico na preservação e no aprofundamento de estruturas do racismo. Além disso, ao entender a relutância de Douglass em se opor diretamente ao sistema penitenciário de sua época, podemos ter visões muito necessárias acerca das dificuldades que ativistas encontram atualmente na organização de movimentos contra o complexo industrial prisional contemporâneo.

4. Do sistema de arrendamento de condenados à prisão de segurança máxima[*]

Albert Wright Jr. é um homem negro de cinquenta anos que está cumprindo uma pena de quarenta anos no Centro de Detenção do Oeste de Illinois. Nessa prisão de 2 mil homens, entre os quais 66% são negros, ele escreveu um apelo emocionado ao público leitor da *Emerge*, revista mensal negra: "Raramente há uma resposta positiva aos pedidos de ajuda para combater o tratamento desumano ao qual somos sujeitados todos os dias. Poucos de vocês sabem como é o tratamento. O que administradores prisionais contam não passa nem perto da verdade". Wright deixa bem nítido que não está pedindo apoio financeiro ou bens materiais. "Estou falando de interesse genuíno no que está acontecendo com seu povo. Nós ainda somos gente. Só aconteceu de estarmos na prisão."[1] Mas, como muitos das centenas de milhares de homens negros atualmente presos em uma rede política de prisões estatais e privadas, a humanidade de Wright — e da juventude encarcera-

[*] Publicado originalmente em Joy James (Org.), *States of Confinement: Policing, Detention, and Prisons*. Nova York: St. Martin's Press, 2000, pp. 60-74.

da em nome da qual ele escreveu seu apelo — segue não reconhecida por um sistema penal que abandonou os objetivos de reabilitação individual e reintegração social em favor de formas cada vez mais atrozes de punição e correção. Como o discurso informado pelo racismo sobre a criminalidade segue incontestado, corpos de homens negros são tratados como dispensáveis pelas comunidades do "mundo livre", que praticamente abandonaram aqueles que são marcados como criminosos. Albert Wright temia, é claro, que comunidades negras de classe média estivessem entre as culpadas por se distanciarem dos apelos de prisioneiros; ao enviar seu texto para a *Emerge*, ele estava simultaneamente criticando e buscando alcançar essas comunidades.

Homens negros são agora os alvos primários do que Jerome Miller, defensor da reforma prisional, chama de missão de "busca e destruição"[2] de um sistema de justiça criminal que, devemos lembrar, também tem como alvo mulheres negras e outros homens e mulheres de cor, assim como pessoas brancas empobrecidas. Homens negros, que compõem menos que 7% da população dos Estados Unidos, constituem quase a metade das pessoas em cadeias e prisões.[3]

Não tenho a intenção de sugerir que a maior parte das pessoas encarceradas não cometeu algum tipo de crime. De fato, estudos apontam repetidamente que uma ampla maioria das populações já se envolveu em algum tipo de comportamento proibido pela lei. No entanto, apenas uma pequena porcentagem desses atos é examinada no contexto do sistema de justiça criminal.[4] Considerando o fato de que, no fim da década de 1990, aproximadamente um terço de todos os homens jovens e negros estava na prisão ou diretamente sob o controle de um sistema correcional, não é um total exagero afirmar que uma pessoa tem mais chance de ser preso se for um homem jovem e negro do que se tiver, de fato, cometido um crime. Mesmo que a maioria dos homens jovens e negros encarcerados possa também ter infringido alguma lei, é mais a raça e o gênero do que sua culpa ou inocência que tendem a levá-los ao contato com o sistema de justiça criminal.

Os números alarmantes de homens negros encarcerados não deveriam, no entanto, eclipsar o fato de que mulheres negras — cuja maior parte é presa por delitos relacionados a drogas — constituem a população encarcerada que mais se expande.[5] Esse fenômeno pode ser atribuído ao fato de que, cada vez mais, elas são alvo da vigilância policial tanto por motivos similares aos de homens negros quanto por razões relacionadas diretamente ao seu gênero. O desmantelamento da assistência social, por exemplo, e a consequente demonização de mães solteiras negras — que são representadas como procriadoras do crime e da pobreza — contribuem para um problema que está levando a amplos números de mulheres negras pobres na prisão. Além disso, a criminalização diferenciada do uso de drogas significa que as pessoas desafortunadas o suficiente para se tornarem dependentes de crack podem ser presas e jogadas na cadeia, ao passo que pessoas da classe média que têm acesso a drogas legais como Valium ou Prozac ficam livres para satisfazer seus vícios.

O atual aumento dos números de homens e mulheres negros encarcerados mal pode ser justificado por qualquer acréscimo recente da taxa de crimes entre a população negra. O advogado de direitos humanos Steven Donziger aponta que "há tantas mais pessoas negras que brancas em nossas prisões que a diferença não pode ser explicada por uma taxa maior de criminalidade entre pessoas negras — a discriminação racial também está operando, e as penaliza em quase todas as etapas do sistema de justiça criminal".[6] Mas negros e pessoas de cor de maneira geral são cada vez mais a principal matéria-prima humana utilizada para a expansão do sistema penal dos Estados Unidos. Acredito que o histórico de punição peculiarmente racializado e generizado do país facilitou, em parte, a transformação estrutural e ideológica do sistema penal em um complexo industrial prisional que encarcera, desumaniza e explora números cada vez maiores de pessoas, cuja esmagadora maioria são pobres e negras.

Não é coincidência que a reabilitação, o objetivo histórico da prisão, tenha passado por uma recessão teórica e prática à medida que as cadeias estadunidenses começaram a abrigar números acentuados de homens negros. A ideia atual de que os "criminosos" que superpovoam os cárceres estão muito além da possibilidade de reabilitação — que "nada funciona" — está bastante conectada com o fato de que, em tempos contemporâneos, os termos "homem" e "negro", quando combinados, tornam-se praticamente sinônimo de "criminoso" na imaginação popular. Não para ignorar a complexa evolução histórica do ideal reabilitativo de uma perspectiva moral e religiosa, até de uma perspectiva medicalizada, ou a categoria problemática da reincidência, que figura de maneira proeminente em índices do sucesso da reabilitação.[7] No entanto, narrativas de reabilitação foram tão informadas por pressupostos raciais que carregam abordagens morais e religiosas de um lado e abordagens médicas de outro que uma investigação dessas relações pode gerar conhecimentos sobre a atual construção do encarceramento como destino inevitável de jovens homens negros. Também pode nos auxiliar a entender por que a proporção relativamente pequena de mulheres encarceradas passou a crescer nos últimos tempos em níveis nunca vistos antes, com corpos de mulheres negras cada vez mais sujeitos a um processo de criminalização concomitante e similar ao de homens negros.

Dada a recente emergência de presídios de segurança máxima e o caráter gradativamente punitivo das prisões nos Estados Unidos de maneira geral — que, na década de 1990, estavam sendo privadas de programas educacionais, recreacionais e outros historicamente associados a projetos de reabilitação —, é importante relembrar que em sua história pregressa as prisões foram propostas como alternativas radicais à dor física que à época consistia no modo dominante de punição. A penitenciária — a manifestação histórica da cadeia como lugar de punição (e não como espaço de detenção para pessoas que aguardam julgamento) — foi concebida arquitetônica e teoricamente como um plano para a reforma moral do indivíduo. Como tal, ela expressava a abrangente pressuposição da era do Iluminismo de que a razão formava o núcleo de cada ser humano. Também expressava a visão da modernidade, de progresso inevitável. No entanto, como aponta o filósofo David Goldberg, "a definição da humanidade em relação à racionalidade nitidamente prefigura a ênfase da modernidade na capacidade racional como diferença crucial de grupos raciais".[8] De fato, a construção da ideia de humanidade racional da modernidade não era apenas racializada, mas também relativa a gênero.

Ainda que já se tenha argumentado que a origem do termo "penitenciária" está relacionada a um plano da Inglaterra de encarcerar prostitutas "penitentes",[9] a prisão como instituição para a reforma de criminosos era voltada majoritariamente para homens brancos. Nos Estados Unidos, é significativo que o nascimento dessa instituição tenha ocorrido durante mais ou menos o último meio século da escravidão, período que também testemunhou contestação intensa acerca do futuro dos direitos das mulheres.

Refletindo a moderna relegação das mulheres de todas as origens raciais, e de homens de cor, à antítese da razão — natureza, instinto e os sentidos —, a suposta universalidade da razão mascarou fortes pressupostos raciais e de gênero sobre os corpos nos quais residia a razão universal. Durante grande parte do século XIX, mulheres brancas não tinham status jurídico autônomo e eram amplamente punidas no âmbito doméstico. Como filhas, estavam sujeitas à punição corporal por parte de seus pais, e, como esposas, por parte dos maridos. Mulheres brancas consideradas "criminosas" e levadas ao sistema de justiça criminal eram consideradas "perdidas" e, portanto, para além dos limites da reabilitação moral.

Até a abolição da escravidão, a maioria dos homens e mulheres negros estava sob a autoridade de seus senhores escravistas, que desenvolveram regimes de punição projetados simultaneamente para infligir dor física severa e para salvaguardar o *corpo* como uma mercadoria laboral e, portanto, lucrativa. Um exemplo disso era a abertura de buracos em que mulheres gestantes podiam colocar suas barrigas para proteger as crianças ainda não nascidas — que serviam de combustível para os moinhos do trabalho escravo — enquanto eram açoitadas.[10] Nesse contexto, a punição era completamente desassociada do objetivo de reforma moral. Como trabalhadores escravos eram apreciados amplamente em relação ao tamanho e à força que tinham, o valor de homens escravos em geral era mais alto que o de mulheres escravas, e uma provável consequência era o favorecimento do corpo masculino para o trabalho e para a punição. Isso não é uma forma de invalidar os horrores aos quais mulheres foram sujeitadas sob a escravidão, que incluíam formas sexualizadas de punição, como o estupro, assim como formas generizadas relacionadas ao controle e à preservação do trabalho reprodutivo de mulheres.

Durante a era pós-Guerra Civil, o linchamento extrajudicial e os Códigos Negros, que eram legais, identificaram o corpo da pessoa negra como o locus da punição. Dessa forma, homens e mulheres negros continuaram a sofrer exclusão, em função da raça e do gênero, do âmbito moral em que a punição na penitenciária era associada à reabilitação. Homens negros eram excluídos da individualidade e da masculinidade com as quais até mesmo o cidadão criminoso estava imbuído. Mulheres negras, contudo, eram excluídas da feminilidade que tendia a proteger tantas mulheres brancas do encarceramento. O nascimento das penitenciárias inglesa e estadunidense, cujos defensores mais ardentes se opunham fortemente a punições corporais severas, teve pouco impacto sobre os regimes de punição aos quais pessoas escravizadas eram sujeitadas. As prisões também não fizeram diferença nas formas como as mulheres brancas eram punidas. Assim, eram implicitamente racializadas e generizadas como modos novos e menos cruéis de castigo para homens brancos.

O modelo de penitenciária mais divulgado foi o panóptico projetado para observação total e proposto pelo filósofo utilitarista Jeremy Bentham. Apesar de poucas prisões terem sido de fato construídas de acordo com seus padrões estritos, o impacto discursivo foi tamanho que o modelo se vinculou estreitamente ao projeto de reabilitação prisional. Entre 1787 e 1791, Bentham publicou uma série de cartas descrevendo em detalhes o novo projeto arquitetônico para prisões e outras instituições que demandassem a vigilância e o controle de um grande número de pessoas. O panóptico de Bentham supostamente garantia o monitoramento onipresente e a imposição da disciplina que ele julgava necessária aos criminosos, de forma a internalizar hábitos produtivos de trabalho. De acordo com o plano de Bentham, que ele esperava que lhe rendesse um contrato com o governo para construir e operar uma penitenciária, detentos seriam abrigados em celas solitárias dispostas em forma de anel ao longo de vários andares circulares ao redor e de frente para uma torre de guarda também de vários andares. Bentham sugeria que o uso de persianas, combinadas com um complexo jogo de luz e sombra, garantiriam que os prisioneiros — cujas celas estariam dispostas de maneira que não pudessem ver uns aos outros — também ficariam incapazes de enxergar quem os vigiasse da torre de guardas. O ponto de vista do vigilante, contudo, lhe permitiria ter visão plena de todos os prisioneiros. No entanto — e este era o aspecto mais significativo do gigantesco panóptico —, como os presos não teriam como saber jamais para onde o vigilante estava olhando, cada um deles seria impelido a agir como se estivesse sendo observado o tempo todo.

A tentativa mais consistente de implementar o modelo do panóptico de Bentham se deu nos Estados Unidos, na Penitenciária Stateville, próxima a Joliet, Illinois, que abriu oficialmente em 9 de março de 1925. Foi criada como resultado direto de um movimento de reforma, começado em 1905, que expôs o estado de Illinois por manter "condições brutais e desumanas" na antiga prisão da cidade, construída em 1860.[11] Ao voltar de uma viagem à Europa para examinar o planejamento prisional no exterior, um comitê legislativo anunciou que estava bastante impressionado com o panóptico de Bentham. Apesar de Stateville ter sido parcialmente construída no formato recomendado, quando a construção estava entrando na última fase o estado já tinha desistido do plano circular e completou a prisão com galpões de celas retangulares. Durante os primeiros 25 anos de sua história, Stateville possuía uma população prisional majoritariamente branca. No entanto, na metade da década de 1950, a população prisional era majoritariamente negra.[12]

Como o teórico Michel Foucault apontou mais tarde, o prisioneiro do panóptico "[é] visto, mas não vê; objeto de uma informação, nunca sujeito numa comunicação. [...] E esta [invisibilidade] é a garantia da ordem".[13] Além disso, a multidão — uma massa compacta, um locus de múltiplas trocas, de individualidades que se fundem, um efeito coletivo — é abolida em proveito de uma coleção de individualidades separadas. Do ponto de vista do guardião, ela é substituída por uma multiplicidade que pode ser contada e controlada; do ponto de vista dos detentos, por uma solidão isolada e vigiada.[14]

O processo de individualização via panóptico presumia que o prisioneiro era um ser pelo menos potencialmente racional cuja criminalidade evidenciava o desvio desse potencial. Essa arquitetura e esse regime também presumiam que o sujeito a ser reformado pelo panóptico possuía faculdades mentais e morais que podiam ser controladas e transformadas pela experiência do encarceramento. Mulheres brancas estavam teoricamente eximidas desse processo, já que, na virada do século XIX, na Grã-Bretanha e nos Estados Unidos, a ideologia predeterminante da "mulher perdida" construía a noção de que criminosas não tinham nenhuma perspectiva de reabilitação moral. Homens e mulheres negros, no entanto, eram ideologicamente excluídos do âmbito da moralidade e, ao contrário de mulheres brancas, nem sequer se reconhecia que tivessem sido sujeitos epistemológicos e agentes morais. Portanto, não poderiam nem cair em desgraça, pois já se presumia que eram incapazes de obter a graça, para início de conversa.

Escravos não recebiam o status social de indivíduos. Se recebiam qualquer sorte de individualidade, era de natureza corporal, definida pelo valor que tinham no mercado, pelo potencial laboral e pela punição que recebiam. Como consequência, frequentemente mal chegavam a ser sujeitos à diferenciação de gênero operante na cultura hegemônica. As metas para mulheres nas plantations, por exemplo, onde suas tarefas eram essencialmente as mesmas que as dos homens, eram estabelecidas de acordo com seu tamanho e peso, e não pelo gênero. Mulheres também eram alvos do chicote e do açoite, as principais armas de castigo durante a escravidão.

À medida que pessoas negras passaram a ser integradas no sistema penal do Sul, no rescaldo da Guerra Civil — e conforme esse sistema se tornou um sistema de servidão —, a punição associada à escravidão foi integrada a ele. "O açoite", como observou o autor Matthew Mancini, "era a principal forma de castigo no regime escravocrata; e o chicote, assim como a corrente, se tornou o maior emblema de servidão para escravos e prisioneiros."[15] Muitas pessoas negras foram encarceradas sob leis reunidas nos vários Códigos Negros dos estados do Sul, que, por serem rearticulações dos Códigos da Escravidão, tendiam a racializar a pena e associá-la de maneira direta aos regimes de escravidão prévios. A expansão do sistema de arrendamento de condenados e das *chain gangs* do condado significava que o sistema de justiça do Período Antebellum,* que focava mais em pessoas negras do que brancas, definiu largamente a justiça criminal do Sul como um meio de controle do trabalho negro. De acordo com Mancini:

> Entre os devastadores legados multifacetados da escravidão estava a convicção de que negros só trabalhavam de uma certa maneira — da maneira que a experiência mostrava que tinham trabalhado no passado: acorrentados uns aos outros, sujeitados a supervisão constante e sob a disciplina do chicote. Já que esses eram requisitos da escravidão e já que escravos eram negros, brancos do Sul concluíram de forma quase universal que negros não trabalhavam a menos que fossem submetidos a tal vigilância e disciplina intensas.[16]

Intelectuais que estudaram o sistema de arrendamento de condenados apontam que, em muitos aspectos importantes, ele era muito pior que a escravidão; o título do estudo de Mancini é *One Dies, Get Another* e o título do trabalho de David Oshinsky sobre a Prisão Parchaman é *Worse Than Slavery* [Pior que a escravidão]. A preocupação que os senhores escravistas necessariamente expressavam com os escravos de maneira individual, por conta do valor específico que cada um tinha, não mais se aplicava a conde-

---

* Período que corresponde aos anos após o fim da Guerra Anglo-Americana, em 1812, até o início da Guerra de Secessão, em 1861, cujas mudanças sociais e econômicas contrastantes entre Norte e Sul levaram a uma polarização da sociedade estadunidense. (N. E.)

nados, os quais eram arrendados em massa e poderiam ser postos para trabalhar literalmente até a morte sem que isso afetasse a lucratividade do grupo. De acordo com descrições de contemporâneos, as condições em que esses condenados e as *chain gangs* do condado viviam eram muito piores que as condições sob as quais pessoas negras tinham vivido como escravas. Os registros de plantations no delta do Mississippi durante o final da década de 1880 indicam que

> os prisioneiros comiam e dormiam no chão batido, sem cobertores ou colchões, frequentemente sem roupas. Eram punidos por "capinar devagar" (dez chicotadas), "plantio insuficiente" (cinco chicotadas) e "fazer 'corpo mole' na colheita de algodão" (cinco chicotadas). Alguns que tentavam escapar eram açoitados "até o sangue escorrer pelas pernas"; outros recebiam uma espora de metal fincada aos pés. Condenados pereciam de exaustão, pneumonia, malária, úlceras de frio, tuberculose, insolação, disenteria, ferimentos por armas de fogo e "intoxicação por grilhões" (o atrito constante de correntes e grilhões na pele exposta).[17]

As penitenciárias dos Estados Unidos, conforme se desenvolveram de acordo com os sistemas da Pensilvânia e de Auburn, concebiam o trabalho como uma atividade reabilitativa; a mão de obra forçada de *condenados* no Sul, esmagadoramente negra, foi projetada para obter o maior lucro possível. A reabilitação tinha pouco ou nada a ver com a indústria da punição conforme ali era desenvolvida. Portanto, a teoria do castigo associada com as novas penitenciárias estadunidenses e com a concepção benthamiana do panóptico estava totalmente em desacordo com as formas de punição aplicadas a pessoas negras recém-libertas.

Na era contemporânea, o complexo industrial prisional emergente, que é cada vez mais alimentado por tendências de privatização, relembra as primeiras iniciativas de criação de uma indústria da punição lucrativa baseada no novo suprimento de trabalhadores negros "livres" no pós-Guerra Civil. Steven Donziger, a partir do trabalho do criminologista norueguês Nils Christie, argumenta que

> empresas que prestam serviços para o sistema de justiça criminal precisam de quantidades suficientes de matéria-prima para garantir o crescimento a longo prazo [...] no campo da justiça criminal, a matéria-prima são os prisioneiros, e a indústria vai fazer o que for necessário para garantir um suprimento estável. Para que o suprimento cresça, as políticas de justiça criminal precisam assegurar um número satisfatório de pessoas estadunidenses encarceradas, independentemente de a criminalidade estar aumentando ou de o encarceramento ser necessário.[18]

Assim como homens negros recém-libertos e um número significativo de mulheres negras constituíram um suprimento praticamente infinito de matéria-prima para a indústria da punição embrionária do Sul e forneceram mão de obra muito necessária para os estados dessa região quando tentavam se recuperar do impacto devastador da Guerra Civil; da mesma forma, na era contemporânea, homens negros desempregados, bem como números cada vez maiores de mulheres negras, constituem um suprimento infindável de matéria-prima para o complexo industrial prisional.

De acordo com as estatísticas de 1997 do Departamento de Justiça, pessoas negras estadunidenses, como um todo, representam a maioria dos prisioneiros estaduais e federais, num total de 735 200 detentos negros — 10 mil a mais que o número total de detentos brancos. Conforme a taxa de crescimento do encarceramento continua a aumentar, a composição racial da população carcerária se aproxima da proporção de prisioneiros negros e brancos durante a era do sistema de arrendamento de condenados do Sul e dos sistemas de *chain gangs* do condado. Quer essa matéria-prima humana seja usada para mão de obra, quer seja usada como consumidora forçada das mercadorias fornecidas por corporações diretamente implicadas no complexo industrial prisional, é nítido que corpos de homens negros são considerados dispensáveis no "mundo livre". Também são a maior fonte de lucro no mundo da prisão. Essa relação recapitula de novas e complicadas maneiras a era do arrendamento de condenados.

A privatização característica do arrendamento de condenados também tem seus paralelos contemporâneos, com empresas como a Corrections Corporation of America (CCA) e a Wackenhut,* que literalmente administram prisões com fins lucrativos. No final da década de 1990, as dezessete empresas prisionais privadas operando nos Estados Unidos (e às vezes em outros países) construíram aproximadamente cem cadeias e prisões, nas quais 50 mil detentos estão encarcerados. Presídios privados se multiplicaram numa taxa quatro vezes maior do que as cadeias públicas. Observadores do fenômeno das instituições prisionais privadas estimaram que haverá três vezes mais unidades na virada do século, com um lucro de mais de 1 bilhão de dólares.[19] Com arranjos que remetem ao sistema de arrendamento de condenados, governos federais, estaduais e dos condados pagam a empresas privadas uma taxa a cada detento; assim, elas têm interesse em conservar os prisioneiros pelo máximo de tempo possível e em manter suas unidades bem ocupadas.

No estado do Texas, há 34 cadeias de propriedade do governo e administradas por empresas privadas, nas quais cerca de 5500 detentos de fora do estado estão encarcerados. Essas unidades geram cerca de 80 milhões de dólares anualmente para o Texas.[20]

---

* Agora conhecidas como CoreCivic e G4S, respectivamente.

A Capital Corrections Resources Inc. opera o Centro de Detenção de Brazoria, uma unidade estadual localizada a 65 quilômetros de Houston. Brazoria veio à atenção pública em agosto de 1997, quando foi exibido um vídeo em rede nacional mostrando prisioneiros mordidos por cães policiais, violentamente chutados na região da virilha e pisoteados por guardas. Os detentos, forçados a engatinhar pelo chão, também recebiam disparos de armas de choque, enquanto os guardas — que se referiam a um prisioneiro negro como *boy* —* gritavam "Vai mais rápido!".[21] Depois da exibição do vídeo, o estado do Missouri retirou os 415 prisioneiros que abrigava nesse centro de detenção. Embora os artigos jornalísticos fizessem poucas referências ao caráter indiscutivelmente racializado do comportamento dos guardas, na parte do vídeo mostrado em rede nacional detentos negros eram os alvos primários dos ataques dos guardas.

A gravação de 32 minutos, que autoridades prisionais declararam ser de treinamento, mostrando aos agentes penitenciários "o que *não* fazer", foi feita em setembro de 1996. Evidências importantes do abuso que acontece por trás dos muros e portões de prisões privadas vieram à luz associadas a uma ação judicial movida por um dos prisioneiros que foi mordido por um cachorro; ele estava processando o condado de Brazoria e pedia 100 mil dólares por danos morais. As ações dos guardas — que, de acordo com os prisioneiros, eram muito piores do que o que apareceu em vídeo — revelavam não apenas a maneira como muitos detentos do condado eram tratados, mas também atitudes gerais para com pessoas presas em cadeias e prisões; acredita-se que, como consequência do encarceramento, elas merecem esse tipo de punição fí-

---

* Nos Estados Unidos, o uso de *boy* [menino] por parte de pessoas brancas para se referir a homens negros adultos tem um histórico racista, associado a uma negação do status de homem dos negros. (N. T.)

sica severa. De acordo com uma notícia da *Associated Press*, depois que os presos do Missouri foram transferidos de Brazoria de volta para seu estado natal, eles contaram ao *Kansas City Star* que "guardas do Centro de Detenção do Condado de Brazoria usavam aguilhões e outras formas de intimidação para ganhar respeito e forçar prisioneiros a dizer 'Eu amo o Texas'". "O que vocês viram na fita não foi nem uma fração do que aconteceu naquele dia", disse o detento Louis Watkins, se referindo ao ataque no bloco de celas do dia 18 de setembro de 1996 que fora gravado em vídeo. "Nunca vi coisa parecida com aquilo nos filmes."[22]

É interessante que esse prisioneiro comparou o que ele viu durante o ataque no centro de detenção a representações cinematográficas da experiência da prisão. Um dos meus argumentos é que, em práticas de representação populares, a experiência da prisão é essencialmente de homens negros. Quer a punição brutal em ambientes penais seja infligida a pessoas brancas, latinas, asiáticas, nativas ou negras, entre homens e mulheres, em geral se considera que o prisioneiro típico — e o alvo dessa brutalidade — é um homem negro. As graves violações de direitos civis e humanos de prisioneiros, nesse sentido, estão muito ligadas à associação generalizada de "criminoso" ou "prisioneiro" com o corpo do homem negro.

A atual construção e expansão de prisões de segurança supermáxima estaduais e federais, cujo objetivo é resolver problemas disciplinares dentro do sistema penal, baseiam-se na concepção histórica do panóptico. Mais uma vez, homens negros estão vastamente super-representados nessas prisões e unidades de controle de segurança supermáxima, a primeira das quais surgiu quando do autoridades correcionais federais começaram a enviar prisioneiros que consideravam "perigosos" para o presídio de Marion, Illinois. Em 1983, toda a prisão estava "em confinamento", o que significava que os detentos ficavam encerrados em suas celas 23 horas por dia.[23] Atualmente existem pelo menos 57 prisões federais e estaduais de segurança supermáxima localizadas em 36 estados.[24] Uma descrição desse tipo de prisão num relatório de 1997 da Human Rights Watch ecoa de forma assustadora o panóptico de Bentham. A diferença, no entanto, é que todas as referências à reabilitação individual desapareceram:

> Detentos em unidades de segurança supermáxima geralmente são mantidos em clausura em uma cela única, o que se chama comumente de confinamento solitário. [...] [A]tividades conjuntas com outros prisioneiros são via de regra proibidas; nem sequer é possível ver, da cela de um detento, outros prisioneiros; a comunicação entre eles é proibida ou difícil (consistindo, por exemplo, em gritar de uma cela para outra); os privilégios de visita e telefone são limitados. A nova geração de unidades de segurança supermáxima também conta com tecnologia de ponta para monitorar e controlar a conduta e o movimento dos prisioneiros, utilizando, por exemplo, monitores de vídeo e portas eletrônicas controladas remotamente. Essas prisões representam a aplicação de tecnologia sofisticada e moderna inteiramente dedicada à tarefa do controle social, e isolam, regulam e vigiam de maneira mais eficaz do que qualquer instituição que as precedeu.[25]

Algumas das prisões de segurança supermáxima alojam detentos em celas com portas de aço sólido, em vez de grades — um arranjo que lembra os vagões usados no passado para abrigar condenados arrendados —, para que os encarcerados literalmente não vejam nada. Eles são alimentados por uma fresta na porta, sem conseguir ver nem os guardas que trazem a comida. De acordo com Jerome Miller: "A porcentagem desproporcional de homens negros na população prisional em geral é superada pela porcentagem muito maior de homens negros alojados em prisões de segurança supermáxima".[26] Miller faz referência a um estudo realizado pelo pesquisador William Chambliss, que descobriu que em um dia, em 1993, 98% dos detentos confinados na prisão de segurança supermáxima em Baltimore, Maryland, eram negros.[27]

O perigo dessas prisões reside não apenas no tratamento sistematicamente brutal dispensado aos detentos nelas confinados, mas também na forma como essas instituições estabelecem padrões para o tratamento de todos os prisioneiros. Elas solidificam o afastamento de estratégias de reabilitação e o fazem em grande parte sobre os ombros de homens negros. Além disso, à medida que se tornam mais repressivas e que a repressão se distancia mais do — e, por definição, aceita no — "mundo livre", as prisões promovem tendências retrógradas nas instituições educacionais que servem as populações com maior probabilidade de passar das escolas para as cadeias. Essas instituições educacionais começam a se parecer mais com prisões do que com escolas. Em comunidades negras pobres, por exemplo, elas tendem a direcionar os recursos necessários ao enfrentamento das crises na educação para segurança e disciplina. Em vez de preparar estudantes para a faculdade, as escolas de ensino fundamental e médio dessas comunidades estão rapidamente se tornando preparatórios para a prisão, transformando crianças negras em matéria-prima para punição e trabalho forçado.

O quanto os homens negros são utilizados como a principal matéria-prima humana para o complexo industrial prisional hoje apenas destaca as muitas formas pelas quais o sistema prisional nos Estados Unidos, de maneira geral, se assemelha a — e recapitula — algumas das mais abomináveis características dos sistemas da escravidão e do arrendamento de condenados do final do século XIX. Como mencionado anteriormente, a exploração desenfreada do trabalho prisional forçado num contexto cada vez mais privatizado é uma forma moderna do arrendamento de condenados. Mesmo que homens negros não sejam a única população vulnerável a essa exploração, o número esmagador deles presos nos Estados Unidos os torna, de longe, os membros mais ameaçados de nossa sociedade quando se trata da nova forma de escravização que vem sendo implementada através do sistema prisional.

O fato de podermos fazer essas conexões entre as práticas de encarceramento do final do século xx nos Estados Unidos e vários sistemas e práticas em vigor há um século é em grande parte resultado do racismo presente na história do sistema prisional deste país. A manifestação máxima desse fenômeno pode ser encontrada na prisão de segurança supermáxima. A sua principal função é subjugar e controlar populações encarceradas "problemáticas" — mais uma vez, compostas em grande parte de homens negros — que, tendo sido trancafiadas nos espaços mais remotos e invisíveis, já não são consideradas humanas. A autoridade absoluta exercida sobre essas populações desaparecidas[28] por administradores e funcionários — e a falta de responsabilização por parte das empresas privadas no negócio prisional e/ou que se beneficiam do trabalho prisional — é rescaldo da impunidade com que senhores escravistas, feitores, e, mais tarde, patronos do sistema de arrendamento de condenados desconsideraram rotineiramente a humanidade dos corpos negros dos quais abusavam de forma sistemática.

Desse modo, a prisão de segurança supermáxima se baseia na perpetuação do racismo em todos os níveis da nossa sociedade, ao mesmo tempo que serve para alimentá-lo. Isso vale, inclusive, para todo o sistema prisional; a prática contínua de descartar populações inteiras depende de a imaginação popular considerar essas populações como inimigas públicas. É precisamente a relação entre racismo e prisão que exige que ativistas antirracistas e ativistas prisionais trabalhem em conjunto; às vésperas do século xxi, esses dois movimentos são inseparáveis.

PARTE III
DESARTICULANDO O CRIME E A PUNIÇÃO

Modelos abolicionistas emergentes

5. Raça e criminalização

*Pessoas negras dos Estados Unidos
e a indústria da punição*[*]

Nesta era pós-direitos civis, conforme barreiras raciais nos altos domínios econômicos e políticos são aparentemente destruídas com uma regularidade previsível, a raça em si se torna um assunto cada vez mais proibido. No discurso político dominante, não é mais reconhecida como um fenômeno estrutural generalizado que exige a continuação de estratégias como ações afirmativas, mas é representada principalmente como um conjunto de atitudes preconceituosas, que têm peso igual em todas as fronteiras raciais. A liderança negra é, portanto, muitas vezes desqualificada, e a própria identificação da raça como uma questão pública e política é questionada por meio da invocação e da aplicação do epíteto "racista negro" a figuras como Louis Farrakhan e Khalid Abdul Muhammad. Agora se espera que debates públicos sobre o

---

[*] Discurso proferido na conferência Race Matters, Universidade Princeton abr. 1994. Publicado originalmente em Wahneema H. Lubiano (Org.), *That Race Built: Original Essays by Toni Morrison, Angela Y. Davis, Cornel West, and Others on Black Americans and Politics in America Today*. Nova York: Vintage, 1997, pp. 264-79.

papel do Estado, que em outro momento se concentravam de forma muito acentuada e aberta em questões de "raça" e racismo, se desenvolvam na ausência de qualquer reconhecimento direto da persistência — e, de fato, do aprofundamento — de relações de poder racialmente estruturadas. Com a exclusão da raça de alguns dos debates mais apaixonados deste período, torna-se cada vez mais difícil identificar o caráter racializado que possuem, em especial por parte daqueles que não têm capacidade — ou disposição — de decifrar a linguagem codificada. Isso significa que os argumentos racistas ocultos podem ser facilmente mobilizados através das fronteiras raciais e dos alinhamentos políticos. Posições políticas que antes eram definidas sem dúvidas como conservadoras, liberais e às vezes até radicais tendem, portanto, a perder a sua distinção diante das seduções desse racismo camuflado.

O presidente Clinton escolheu a data da Marcha de um Milhão de Homens, convocada pelo ministro Louis Farrakhan da Nação do Islã, para lançar a convocação para uma "conversa nacional sobre raça", pegando emprestadas ironicamente as exatas palavras de Lani Guinier (cuja nomeação para procuradora-geral assistente encarregada dos direitos civis havia anulado anteriormente porque os escritos dela eram muito focados em questões raciais).[1] As ideias de Guinier foram dispensadas sem grande debates por causa da noção ideológica dominante que associa o "fim do racismo" à remoção de todas as alusões à raça. Se as posições conservadoras argumentam que a própria consciência racial impede o processo de resolução do problema da raça — em outras palavras, alcançar a cegueira racial —, então o discurso de Clinton indicou uma tentativa de reconciliar os dois, postulando a consciência racial como um meio de avançar rumo à cegueira racial: "Há muitos hoje, brancos e negros, na esquerda e na direita, nas esquinas e nas ondas do rádio, que buscam semear a divisão para seus próprios fins. Para eles eu digo: 'Chega. Devemos ter 'unidade'".

Embora Clinton tenha reconhecido "a história terrível e a persistência teimosa do racismo", seus comentários trouxeram para primeiro plano os motivos para a "divisão racial" que "estão enraizados no fato de que ainda não aprendemos a falar de maneira franca, a ouvir com atenção e a trabalhar juntos acima de fronteiras raciais". Ele insistiu que a raça não tem a ver com o governo, mas com o coração das pessoas. Certamente seria absurdo negar o grau em que o racismo infecta a psique nacional de formas profundas e múltiplas. No entanto, relegar a raça a questões de coração tende a tornar cada vez mais difícil identificar o profundo enraizamento estrutural do racismo contemporâneo.

Quando o caráter estrutural do racismo é ignorado em discussões sobre criminalidade e o crescimento da população carcerária, a disparidade racial nas cadeias e prisões é tratada como uma contingência, na melhor das hipóteses como produto da "cultura da pobreza" e, na pior das hipóteses, como prova de um suposto monopólio negro sobre a criminalidade. A proporção elevada de pessoas negras no sistema de justiça criminal é assim normalizada, e nem o Estado nem as pessoas em geral são obrigados a falar e agir a respeito do significado dessa disparidade racial. Assim, os responsáveis eleitos, sejam republicanos ou democratas, solicitaram com sucesso leis que determinam penas de prisão perpétua para "criminosos" que cometem três transgressões, sem precisar responder pelas implicações raciais dessas leis. Com base na alegada "cegueira racial" da legislação, pessoas negras são clandestinamente concebidas como sujeitos raciais, sendo assim manipuladas, exploradas e abusadas, ao passo que a persistência estrutural do racismo — embora em formas alteradas — nas instituições sociais e econômicas, e na cultura nacional como um todo, é veementemente negada.

O crime é, portanto, uma das máscaras por trás da qual a "raça", com toda a sua ameaçadora complexidade ideológica, mobiliza antigos temores públicos e cria novos medos. O atual debate anticrime se dá dentro de um domínio matemático reificado — uma estratégia que lembra a noção de Malthus do aumento geométrico da população e do aumento aritmético das fontes de alimentos, daí a inevitabilidade da pobreza e os meios de suprimi-la: guerra, doença, fome e desastres naturais. Inclusive, a persistente abordagem neomalthusiana do controle populacional, que, em vez de buscar resolver os problemas sociais urgentes que resultam em dor e sofrimento reais na vida das pessoas, clama pela eliminação dessas vidas sofredoras, encontra fortes ressonâncias na discussão pública sobre expurgar a "nação" do crime. Esses debates incluem argumentos apresentados por aqueles que lideram o apelo por mais prisões e empregam estatísticas da mesma forma fetichista e enganosa que Malthus mais de dois séculos atrás. Por exemplo, os comentários de James Wooten no *Heritage Foundation State Backgrounder*:

> Se 55% dos estimados 800 mil atuais prisioneiros estaduais e federais que são infratores violentos estivessem sujeitos a cumprir 85% de suas penas, e presumindo que esses infratores violentos teriam cometido dez crimes violentos por ano se estivessem nas ruas, então o número de crimes evitados a cada ano pela verdade nas sentenças seria de 4 milhões. Isso representaria mais de dois terços dos 6 milhões de crimes violentos relatados.[2]

Na *Reader's Digest*, o editor sênior Eugene H. Methvin escreve: "Se duplicarmos novamente a atual população carcerária federal e estadual — para algo entre 1 milhão e 1,5 milhão — e mantivermos a população das cadeias municipais e de condados na casa dos 400 mil, vamos quebrar a onda de crimes do país em trinta anos".[3] Os seres humanos reais — dos quais um número imensamente desproporcional é de homens e mulheres negros e latinos

— designados, de uma forma que parece neutra em termos raciais, por esses números são considerados, de modo fetichista, intercambiáveis com os crimes que cometeram ou supostamente cometerão. O impacto real da prisão em suas vidas jamais precisa ser examinado. O papel inevitável desempenhado pela indústria da punição na reprodução do crime nunca precisa ser discutido. A tendência perigosa e realmente fascista de haver um número cada vez maior de populações humanas escondidas e encarceradas é invisibilizada. Tudo o que importa é a eliminação do crime — e isso é feito ao se livrar das pessoas com maior probabilidade de serem condenadas por atos criminosos, de acordo com o senso comum racial dominante. Não importa que, se essa estratégia for seguida de forma séria e consistente, a maioria dos homens negros jovens e uma proporção crescente de mulheres negras jovens passarão uma boa parte da sua vida atrás de muros e grades, a fim de servir como um lembrete de que o Estado está confrontando agressivamente seu inimigo.[4]

Embora eu não queira colocar uma resposta a esses argumentos no mesmo nível de abstração matemática e de fetichismo que venho problematizando, acredito que seja útil considerar quantas pessoas estão encarceradas no presente ou quais vidas estão sujeitas à vigilância direta do sistema de justiça criminal. Já há aproximadamente 1 milhão de pessoas em prisões estaduais e federais nos Estados Unidos, sem contar 500 mil em prisões municipais e de condados, 600 mil em liberdade condicional, 3 milhões em suspensão condicional da pena ou 60 mil em reformatórios juvenis. O que significa que existem atualmente mais de 5,1 milhões de pessoas encarceradas, em liberdade condicional ou em suspensão condicional da pena. Muitos dos que estão em suspensão condicional da pena ou em liberdade condicional estariam atrás das grades sob as condições da lei criminal recentemente aprovada. De acordo com o Sentencing Project, mesmo antes da aprovação da lei criminal, pessoas negras tinham 7,8 vezes mais probabilidade de serem presas do que as brancas.[5] O relatório mais recente da organização[6] indica que 32,2% dos homens negros jovens e 12,3% dos homens latinos jovens entre as idades de 20 e 29 anos estão na prisão, na cadeia, em suspensão condicional da pena ou liberdade condicional. Isso em comparação com 6,7% dos homens brancos jovens. Um total de 827 440 homens negros jovens estão sob a supervisão do sistema de justiça criminal, a um custo de 6 bilhões de dólares por ano. Em comparação com o anterior, um importante ponto forte do relatório de 1995 é o reconhecimento de que o impacto racializado do sistema de justiça criminal também é baseado no gênero, e que o número relativamente menor de mulheres negras levadas para o sistema não deve nos isentar da responsabilidade de compreender a junção de gênero e raça nas práticas de prisão e encarceramento. Além disso, o aumento do contato de mulheres com o sistema de justiça criminal foi ainda mais dramático do que o dos homens:

> O aumento de 78% nas taxas de controle da justiça criminal para mulheres negras foi maior que o dobro do aumento [das mesmas taxas] para homens negros e mulheres brancas, e mais de nove vezes o número do aumento para homens brancos. [...] Embora a pesquisa sobre mulheres de cor no sistema de justiça criminal seja limitada, os dados e as pesquisas existentes sugerem que a combinação dos efeitos de raça e sexo está na raiz das tendências que aparecem em nossos dados. Por exemplo, embora o número de negros e hispânicos na prisão esteja crescendo a um ritmo alarmante, a taxa de crescimento para mulheres é ainda maior. Entre 1980 e 1992, a população de mulheres encarceradas aumentou 276%, em comparação com os 163% dos homens. Ao contrário dos homens de cor, as mulheres de cor pertencem assim a dois grupos que estão vivenciando um crescimento particularmente dramático no contato com o sistema de justiça criminal.[7]

Estima-se que até o ano 2000 o total de pessoas presas ultrapassará os 4 milhões, dos quais um número grosseiramente desproporcional será de negros, e que o custo disso será superior a 40 bilhões de dólares por ano,[8] uma cifra que lembra a maneira como o orçamento militar devorou — e continua a devorar — os recursos do país. Essa indústria de punição descontrolada é uma indústria de criminalização extremamente eficaz, pois a disparidade racial das populações encarceradas não é reconhecida como prova de racismo estrutural, mas invocada como consequência da suposta criminalidade das pessoas negras. Em outras palavras, o processo de criminalização funciona muito bem pela lógica oculta do racismo. A lógica racista está profundamente arraigada nas estruturas materiais e psíquicas da nação. É algo com o qual todas as pessoas têm muita familiaridade. Ela pode, de fato, persistir mesmo quando se retiram as alusões diretas à "raça".

Até as comunidades mais profundamente feridas pela lógica racista aprenderam a confiar nela, em especial quando não são necessárias alusões explícitas à raça. Assim, na ausência de movimentos de base amplos e radicais nas comunidades negras pobres, tão devastadas por novas formas de violência perpetrada por jovens, as opções ideológicas são extremamente escassas. Muitas vezes não há outra forma de expressar a raiva e o desespero coletivos a não ser exigir que a polícia livre a comunidade do crack e das submetralhadoras, e das pessoas que usam e vendem drogas e empunham armas. Ironicamente, Carol Moseley-Braun, a primeira senadora negra da história de nosso país, defendeu com entusiasmo o Projeto de Lei Anticrime do Senado, cuja aprovação em novembro de 1993 abriu caminho para sua ratificação pela Câmara em 25 de agosto de 1994. Ou talvez haja pouca ironia aqui. Quem sabe não seja precisamente porque existe uma Carol Moseley-Braun no Senado e um Clarence Thomas na Suprema Corte — e as diferenciações concomitantes de classe e outros fatores responsáveis pela maior heterogeneidade nas comunidades negras nesse momento do que em qualquer outro da história do país — que o consentimento implícito à lógica racista antinegra (para não falar do racismo contra outros grupos) torna-se muito mais difundido entre pessoas negras. As análises de Wahneema Lubiano sobre as complexidades da dominação estatal, conforme ela opera dentro e através das subjetividades daqueles que são os alvos desta dominação, facilitam a compreensão desse dilema.[9]

Tomemos emprestado o título do trabalho recente de Cornel West, *Race Matters* [Raça importa].[10] Além disso, raça importa de maneiras que são muito mais ameaçadoras e ao mesmo tempo menos discerníveis do que aquelas a que já nos habituamos. Questões raciais informam, mais do que nunca, as estruturas ideológicas e materiais da sociedade estadunidense. E, como revelam os atuais discursos sobre crime, seguridade social e imigração, raça, gênero e classe são extremamente importantes na elaboração contínua de políticas públicas e seu consequente impacto na vida real dos seres humanos.

E como a raça importa? O medo sempre foi parte integrante do racismo. A reprodução ideológica do medo de pessoas negras, seja ele fundamentado em motivos econômicos ou sexuais, está passando muito rapidamente a se basear no medo do crime. Uma questão a ser levantada nesse contexto é se e como o medo crescente da criminalidade — produzido ideologicamente — serve para tornar o racismo tanto mais invisível quanto mais virulento. Talvez uma forma de responder a essa questão seja considerar como o medo do crime é eficaz para levar as pessoas negras a imaginar outras pessoas negras como inimigas. Quantos negros presentes nesta conferência conseguiram se libertar com sucesso do poder ideológico da figura do jovem negro como criminoso — ou pelo menos confrontaram esse poder com seriedade? A falta de uma presença negra significativa na oposição bastante débil às leis de "três faltas, tá fora",* que já foram propostas e/ou aprovadas em quarenta estados, evidencia o efeito desarmante dessa ideologia.

A Califórnia é um dos estados que aprovou o projeto de lei nesse sentido. Imediatamente em seguida, o governador Pete Wilson começou a defender um projeto de lei de "duas faltas, tá fora". Três é demais, disse ele. Em breve ouviremos pedidos de "uma falta, tá fora". Seguindo a regressão matemática, podemos imaginar que em algum momento os defensores radicais do combate à criminalidade argumentarão que, para deter a onda de infrações, não podemos esperar até que pelo menos um deles seja cometido. O slogan vai ser: "Pegue eles antes da primeira falta!". E como certas populações já foram criminalizadas, haverá aqueles que dirão: "Sabemos quem são os verdadeiros criminosos — vamos pegar todos antes que tenham chance de praticar seu delito".

O medo do crime atingiu um status que apresenta semelhança sinistra com o medo do comunismo, que veio reestruturar as percepções sociais durante as décadas de 1950 e 1960. A figura — racializada — do "criminoso" passou a representar o inimigo mais ameaçador da "sociedade americana". Praticamente tudo é aceitável — tortura, brutalidade, grandes gastos de fundos públicos — contanto que seja feito em nome da segurança pública. O racismo sempre encontrou um caminho fácil, desde a sua inserção nas estruturas sociais até as psiques de coletivos e indivíduos, precisamente porque mobiliza medos profundos. Embora sua forma explícita à moda antiga possa ser cada vez mais inaceitável socialmente — como resultado dos movimentos antirracistas ao longo dos últimos quarenta anos —, isso não significa que a sociedade

---

* *"Three strikes, you're out."* Expressão relacionada ao beisebol, usada no contexto criminal para se referir ao fato de que, após cometer três crimes sucessivos, a pessoa infratora estará sujeita ao recrudescimento das condições de punição. (N. T.)

dos Estados Unidos tenha sido expurgada dele. De fato, o racismo está mais profundamente enraizado nas estruturas socioeconômicas, e as vastas populações de pessoas de cor encarceradas são evidência dramática da maneira como ele estrutura sistematicamente as relações econômicas. Ao mesmo tempo, o racismo estrutural quase nunca é reconhecido como "racismo". O que reconhecemos como discriminação aberta e explícita começou, em muitos aspectos, a ser substituído por um tipo isolado e camuflado, cuja influência na vida cotidiana das pessoas é tão difundida e sistemática quanto as formas explícitas associadas à era da luta pelos direitos civis.

O espaço ideológico para a proliferação do medo racializado do crime foi aberto por transformações na política internacional criadas pela queda dos países socialistas europeus. O comunismo já não é o inimigo fundamental contra o qual a nação imagina a sua identidade. Agora esse espaço é habitado por construções ideológicas de crime, drogas, imigração e assistência social. É claro que o inimigo interno é muito mais perigoso do que o inimigo externo, e um inimigo interno negro é o mais perigoso de todos.

Por conta da tendência de vê-la como um local abstrato onde são depositados todos os tipos de coisas indesejáveis, a prisão é o local perfeito para a produção e ocultação simultâneas do racismo. O caráter abstrato da percepção pública das penitenciárias luta contra o envolvimento com as questões reais que afligem as comunidades de onde provêm prisioneiros em números tão desproporcionais. Este é o trabalho ideológico que a prisão realiza: ela nos liberta da responsabilidade de nos envolvermos com seriedade nos problemas do capitalismo tardio, do capitalismo transnacional. A naturalização de pessoas negras como criminosas também ergue barreiras ideológicas à compreensão das conexões entre o racismo estrutural do final do século xx e a globalização do capital.

A vasta expansão do poder das corporações capitalistas sobre a vida das pessoas de cor e das pessoas pobres em geral tem sido acompanhada por um declínio da consciência anticapitalista. À medida que o capital se move com facilidade através das fronteiras nacionais, legitimado por acordos comerciais recentes como o Nafta e o Gatt, as empresas são autorizadas a fechar portas nos Estados Unidos e transferir operações de produção para nações que fornecem mão de obra barata. Ao fugirem do trabalho organizado no país para evitar o pagamento de salários e benefícios mais elevados, deixam comunidades inteiras em ruínas, condenando um grande número de pessoas ao desemprego, deixando-as vulneráveis para se tornarem vítimas do tráfico de drogas, destruindo a base econômica dessas comunidades — afetando assim o sistema educacional e a seguridade social — e transformando-as em candidatos perfeitos à prisão. Ao mesmo tempo, criam uma demanda econômica por presídios, o que estimula a economia, proporcionando empregos na indústria correcional para aqueles que muitas vezes provêm das mesmas populações criminalizadas por esse processo. É um ciclo atroz que se autorreproduz.

Ironicamente, as próprias prisões estão se tornando uma fonte de mão de obra barata que atrai o capitalismo corporativo — ainda numa escala relativamente pequena — de uma forma paralela à do trabalho não organizado nos países do Terceiro Mundo. Uma declaração de Michael Lamar Powell, prisioneiro em Capshaw, Alabama, revela de forma dramática esse novo processo:

> Não posso entrar em greve, nem me sindicalizar. Não estou coberto por nenhuma indenização das leis trabalhistas federais [Fair Labor Standards Act]. Concordo em trabalhar de madrugada e em fins de semana. Faço exatamente o que mandam, não importa o que seja. Sou contratado e demitido à vontade e não recebo nem um salário mínimo: ganho um dólar por mês. Não posso expressar

queixas nem reclamações, exceto sob o risco de sofrer disciplina arbitrária ou alguma retaliação encoberta.

Vocês não precisam se preocupar com o Nafta nem com seus empregos que vão para o México e outros países do Terceiro Mundo. Vou ter pelo menos 5% dos seus empregos até o final da década.

Me chamam de trabalho prisional. Eu sou o Novo Trabalhador dos Estados Unidos.[11]

Esse "novo trabalhador dos Estados Unidos" será oriundo das fileiras de uma população racializada cuja superexploração histórica — desde a era da escravidão até o presente — foi legitimada pelo racismo. Ao mesmo tempo, a expansão do trabalho forçado de condenados é acompanhada, em alguns estados, pela velha parafernália de correntes nos tornozelos que o conecta simbolicamente ao trabalho escravo. Pelo menos três estados — Alabama, Flórida e Arizona — reinstituíram a *chain gang*. Além disso, como revela com tanta firmeza Michael Powell, há uma nova dimensão no racismo inerente a esse processo, que relaciona estruturalmente a superexploração do trabalho prisional à globalização do capital.

Na Califórnia, cujo sistema prisional é o maior do país e um dos maiores do mundo, a aprovação de uma iniciativa de trabalho de detentos em 1990 apresentou às empresas que procuram mão de obra barata oportunidades estranhamente semelhantes às encontradas em países do Terceiro Mundo. Em junho de 1994, diversas empresas empregavam trabalho prisional em nove prisões do estado. Sob o patrocínio do Joint Venture Program, o trabalho realizado atualmente nas prisões inclui mensagens telefônicas computadorizadas, montagem de equipamentos odontológicos, registro de dados computadorizados, fabricação de peças plásticas, fabricação de componentes eletrônicos na Central California Women's Facility, em Chowchilla, fabricação de vidros de segurança, produção de suínos, fabricação de móveis de carvalho e produção de tanques e equipamentos de aço inoxidável. Numa brochura do Departamento Correcional da Califórnia destinada a promover o programa, ele é descrito como "uma parceria público-privada inovadora que faz sentido em termos de negócios".[12] De acordo com o proprietário da Tower Communications, citado na brochura:

> A operação é rentável, confiável e sem problemas. [...] A Tower Communications operou com sucesso um centro de mensagens utilizando detentos em uma prisão estadual da Califórnia. Se você é um líder empresarial que planeja expandir seu negócio, considerando realocação por oferta deficiente de mão de obra ou iniciando um novo empreendimento, analise os benefícios de usar mão de obra carcerária.

Os benefícios patronais listados na brochura incluem:

> incentivos fiscais federais e estaduais; sem necessidade de pacote de benefícios (aposentadoria, férias, licença médica, benefícios médicos); contratos de arrendamento de longo prazo com custos muito abaixo do valor de mercado; taxas de desconto em indenizações por acidentes de trabalho; construção de uma força de trabalho consistente e qualificada; reserva de mão de obra sempre de plantão (nada de carros quebrados ou problemas com babás); opção de contratar ex-infratores aptos para o trabalho e minimizar custos; tornar-se um parceiro da segurança pública.

Há um pressuposto racial abrangente, embora invisível, nessas afirmações sobre a lucratividade da força de trabalho de condenados. A aceitabilidade da superexploração do trabalho dos detentos baseia-se em grande parte na articulação histórica do racismo e das práticas de encarceramento. Essa força de trabalho já desproporcionalmente negra vai se tornar cada vez mais se as práticas díspares de aprisionamento continuarem.

A complicada — ainda que não reconhecida — presença estrutural do racismo na indústria punitiva dos Estados Unidos também inclui o fato de que ela, que sequestra setores cada vez maiores da população negra, atrai grandes quantidades de capital. Ideologicamente, como argumentei, o medo racializado do crime começou a suceder o medo do comunismo. Isso corresponde a uma tendência estrutural do capital, que antes fluía para a indústria militar e agora se desloca para a indústria punitiva. A facilidade com que são feitas sugestões para a construção de prisões, que custam vários bilhões de dólares, lembra a escalada militar: a mobilização econômica para derrotar o comunismo se transformou na mobilização econômica para derrotar o crime. A construção ideológica da criminalidade é assim complementada e reforçada pela construção material de cadeias e prisões. Quanto mais são construídos, maior é o medo do crime, e quanto maior o medo do crime, mais forte é o clamor por mais prisões e cadeias, ad infinitum.

A indústria de execução da lei tem paralelos notáveis com a indústria militar (assim como existem ressonâncias anticomunistas na campanha anticrime). A conexão entre a indústria militar e a punitiva é revelada num artigo do *Wall Street Journal* intitulado "Making Crime Pay: The Cold War of the '90s" [Fazer o crime compensar: A Guerra Fria da década de 1990]:

> Partes do establishment da defesa também estão lucrando, farejando uma nova linha lógica de negócios para ajudá-los a compensar os cortes militares. Westinghouse Electric Corp., Minnesota Mining and Manufacturing Co., GDE Systems (uma divisão da antiga General Dynamics) e Alliant Techsystems Inc., por exemplo, estão

promovendo equipamentos de combate ao crime e criaram divisões especiais para reequipar sua tecnologia de defesa para as ruas do país.

De acordo com o artigo, uma conferência patrocinada pelo Instituto Nacional de Justiça, a divisão de pesquisa do Departamento de Justiça dos Estados Unidos, foi organizada em torno do tema "Law Enforcement Technology in the 21st Century" [Tecnologias de aplicação da lei no século XXI]. O secretário de Defesa foi um dos principais oradores na conferência, que explorou assuntos como "o papel da indústria de defesa, particularmente para dupla utilização e conversão":

> Tópicos em destaque: tecnologia da indústria de defesa que pode reduzir o nível de violência envolvido no combate ao crime. Os Sandia National Laboratories, por exemplo, estão realizando experimentos com uma espuma densa que pode ser pulverizada sobre os suspeitos, cegando-os temporariamente e ensurdecendo-os sob as bolhas respiráveis. A Stinger Corporation está trabalhando em "armas inteligentes", que só dispararão nas mãos do proprietário, e em faixas retráteis dilaceradoras de pneu para serem desenroladas no caminho de veículos em fuga. A Westinghouse está promovendo o "carro inteligente", no qual minicomputadores poderiam se conectar a grandes sistemas no Departamento de Polícia, permitindo o registro rápido de prisioneiros, bem como trocas céleres de informações.[13]

Mais uma vez, a raça fornece uma justificativa silenciosa para a expansão tecnológica da execução da lei, o que, por sua vez, intensifica práticas racistas de prisão e encarceramento. Essa crescente indústria punitiva, cujo progresso é silencioso mas poderosamente sustentado pela persistência do racismo, cria uma demanda econômica por mais cadeias e prisões, e, portanto, também por crescentes práticas de criminalização, o que, por sua vez, alimenta o medo do crime.

A maioria dos debates que abordam a crise resultante da superlotação carcerária concentra-se nas instituições voltadas para homens. Entretanto, as instituições femininas e o espaço prisional para mulheres proliferam proporcionalmente, a um ritmo ainda mais surpreendente do que os masculinos. Se raça é, em grande parte, um fator ausente nas discussões sobre crime e punição, gênero é um fator tão intocado que parece nem sequer merecer um lugar no escopo. Historicamente, o encarceramento de mulheres serviu para criminalizá-las de forma mais complicada do que ocorre com os homens. Ele teve mais a ver com a rotulação de certos grupos como não domesticados e hipersexuais; por exemplo, mulheres que se recusam a abraçar a família nuclear como paradigma. O atual discurso liberal-conservador em torno da assistência social criminaliza mães solteiras negras, que são representadas como procriadoras deficitárias, usuárias de drogas e sem parceiros, e como reprodutoras de uma consequente cultura de pobreza. A mulher que usa drogas é criminalizada tanto por ser usuária quanto porque, consequentemente, não pode ser boa mãe. Em alguns estados, mulheres grávidas são presas por uso de crack com a desculpa de possíveis danos ao feto.

De acordo com o Departamento de Justiça dos Estados Unidos, mulheres têm muito mais probabilidade do que homens de serem presas por uma condenação relacionada a drogas.[14] No entanto, quando elas desejam receber tratamento para seus problemas de dependência química, muitas vezes a única opção, caso não possam pagar por uma reabilitação, é serem presas e condenadas a um programa do sistema de justiça criminal. No entanto, quando Joycelyn Elders, porta-voz para questões de saúde pública do governo federal, aludiu à importância de abrir a discussão sobre a descriminalização das drogas, o governo Clinton imediatamente se desvinculou dos comentários dela. A descriminalização das drogas reduziria de maneira significativa a quantidade de detentas, pois o aumento de 278% no número de mulheres negras nas prisões estaduais e federais (em comparação com o aumento de 186% do número de homens negros) pode ser em grande parte atribuído ao fenomenal crescimento das prisões relacionadas a drogas e, especificamente, ao crack. De acordo com o relatório de 1995 do Sentencing Project, o aumento nas condenações tanto de homens quanto de mulheres chegou a 828%.[15]

As recusas oficiais de nem sequer considerar a descriminalização das drogas como possível estratégia que poderia começar a reverter as atuais práticas de encarceramento reforçam ainda mais o poder de permanência ideológica da prisão. No seu conhecido estudo sobre a história das prisões e as tecnologias disciplinares a ela relacionadas, Michel Foucault salientou que, no âmago do projeto histórico do confinamento, jaz uma constante contradição: "Há um século e meio a prisão vem sempre sendo dada como seu próprio remédio; [...] [e] a realização do projeto corretivo como o único método para superar a impossibilidade de torná-lo realidade".[16] Como tentei argumentar, no contexto histórico dos Estados Unidos, o racismo desempenha um papel fundamental na sustentação dessa contradição. Na verdade, a teoria de Foucault sobre a tendência da prisão de servir como sua própria justificativa duradoura torna-se ainda mais convincente quando o papel da raça também é reconhecido. Além disso, para além dos parâmetros do que considero o duplo impasse implícito em sua teoria — o impasse discursivo que sua teoria descobre e o impasse da própria teoria —, quero concluir sugerindo a possibilidade de estratégias radicais de consciência racial destinadas a romper o domínio de práticas de criminalização e encarceramento.

No decorrer de um recente projeto de pesquisa colaborativa com a socióloga Kum-Kum Bhavnani, da UC Santa Barbara, no qual entrevistamos 35 mulheres da Prisão do Condado de San Francisco, as formas complexas pelas quais raça e gênero ajudam a produzir uma indústria punitiva que reproduz os próprios problemas que pretende resolver tornaram-se dramaticamente aparentes. As nossas entrevistas concentraram-se nas ideias das mulheres sobre o encarceramento e sobre como elas próprias imaginam alternativas para ele. As diversas críticas delas ao sistema prisional e às "alternativas" existentes, todas ligadas ao reencarceramento como último recurso, nos levaram a refletir de modo mais profundo acerca da importância de recuperar, voltar a teorizar e reativar a estratégia abolicionista radical inicialmente proposta em conexão com os movimentos de reforma prisional das décadas de 1960 e 1970.

Atualmente estamos tentando teorizar o encarceramento de mulheres de uma forma que nos permita formular uma estratégia abolicionista radical que parta de — mas não se restrinja em suas conclusões às — cadeias e prisões femininas. Nosso objetivo é formular alternativas ao encarceramento que reflitam de modo substancial as vozes e a atuação de diversas mulheres presas. Desejamos abrir canais para o envolvimento delas nos debates atuais em torno de alternativas ao encarceramento, sem no processo negar o nosso próprio papel como mediadoras e intérpretes e o nosso próprio posicionamento político nas discussões. Queremos também distinguir nossa busca de opções diante da onda de "punições alternativas" ou das agora chamadas "sanções intermediárias" que no presente são propostas e/ou implementadas por e através de sistemas correcionais estaduais e locais.

É um projeto de longo alcance que tem três dimensões: pesquisa acadêmica, políticas públicas e organização comunitária. Em outras palavras, para que seja bem-sucedido, ele deve construir pontes entre trabalho acadêmico, intervenções legislativas e outras intervenções políticas e campanhas de base que reivindiquem, por exemplo, a descriminalização das drogas e da prostituição — e a reversão da atual proliferação de cadeias e prisões.

Propor a possibilidade de abolir esses locais como meios institucionalizados e normalizados de resolver problemas sociais numa era de migração de empresas, desemprego, privação de moradia e colapso dos serviços públicos — da saúde à educação — pode, assim esperamos, ajudar a interromper o discurso atual de lei e ordem que exerce tanto controle sobre a imaginação coletiva, facilitado como é por influências profundas e ocultas do racismo. Esse "abolicionismo" do final do século XX, com suas ressonâncias do século XIX, também pode levar a uma recontextualização histórica da prática do encarceramento. Com a aprovação da Décima Terceira Emenda, a escravidão foi abolida para todos, exceto para condenados — e, num certo sentido, a exclusão da cidadania implementada pelo sistema escravista persistiu no sistema prisional dos Estados Unidos. Somente três estados permitem que prisioneiros votem, e aproximadamente 4 milhões de pessoas têm o direito ao voto negado por estarem ou terem estado encarceradas. Uma estratégia radical para abolir cadeias e prisões como forma regular de lidar com os problemas sociais do capitalismo tardio não é uma estratégia para a abolição abstrata. Ela é projetada para forçar uma reconsideração do papel cada vez mais repressivo do Estado durante esta era e para criar um espaço para a resistência.

6. Mudança de atitudes em relação ao crime e castigo[*]

Historicamente, atitudes em relação ao crime e à punição foram informadas pelas ideias predominantes sobre classe, gênero, raça e nação. Raramente refletiram definições legais estritas de crime, mas foram influenciadas por discursos políticos, condições econômicas, circunstâncias ideológicas e pelos meios de divulgação pública das ideias. No final do século XX, representações do crime através dos meios de comunicação de massa encorajaram uma atitude acrítica de medo em relação a comunidades específicas, definidas por raça e classe, como as principais perpetradoras de delitos, desviando a atenção do crime corporativo, de colarinho-branco, do governo e da polícia, bem como da violência doméstica contra as mulheres. A história da prisão revela que essa instituição, que emergiu como o modo dominante de punição, vem sendo incapaz de resolver o problema da transgressão penal e, em vez disso, se tornou um local de violência, de ataques aos direitos

---

[*] Publicado originalmente em Lester Kurtz (Org.), *Encyclopedia of Violence, Peace, and Conflict*. San Diego: Academic Press, 1999, v. 1, pp. 473-86.

humanos e de perpetuação do racismo. Mesmo assim, se expandiu nos países industrializados — especialmente nos Estados Unidos — a ponto de podermos agora falar de um complexo industrial prisional emergente. Atitudes de oposição aos sistemas penais surgiram em organizações transnacionais, incluindo perspectivas abolicionistas em relação a prisões e à pena de morte.

I. REPRESENTAÇÕES DO CRIME

No final do século XX, o aumento das menções ao "problema do crime" no discurso das autoridades eleitas, a centralidade concedida à reportagem criminal na mídia impressa e eletrônica e a crescente popularidade de representações literárias, televisivas e cinematográficas do crime ficcional tenderam a criar um ambiente social saturado de criminalidade. Novos gêneros, como a Court TV,* ajudaram a transformar julgamentos de grande repercussão, como o de O. J. Simpson, em eventos midiáticos globais. A formação de atitudes populares em relação ao crime — e, especificamente, o fascínio e o medo — é, na verdade, mais uma consequência dessas práticas representacionais do que do risco real de se tornar vítima de um delito.

O crime, conforme é percebido pelo senso comum, está apenas indiretamente relacionado à sua definição jurídica, que abrange uma gama de atos tão ampla que se torna difícil identificar semelhanças entre eles para além do fato de que "atos criminais" são aqueles proibidos por lei e para os quais os tribunais podem impor punições. O que em um período histórico é considerado crime pode em outro se tornar um comportamento neutro, no qual

---

* Canal de TV que exibe julgamentos em tribunais, documentários *true crime* e outros programas com temática criminal. (N. T.)

os sistemas de justiça criminal não têm interesse aparente. Os códigos penais de diferentes países, bem como os códigos penais estaduais dos Estados Unidos, com frequência divergem entre si. Além disso, diversas pesquisas indicam que a grande maioria das populações se envolveu, em algum momento, em comportamentos proibidos por lei, e apenas uma pequena porcentagem desses atos é objeto dos sistemas de justiça criminal. Em alguns países, a violência conjugal, comportamento historicamente admitido, foi reconhecida há relativamente pouco tempo como um crime punível. Embora este e outros crimes cometidos por parentes e conhecidos de vítimas ao longo do tempo tenham constituído a grande maioria dos delitos violentos, o medo generalizado da criminalidade não se dirige a esses acontecimentos comuns, mas ao espectro da agressão por parte de um estranho. Historicamente, a construção desse estranho anônimo imaginado tem sido matizada por classe e/ou raça.

A utilização de metáforas militares pela política governamental anticrime ajudou a legitimar um discurso sobre as infrações penais que constrói o criminoso como um inimigo a ser derrotado. Nos Estados Unidos, a "guerra ao crime", tal como articulada pelo ex-presidente Richard Nixon, desenvolveu-se paralelamente — e, em muitos aspectos, como um apêndice — da guerra contra o comunismo. Se o comunismo era representado como uma ameaça externa à segurança da nação, o crime representava a ameaça interna. Durante a década de 1960, quando o movimento pelos direitos civis e os movimentos sociais estadunidenses que se opuseram à Guerra do Vietnã e demandaram direitos estudantis adquiriram uma visibilidade dramática no mundo inteiro, as campanhas anticrime com frequência confluíam com estratégias para combater a dissidência política. Através dos temas de lei e ordem que, desde o governo Nixon, se tornaram elementos recorrentes nas campanhas eleitorais nos Estados Unidos, o crime e o apelo por punições cada vez mais rigorosas foram se politizando pouco a pouco. Padrões semelhantes podem ser encontrados em toda a América do Norte e em muitos países europeus, africanos, sul-americanos e asiáticos. A campanha Strike Hard [Atinja com força] da China, de 1996, que tinha como alvo especificamente crimes relacionados a drogas, foi associada a mais de 4 mil execuções sancionadas pelo Estado naquele ano. O Japão, no entanto, até o momento evitou posturas "duras contra o crime" e, nos últimos anos, reduziu sua taxa de encarceramento, que é menos de um décimo da taxa dos Estados Unidos. Embora o presidente Nelson Mandela tenha descrito o crime na nova África do Sul como "fora de controle", em 1996, ele insistiu que as "táticas de curto prazo para lidar com o crime" de seu governo não deveriam eclipsar o fato de que a estratégia anticrime mais eficaz a longo prazo residia nos planos de erradicação da pobreza. Além disso, sob a liderança de Mandela, a pena de morte foi abolida na África do Sul.

Como salientado por criminologistas e historiadores, as "ondas de criminalidade" que, segundo agentes públicos, exigem a realização de guerras contra o crime, quase sempre se referiram a tipos específicos de delito, em geral anônimos, violentos e — no final do século XX — crimes de rua relacionados a drogas. Crimes de colarinho-branco, corporativos, praticados por policiais e governamentais raramente estavam incluídos nas menções a ondas de criminalidade ou nas estatísticas produzidas para evidenciar a ascensão e queda desse fenômeno. O sociólogo e crítico cultural britânico Stuart Hall enfatizou que as estatísticas criminais funcionam de maneiras profundamente ideológicas, parecendo fundamentar informações imprecisas para a mídia e o público em geral, ao transformar elementos complexos, discrepantes e muitas vezes contraditórios em dados numéricos e fatos incontestáveis. Na realidade, as estatísticas nem sempre refletem o volume real de crimes cometidos.

A história das campanhas anticrime nos Estados Unidos está intimamente ligada à produção de estatísticas criminais do FBI. Apesar das graves falhas nos Relatórios Uniformes de Crime da agência, algumas detectadas logo após os documentos terem começado a ser emitidos em 1930, os números — que medem o crime registrado, uma vez que são mediados por interpretações policiais — seguiram como a principal fonte sobre a qual baseiam-se as percepções públicas sobre criminalidade. As informações policiais encaminhadas ao FBI têm como fundamento relatos de cidadãos e podem incluir crimes para os quais nenhum suspeito é identificado, bem como ocorrências não investigadas. O fato de aspectos relacionados a raça, classe, gênero e sexualidade determinarem frequentemente quais crimes são denunciados e como os responsáveis pela aplicação da lei respondem às denúncias não se reflete nas estatísticas criminais.

II. CLASSE, GÊNERO, RAÇA E A PRODUÇÃO DO CRIME

O crime como categoria legal é definido como um comportamento proibido por lei e sujeito a punição governamental. Com frequência, pobreza e criminalidade estão associados, na imaginação popular — e também nas políticas públicas —, como resultado de a punição ter sido historicamente aplicada de maneira desproporcional a populações pobres. As leis contra a vadiagem muitas vezes têm funcionado para reforçar a ideia de que os dois são sinônimos. Em 1798, Thomas Malthus publicou seu *Ensaio sobre o princípio da população*, apoiando os esforços políticos para rever a Lei dos Pobres inglesa, que previa assistência social, por parte das paróquias, a pessoas necessitadas. Malthus afirmava que a caridade estatal era pouco mais do que um incentivo público à pobreza, e que o Estado deveria deixar os pobres entregues ao seu destino natural. A Lei dos Pobres inglesa de 1834 incorporou a ideia de Malthus e, segundo Karl Marx, refletiu a visão de que os trabalhadores são responsáveis pela própria miséria. Além disso, afirmava Marx, a aprovação da lei encorajou a ideia de que a pobreza não é uma desgraça, mas um crime que exige punição. A nova lei dos pobres exigia o confinamento em *workhouses* [abrigo de trabalhadores] ou *poorhouses* [abrigo para pobres], onde o trabalho acontecia por meio de coerção e não era remunerado.

O modelo mais antigo de encarceramento como punição, e não como detenção, foi a *workhouse* aberta em Brideswell, Londres, em 1555, que mais tarde inspirou a lei de 1576 que reivindicava a criação de *workhouses* ou *brideswells* [casas de correção] em outros condados. No continente europeu, o Rasphuis de Amsterdam, inaugurado em 1596, era utilizado como local de confinamento e trabalho forçado para mendigos e pessoas jovens rotuladas como malfeitoras. Nos Estados Unidos, as *poorhouses* se desenvolveram durante o início do século XIX; não se diferenciavam totalmente da prisão, nem na função nem na maneira como eram encaradas pela população. Tanto pessoas empobrecidas quanto criminosos eram vistos como elementos perigosos que ameaçavam a estabilidade social e precisavam ser trancafiados.

A. Patriarcado e criminalidade

As estruturas e ideologias patriarcais também tendem a produzir pressuposições de criminalidade, especialmente em relação a mulheres que violaram as normas sociais que definem o "lugar" delas. Os exemplos mais populares dessa produção patriarcal da criminalidade podem ser encontrados na figura de Joana d'Arc, na caça às bruxas na Europa medieval e na execução em 1792 de bruxas acusadas em Salem, Massachusetts. Dos séculos XIV ao XVII, entre as milhares de pessoas acusadas de bruxaria, 80% a 90% eram mulheres. Além disso, historiadoras feministas descobriram evidências de punições corporais severas infligidas em mulheres acusadas de adultério, ao passo que o comportamento dos homens adúlteros era simplesmente normalizado. Com a ascensão da medicina profissionalizada, curandeiras eram criminalizadas e punidas com frequência na Europa e nos Estados Unidos.

A fusão de atividades criminosas e imorais, ou seja, as atividades sexuais de meninas, tornaram permeáveis as fronteiras entre "crime" e comportamento "não feminino". No final do século XIX, uma menina foi internada no Reformatório Lancaster, o primeiro reformatório para meninas nos Estados Unidos, porque seu pai a acusou de praticar masturbação. Acontece que ela estava apenas se coçando, tentando aliviar a erupção genital crônica de que sofria. Mulheres adultas tendiam a ser tratadas de forma semelhante. Em vez de serem legalmente acusadas de crimes, muitas mulheres desviantes foram trancafiadas em asilos, *workhouses* ou manicômios. Os posicionamentos sociais dominantes durante os séculos XVII e XVIII refletiam a crença de que a maioria das mulheres era incapaz de violar intencionalmente a lei — e que não havia esperança de reforma para aquelas consideradas depravadas e criminosas —, mas *podiam* ser afetadas pela pobreza e pela loucura, sendo que as duas coisas eram motivos suficientes para encarceramento. No século XX, mulheres inclinadas ou envolvidas em práticas sexuais lésbicas ainda podiam ser internadas em instituições psiquiátricas em muitos países. No Egito, em 1981, a escritora e médica feminista Nawal el Saadawi, a primeira mulher africana a falar publicamente contra a mutilação genital, foi presa por supostos "crimes contra o Estado".

B. Raça e criminalização nos Estados Unidos

Especialmente nos Estados Unidos, a raça tem desempenhado um papel central na construção de presunções de criminalidade. Após a abolição, os antigos estados escravistas aprovaram nova legislação revisando os Códigos da Escravidão, a fim de regular o comportamento de negros livres de maneiras semelhante àquelas que existiam durante o regime escravocrata. Os novos Códigos Negros proibiam uma série de ações — como vadiagem, falta ao trabalho, quebra de contratos de trabalho, posse de armas de fogo e gestos ou atos insultantes — que só eram criminalizados quando a pessoa que as praticava era negra. À luz da cláusula da Décima Terceira Emenda que aboliu a escravidão e a servidão involuntária "exceto como punição por um crime pelo qual a parte tenha sido devidamente condenada", havia delitos definidos pela lei estadual pelos quais apenas negros podiam ser "devidamente condenados", e, portanto, sentenciados à servidão involuntária. Pessoas negras tornaram-se assim os principais alvos do desenvolvimento do sistema de arrendamento de condenados, que em muitos aspectos era uma reencarnação da escravatura. Os Códigos Negros do Mississippi, por exemplo, declaravam vadios

> quaisquer indivíduos culpados de roubo, que tivessem fugido [de um trabalho, aparentemente], estivessem bêbados, que apresentassem conduta ou discurso desenfreado, que houvessem negligenciado trabalho ou família, que lidassem com dinheiro de maneira descuidada e [...] todas as outras pessoas ociosas e desordeiras.

Assim, a vadiagem foi codificada como um crime negro, punível com encarceramento e trabalho forçado, às vezes nas mesmas plantations que anteriormente prosperavam com trabalho escravo.

Identificando a racialização do crime, Frederick Douglass escreveu em 1883 sobre a tendência do Sul de "atribuir o crime à cor". Quando um crime particularmente flagrante era cometido, observou ele, não apenas a culpa com frequência era atribuída a uma pessoa negra, independentemente da raça do perpetrador, mas também homens brancos por vezes buscavam se disfarçar de negros para escapar da punição. Douglass mais tarde contaria um incidente ocorrido no condado de Grainger, Tennessee, no qual um homem que parecia ser negro foi baleado enquanto cometia um assalto. Descobriu-se, porém, que o homem ferido era um cidadão de bem branco que tinha pintado o rosto.

Cheryl Harris, estudioso da área jurídica, argumentou que um interesse no atributo de branquitude emergiu das condições da escravidão. De acordo com Harris, uma vez que a identidade branca era uma característica, os direitos, as liberdades e a autoidentidade eram afirmados para brancos, ao passo que eram negados para negros, cujo único acesso à branquitude era através da "passabilidade". Os comentários de Douglass indicam como o interesse no atributo de branquitude era facilmente revertido em esquemas para negar às pessoas negras seus direitos ao devido processo. Curiosamente, casos semelhantes ao que Douglass apresentou acima surgiram nos Estados Unidos durante a década de 1990: em Boston, Charles Stuart assassinou a esposa grávida e tentou culpar um homem negro anônimo, e em Union, na Carolina do Sul, Susan Smith matou os filhos e alegou que eles haviam sido sequestrados por um ladrão de carros negro. A racialização do crime — a tendência de "imputar o crime à cor", para usar as palavras de Frederick Douglass — está presente não apenas nos Estados Unidos, mas também em outros países, como o Brasil e a África do Sul, que têm as próprias histórias distintas de subjugação racial.

C. A guerra às drogas

Uma disjunção racializada caracteriza ainda mais o relacionamento, em campanhas contemporâneas contra as drogas, entre o uso de drogas ilícitas e as intervenções do sistema de justiça criminal. O contexto geral dessa disjunção resultou da maneira como a indústria farmacêutica multinacional anuncia uma série de drogas lícitas — particularmente aquelas que têm efeitos psicotrópicos, como o Prozac — como remédios milagrosos para distúrbios emocionais, enquanto o uso das que circulam fora das sanções corporativas e governamentais é definido como criminoso. Pela associação predominante do consumo de drogas e do tráfico ilegal com pessoas de cor, as comunidades negras, latinas e imigrantes nos Estados Unidos, Canadá e Europa tornaram-se desproporcionalmente vulneráveis a acusações. Dessa forma, as "guerras às drogas" — que, assim como as várias "guerras ao crime", evocam a violência das manobras militares — desempenharam um papel fundamental na criminalização dessas populações. O Ministério da Justiça holandês, por exemplo, que até a década de 1980 tinha conseguido evitar o aumento — e, durante muitos anos, até reduzir — da sua população carcerária, começou a construir novos espaços prisionais, em grande parte em resposta ao tráfico de drogas. Uma quantidade desproporcional das pessoas sentenciadas à prisão por acusações de tráfico é imigrante de primeira ou segunda geração das antigas colônias holandesas no Caribe e na Ásia ou são pessoas latino-americanas envolvidas na economia das drogas. Nos Estados Unidos, a guerra às drogas é responsável pelo número crescente de indivíduos encarcerados. Em 1996, réus por infrações relacionadas a drogas representavam 61% da população carcerária federal do país, acima dos 23% de 1980. Nos sistemas prisionais dos estados, no ano de 1991, quase uma a cada três mulheres estava encarcerada por delitos relacionados a drogas.

Nos Estados Unidos, as disparidades nas sentenças em casos que envolvem crack e cocaína em pó resultam em muito mais penas de prisão para usuários de crack do que para os de cocaína. Essa distinção é altamente racializada: a maioria dos casos de crack envolve réus negros — de acordo com um relatório de 1992 da US Sentencing Commission, 91,3% dos réus condenados por crimes federais relacionados a crack eram negros —, e a maioria dos casos relacionados a cocaína em pó envolve réus brancos. O resultado é a criminalização e o encarceramento de muito mais pessoas de cor por ofensas comparáveis aos crimes cometidos por brancos, que são tratados de forma mais branda.

D. Violência contra mulheres

Outra disjunção entre a prática do crime e a resposta do sistema de justiça criminal pode ser encontrada no tratamento histórico dispensado a mulheres que foram alvo de violência doméstica. Antes do advento dos movimentos feministas, a violência conjugal — e, em épocas anteriores, o feminicídio — não era abordada no âmbito do direito penal. Assim, os ataques violentos na esfera pública eram criminalizados, enquanto a violência masculina praticada na esfera doméstica era privatizada e, portanto, protegida da intervenção estatal. Essa relação historicamente dicotômica entre os domínios público e privado colocou o gênero no centro de muitas contradições na produção ideológica do crime e na implementação prática da punição. Um exemplo particularmente dramático é o padrão de condenações por homicídio e sentenças longas em excesso — atualmente contestadas por movimentos feministas em muitos países — aplicadas a mulheres vítimas de violência doméstica que mataram seus agressores. Durante grande parte da história da justiça criminal, homens mataram e agrediram suas esposas e parceiras e seguiram impunes, ao passo que as mulheres que revidaram foram definidas como agressoras e assassinas. Agora, os movimentos feministas apelam aos governos estaduais e nacionais para que reconheçam a "síndrome das mulheres vítimas de violência doméstica" como uma defesa legal viável.

III. A PUNIÇÃO E A PRISÃO: UM PANORAMA HISTÓRICO

Embora o castigo físico sem pena capital ainda prevaleça em alguns países, a prisão é de longe o modo de punição mais amplamente utilizado. Multas e, em alguns casos (nos Estados Unidos, por exemplo), a pena de morte — o ataque estatal mais violento ao corpo — completam o espectro. No entanto, a preponderância do encarceramento é um desenvolvimento histórico relativamente recente e a própria prisão foi teorizada durante inúmeras épocas como capaz de cumprir diversos objetivos. Movimentos de reforma prisional vêm criticando a brutalidade associada ao encarceramento desde que os presídios começaram a existir.

As Regras Mínimas das Nações Unidas para o Tratamento de Reclusos aprovadas em 1957 refletem muitas décadas de organização e defesa da reforma prisional no mundo visando a redução, entre outras coisas, da tortura e das condições de vida prejudiciais. Nesse contexto, é irônico que a própria instituição do cárcere em parte tenha surgido originalmente como resposta à oposição, formulada na era do Iluminismo, à crueldade das punições físicas. Michel Foucault abre seu estudo embrionário *Vigiar e punir: Nascimento da prisão* com uma descrição gráfica de uma execução em 1757, em Paris. O tribunal condenou o infeliz assassino a sofrer uma série de torturas assombrosas antes de ser enfim condenado à morte. Pinças em brasa foram usadas para queimar a carne de seus membros; chumbo derretido, óleo fervente, resina incandescente e outras substâncias foram fundidas e derramadas sobre as feridas. Finalmente, ele foi arrastado e esquartejado, teve o corpo queimado e as cinzas jogadas ao vento.

Essa execução horrível reflete até que ponto o corpo foi alvo de tortura, que nesse caso — embora nem sempre seja assim — se encerrou com a morte. Outros modos de punição física incluíam troncos, pelourinhos, açoites, marcações a ferro e amputações. Antes do nascimento histórico da prisão, essas penas foram concebidas para exercer seu efeito mais profundo não tanto na pessoa punida, mas na multidão de espectadores. A punição era, em essência, um espetáculo público.

Quando mulheres eram castigadas no âmbito doméstico, os instrumentos de tortura por vezes eram importados pelas autoridades para o lugar onde elas residiam. Na Grã-Bretanha do século XVII, mulheres cujos maridos as identificavam como briguentas e resistentes ao domínio masculino eram punidas por meio de um *gossip's bridle* [freio de fofoqueira] ou *branks*, instrumento de tortura colocado na cabeça com uma corrente e um pedaço de ferro introduzido na boca da mulher. Embora a utilização desses "freios" em mulheres estivesse muitas vezes ligada a um desfile público, às vezes a engenhoca era presa a uma parede da casa, onde a punida permanecia até que o marido decidisse libertá-la.

Embora a conceitualização da punição como a imposição de dor física ao corpo esteja associada a eras pré-capitalistas, há exceções notáveis a esse padrão. O linchamento extralegal de pessoas negras nos Estados Unidos até meados do século XX, embora não fosse diretamente sancionado pela lei, era mesmo assim tolerado pelas estruturas políticas dos estados do Sul. Esses linchamentos, tal como os espetáculos comunitários do período colonial dos Estados Unidos e da Europa medieval, eram com frequência eventos públicos de caráter carnavalesco.

Outros modos de punição que antecederam o surgimento da prisão incluem banimento, trabalho forçado nas galeras, transferência forçada e apropriação dos bens da pessoa acusada. O banimento punitivo de grande número de pessoas da Inglaterra propiciou a colonização inicial da Austrália. A colônia norte-americana da Geórgia também foi ocupada por condenados ingleses transferidos. Durante o início dos anos 1700, um em cada oito condenados a banimento era mulher, e o trabalho que eram forçadas a realizar frequentemente consistia em prostituição.

O encarceramento não foi empregado como principal forma de punição até o século XVIII na Europa e o século XIX nos Estados Unidos. Os sistemas prisionais europeus foram instituídos na Ásia e na África como um componente importante do domínio colonial. Na Índia, por exemplo, o sistema inglês foi introduzido durante a segunda metade do século XVIII, quando foram estabelecidas prisões nas regiões de Calcutá e Madras.* Na Europa, o movimento penitenciário refletiu novas tendências intelectuais associadas ao Iluminismo, intervenções ativistas de reformistas protestantes e transformações estruturais associadas à ascensão do capitalismo industrial. Em Milão, em 1764, Cesare Beccaria publicou seu ensaio *Dos delitos e das penas*, com forte influência de noções de igualdade apresentadas pelos *philosophes* — especialmente Voltaire, Rousseau e Montesquieu. Beccaria argumentava que a punição nunca deveria ser um assunto privado, nem deveria ser arbitrariamente violenta; em vez disso, deveria ser pública, rápida e tão branda quanto possível. Ele identificou o que na época era uma característica distintiva do encarceramento: sua imposição antes mesmo de ser decidida a culpa ou inocência do réu. Eventualmente, quando se tornou mais uma função da sentença que da detenção anterior ao julgamento, a prisão emergiu como a forma predominante de castigo, revelando uma mudança na valorização do indivíduo. Antes do Iluminismo, antes de o sujeito ser percebido como portador de direitos e liberdades formais, a privação destes por meio do encarceramento não podia ser entendida como punição. Essa interpretação da sentença de prisão invoca a abstração do tempo de maneira consonante com o papel do tempo de trabalho como base para o cálculo do valor da mercadoria. Os teóricos marxistas que refletem sobre a punição observaram que o período histórico durante o qual surgiu a mercadoria como forma é o mesmo em que a penitenciária emerge como modo paradigmático de punição.

* Atualmente Kolkata e Chennai.

Punishment and Social Structure [Punição e estrutura social], de Georg Rusche e Otto Kirchheimer, publicado pela primeira vez em 1939 pelo Instituto de Pesquisa Social, tentou estabelecer uma relação entre a política penal e as condições do mercado de trabalho, principalmente as predominantes durante as diferentes fases do desenvolvimento capitalista. Apesar de o modelo de Rusche e Kirchheimer ter sido criticado pelo seu economicismo e reducionismo, ele influenciou inúmeros criminologistas e historiadores marxistas dos sistemas de punição, alguns dos quais argumentam que os dois autores subestimaram o papel da ideologia. Críticas feministas como Adrian Howe, autora de *Punish and Critique: Toward a Feminist Analysis of Penality* [Punir e criticar: Para uma análise feminista da penalidade], observaram que a maioria das economias políticas de punição são profundamente masculinistas, falhando em considerar as mulheres que estão presas e ignorando contestações feministas acerca das categorias marxistas tradicionais.

O fato de condenados punidos com encarceramento nos sistemas penitenciários emergentes serem em maioria homens reflete a estrutura tendenciosa em termos de gênero dos direitos legais, políticos e econômicos. Considerando que o status público de indivíduos possuidores de direitos foi amplamente negado às mulheres, elas não podiam ser punidas com a privação desses direitos por meio do encarceramento. Isso valia em especial para mulheres casadas, que não possuíam reconhecimento perante a lei. De acordo com o direito comum inglês, o casamento resultava num estado de "morte civil", simbolizado pelo fato de a esposa assumir o nome do marido. Como consequência, ela tendia a ser punida por se revoltar contra os deveres domésticos, e não por falhar em suas parcas responsabilidades públicas. Relegar as mulheres à economia doméstica, em que prevalecia o valor de uso, as impediu de desempenhar um papel significativo no domínio emergente das mercadorias, que era definido pelo valor de troca. Principalmente porque o salário refletia o valor de troca da força de trabalho, tipicamente generizada como masculina e racializada como branca. Assim, o castigo físico para as mulheres sobreviveu até muito depois que esses modos de punição se tornaram obsoletos para os homens (brancos). A persistência da violência doméstica atesta dolorosamente os modos históricos de punição de gênero.

A. A penitenciária

Ironicamente, como argumentam alguns intelectuais, a palavra *penitenciária* pode ter sido primeiro utilizada em relação aos planos delineados na Inglaterra em 1758 para abrigar "prostitutas penitentes". Em 1877, John Howard, o principal proponente protestante da reforma penal na Inglaterra, publicou *The State of the Prisons* [O estado das prisões], no qual conceituou o encarceramento como uma ocasião para a autorreflexão e a autorreforma religiosas. Entre 1787 e 1791, o filósofo utilitarista Jeremy Bentham publicou suas cartas sobre um modelo de prisão que chamou de panóptico, buscando facilitar a vigilância total e a disciplina que, segundo afirmava, criminosos precisavam para internalizar hábitos de trabalho produtivos. Os prisioneiros deveriam ser alojados em celas individuais dispostas em pavimentos circulares, todas voltadas para uma torre de guarda de vários andares. Por meio de persianas e de um complicado jogo de luz e sombra, os encarcerados — que não veriam uns aos outros — não conseguiriam enxergar o vigilante; do ponto de vista de Bentham, quem vigiasse seria capaz de ver todos os prisioneiros. No entanto — e este era o aspecto mais significativo de seu gigantesco panóptico —, como os prisioneiros não teriam como saber jamais para onde o vigilante estava olhando, cada um deles seria impelido a agir, ou seja, trabalhar, como se estivesse sendo observado o tempo todo. As ideias de Howard foram incorporadas na Lei Penitenciária de 1799, que abriu caminho para a prisão moderna. Embora os conceitos de Bentham tenham influenciado o desenvolvimento da primeira penitenciária nacional inglesa, localizada em Millbank e inaugurada em 1816, a primeira iniciativa completa para criar uma prisão panóptica ocorreu nos Estados Unidos. A Penitenciária Estadual do Oeste, em Pittsburgh, baseada em um modelo arquitetônico revisado do panóptico, foi inaugurada em 1826.

A Cadeia da Walnut Street, na Pensilvânia, abrigou a primeira penitenciária estatal dos Estados Unidos quando uma parte do presídio foi convertida, em 1790, de centro de detenção para uma instituição que abrigava condenados cujas sentenças de prisão se tornaram simultaneamente punição e ocasião para a penitência e a correção. O regime austero da Walnut Street — isolamento total em celas individuais, onde os prisioneiros viviam, comiam, trabalhavam, liam a Bíblia (se fossem alfabetizados) e supostamente refletiam e se arrependiam — veio a ser conhecido como sistema da Pensilvânia. Esse regime constituiria um dos dois principais modelos de encarceramento daquela época. Embora o outro modelo, desenvolvido em Auburn, Nova York, fosse visto como um sistema rival, a base filosófica dos dois não tinha diferenças substanciais. O padrão da Pensilvânia, que eventualmente se cristalizou na Penitenciária Estadual do Leste, em Cherry Hill — cujos planos de construção foram aprovados em 1821 —, enfatizava o isolamento total, o silêncio e a solidão, ao passo que o de Auburn exigia celas solitárias e trabalho silencioso em conjunto. Por suas práticas de trabalho mais eficientes, o modelo Auburn acabou por conquistar a hegemonia.

B. Prisões para mulheres

A proporção relativamente pequena de mulheres entre as populações encarceradas é com frequência mencionada como justificativa para a escassa atenção dispensada às prisioneiras por parte de dirigentes que elaboram políticas, estudiosos e ativistas. Na maioria dos países, a porcentagem de mulheres da população carcerária em geral fica em torno de 5%. Ideologicamente, o pequeno número de detentas tende a reforçar a visão de que elas devem ser muito mais grotescas e ainda mais ameaçadoras para a sociedade do que sua contraparte masculina.

O fato de mulheres, historicamente, terem constituído um número muito maior de detentas em manicômios do que em prisões sugere que, embora cadeias e prisões tenham sido as instituições dominantes para o controle dos homens, as instituições psiquiátricas serviram a um propósito semelhante para mulheres. Ou seja, homens desviantes foram considerados criminosos, ao passo que mulheres desviantes foram consideradas loucas. Antes do surgimento da penitenciária e, portanto, da ideia de punição como "cumprimento de pena", o emprego de locais de confinamento para controlar mendigos, ladrões e loucos tendia a fundir essas categorias de desvio. Já que o discurso sobre a criminalidade e as respectivas instituições para seu controle distinguiam o "criminoso" do "louco", a diferenciação se concentrou em grande parte nos homens, deixando as mulheres desviantes na categoria de loucas.

Reformistas quacres nos Estados Unidos — principalmente a Philadelphia Society for Alleviating the Miseries of Public Prisons [Sociedade da Filadélfia para o Alívio das Misérias das Prisões Públicas], fundada em 1787 — desempenharam um papel fundamental nas campanhas para substituir o encarceramento pela punição física. Seguindo a tradição estabelecida por Elizabeth Fry na Inglaterra, os quacres também foram responsáveis por extensas cruzadas para instituir prisões separadas para mulheres. Fry formulou princípios para reger a reforma penitenciária feminina em seu trabalho de 1827, *Observations on the Visiting, Superintendence and Government of Female Prisoners* [Observações sobre a visita, a superintendência e a administração de prisioneiras mulheres], que foram retomados nos Estados Unidos por figuras como Josephine Shaw Lowell e Abby Hopper Gibbons. As atitudes predominantes em relação a mulheres condenadas diferiam daquelas em relação a homens condenados, que supostamente haviam perdido direitos e liberdades que mulheres, de maneira geral, não podiam reivindicar. Embora algumas delas estivessem alojadas em penitenciárias, a instituição em si era masculina. Como consequência, a punição masculina estava ligada à penitência e à reforma. O próprio confisco de direitos e liberdades implicava que, com autorreflexão, estudo religioso e trabalho, homens condenados poderiam alcançar a redenção e recuperá-los. Contudo, já que não eram reconhecidas como possuidoras de direitos e liberdades, mulheres não eram elegíveis para participar desse processo de expiação.

De acordo com as opiniões predominantes, mulheres condenadas eram irrevogavelmente perdidas, sem possibilidade de salvação. Se homens criminosos eram considerados indivíduos públicos que haviam apenas violado o contrato social, as criminosas eram vistas como transgressoras dos princípios morais fundamentais da feminilidade. Reformistas que, seguindo Elizabeth Fry, argumentavam que elas eram capazes de redenção, não contestaram de fato esses pressupostos ideológicos sobre o lugar feminino. Ao se oporem à ideia de que mulheres perdidas não poderiam ser salvas, defendiam as unidades separadas e uma abordagem especificamente feminina da punição. Essa abordagem solicitava um projeto arquitetônico que substituísse as celas por chalés e "quartos" projetados para infundir domesticidade na vida carcerária. O modelo promovia um regime concebido para reintegrar mulheres criminalizadas nos papéis domésticos de esposa e mãe. Uma equipe de custódia composta de mulheres, argumentavam as reformistas, minimizaria as tentações sexuais que acreditavam estar na raiz da criminalidade feminina.

O movimento de reforma das prisões de mulheres dos Estados Unidos se desdobrou no contexto do desenvolvimento de uma mobilização social mais ampla que exigia direitos para mulheres. Assim como o movimento pelo sufrágio feminino, ele tendia a aceitar o discurso predominante, matizado por classe e raça, sobre a feminilidade, que privilegiava as condições sociais de mulheres brancas de classe média. Uma vez que mulheres brancas encarceradas vinham em sua maioria de comunidades da classe trabalhadora, a estratégia doméstica associada ao movimento de reforma das prisões femininas — embora supostamente treinasse as condenadas para serem melhores esposas e mães — na verdade tendia a marcá-las como empregadas domésticas. Esse resultado dos regimes prisionais domésticos foi ainda mais pronunciado para mulheres de cor.

Embora se presuma amplamente que prisioneiras são na maioria das vezes encarceradas em instalações específicas, em muitos países — inclusive em cadeias dos Estados Unidos —, elas são alojadas com homens. Num caso muito divulgado em meados da década de 1970, Joan Little foi acusada pelo assassinato de um guarda que a tinha estuprado na cela da cadeia masculina onde estava detida. A Índia é um exemplo de país onde existem pouquíssimas instituições específicas para mulheres, embora haja seções para mulheres em prisões centrais que alojam principalmente homens.

C. *O debate sobre punição: dissuasão, retribuição, reabilitação*

A história da prisão e as respectivas atitudes em relação à punição foram moldadas por debates sobre o objetivo final do aprisionamento. Será que ele dissuade aqueles que vivem no "mundo livre" de cometer os crimes que os levarão ao confinamento? Seu objetivo principal é reabilitar o indivíduo que quebrou o contrato social (ou doméstico) ao cometer um crime? Ou pretende simplesmente garantir que a pessoa condenada por comportamento criminoso tenha o que merece? Nos campos da criminologia, penologia e filosofia da punição, inúmeras discussões têm se dedicado a formular argumentos justificatórios que racionalizam a prisão com base em um ou mais desses objetivos. As preocupações acadêmicas influenciaram diretamente a elaboração de políticas, em especial no que diz respeito a práticas de condenação e a condições prisionais. Estratégias reabilitativas, por exemplo, podem demandar programas educativos e profissionalizantes, bem como condições de vida mais humanas do que as da prisão retributiva. No entanto, como salientado em algumas críticas, a reabilitação levou ao tratamento psiquiátrico coercitivo e a sentenças indeterminadas, já que o/a prisioneiro/a não pode ser libertado/a até que tenha sido "reabilitado/a". À medida que os limites dos discursos modernos sobre a punição foram estabelecidos pelo triunvirato conceitual de dissuasão, reabilitação e retribuição, as atitudes populares em relação a ela acompanharam a tendência de se localizar ao longo desses eixos triangulares.

No início da tradição intelectual de defender o encarceramento como principal forma de punição, a prisão era representada como um local para a reforma do indivíduo. Reformistas que se opunham à violência e crueldade do castigo físico propuseram o confinamento sob condições destinadas a remodelar moralmente o infrator. Segundo Foucault, com o nascimento das prisões, o locus da punição se deslocou do corpo para a alma ou psique, e o cárcere se tornou o aparato disciplinar por excelência, o mais adequado a uma época histórica em que a economia capitalista industrial em desenvolvimento exigia uma classe trabalhadora disciplinada. Nesse sentido, a instituição da prisão tinha o mesmo objetivo que as educacionais e militares. Bentham afirmou que seu panóptico poderia ser aplicado a qualquer instituição em que pessoas estivessem sujeitas a vigilância — penitenciárias, *workhouses*, *poorhouses*, manicômios, locais de quarentena, fábricas, hospitais e escolas. Como observaria Foucault, não é surpreendente que prisões lembrem escolas, fábricas, quartéis e hospitais, os quais, por sua vez, lembram prisões.

Por uma série de motivos — entre eles a reincidência e a contínua falta de indicativos de que as prisões reduzem o crime —, os grandes projetos penitenciários históricos na Inglaterra, na França e nos Estados Unidos foram reconhecidos como fracassos tanto por defensores quanto por críticos. Foucault salienta que esse fiasco não ocorreu após um período durante o qual a penitenciária era reconhecida pelos seus sucessos; na verdade, ela foi denunciada como um fracasso monumental desde o início de sua história. Ele argumenta ainda que as campanhas de reforma estavam tão inextricavelmente ligadas a pressupostos ideológicos de que a prisão era a única estratégia eficaz para combater o crime que ela é repetidamente proposta como solução para seu próprio fracasso. Assim, mesmo falhando em inibir o crime — e, de fato, em reabilitar criminosos —, a prisão é autoperpetuante.

O próprio projeto de reabilitação sofreu uma transformação: do modelo religioso das primeiras penitenciárias para o modelo médico do século XX, sem qualquer aumento significativo na eficácia da prisão. O debate filosófico sobre o propósito da reclusão tem se enraizado profundamente nesse dilema: o fracasso da prisão combinado com a incapacidade de conceitualizar estratégias penais que vão além do espaço discursivo e material prisionais. As atitudes populares também refletem o pressuposto de que, por mais brutais que possam parecer, a ordem pública sempre dependerá da existência de prisões, quer sejam representadas como locais de reabilitação, dissuasão ou retribuição.

O domínio, até a década de 1970, dos argumentos a favor da reabilitação pode ser explicado pela sedução do modelo médico, que define criminosos como "doentes" e, portanto, necessitados de cura. No entanto, com o aumento e a globalização do tráfico — que intelectuais e jornalistas associaram ao envolvimento ou sanção governamental — e as consequentes "guerras" contra as drogas e o crime, as populações encarceradas atingiram níveis sem precedentes. Como arma principal — ainda que ineficaz — dessas "guerras", a prisão tende novamente a reproduzir seus próprios fracassos, tornando-se assim autoperpetuante.

D. *Proliferação de populações encarceradas*

Os Estados Unidos e outros países industrializados vivenciaram o que John Irwin e James Austin chamam de compulsão carcerária. Entre 1980 e 1995, a população prisional em instituições federais e estaduais americanas aumentou 235% (de 329 821 para 1 104 074). Eles salientam que, em 1995, a população encarcerada nos Estados Unidos igualou ou excedeu as populações de treze estados e de muitas das principais cidades do país. Embora os Estados Unidos, a África do Sul, a China e a Rússia tenham tido as taxas de encarceramento mais elevadas, a taxa na Holanda, por exemplo — que tem uma reputação internacional por ter um sistema penal humano e por implementar estratégias de desencarceramento —, aumentou de 20 a cada 100 mil, em 1975, para 40, em 1988, e, na década de 1990, ultrapassa os 50 a cada 100 mil. O criminologista holandês Willem de Haan observou que a tendência correspondente para construir mais prisões em seu país pode muito bem interromper um padrão de desencarceramento que já dura 125 anos ou a redução consistente das populações carcerárias.

Nos Estados Unidos, tem havido grande resistência à ideia de descriminalizar o consumo de drogas, enquanto na Holanda a descriminalização tem sido uma parte importante da política de justiça criminal há muitos anos. Além disso, embora muitos estados dos Estados Unidos tenham implementado políticas de sentenciamento do tipo "três faltas, tá fora", prevendo longas penas obrigatórias após a perpetração de três crimes, as políticas de sentenciamento holandesas exigem cumprimento de penas muito mais curtas e enfatizam o direito de prisioneiros de passarem para regimes "semiabertos" e "abertos" após o cumprimento de determinada porcentagem das penas. (Outros países, inclusive Cuba, utilizam estratégias de reabilitação semelhantes de reintrodução progressiva de prisioneiros no "mundo livre".) Em geral, as políticas de justiça criminal dos Estados Unidos praticamente descartaram o objetivo tradicional da reabilitação prisional, enfatizando a punição rígida como meta da prisão. Na Holanda, contudo, a reabilitação e a reincorporação definitiva do indivíduo na sociedade seguem como o objetivo de seu sistema penal.

Mesmo com essas grandes diferenças entre Estados Unidos e Holanda — e embora a taxa de encarceramento no segundo país seja de 50 a cada 100 mil, enquanto no primeiro é mais de dez vezes esse valor —, ambos embarcaram num caminho de construção de prisões para o qual não há fim aparente à vista. Além disso, apesar das abordagens progressistas na Holanda, um número desproporcional de indivíduos encarcerados nos dois países foi condenado por acusações relacionadas a drogas, e tanto a população prisional holandesa quanto a estadunidense apresentam preponderância de pessoas de cor.

IV. O COMPLEXO INDUSTRIAL PRISIONAL

Mike Davis, que se dedica à história social, usou o termo "complexo industrial prisional" pela primeira vez em relação ao sistema penal da Califórnia, que, observou ele, já tinha começado na década de 1990 a rivalizar com o agronegócio e o desenvolvimento territorial como importante força econômica e política. Os Estados Unidos possuem o maior complexo prisional do mundo. De acordo com o Censo de Unidades Correcionais Estaduais e Federais de 1995, realizado sob o patrocínio da Agência de Estatísticas Jurídicas (BJS), entre 1990 e 1995, mais de 280 mil leitos foram acrescentados em 213 prisões, representando um aumento de 41% na capacidade prisional. Em 1995, havia 1500 unidades estaduais (antes eram 1287) e 125 unidades federais (antes eram oitenta). O censo indicou que 327 320 pessoas trabalhavam nessas unidades; em 1990 eram 264 201 pessoas. Quase dois terços do pessoal correcional ocupavam cargos de custódia ou segurança. O sistema penal dos Estados Unidos difere do da maioria dos outros países porque as cadeias dos condados, que estão excluídas do censo da BJS, são utilizadas para deter pessoas acusadas que aguardam julgamento, bem como para alojar contraventores cujas penas são inferiores a um ano. Em 1994, houve mais de 9,8 milhões de admissões em mais de 3300 cadeias de condados. Irwin e Austin calcularam que todo ano quase um a cada 25 adultos nos Estados Unidos vai para a cadeia.

A punição se transformou numa vasta indústria, e sua presença na economia do país está em contínua expansão. Essa presença não inclui apenas as unidades prisionais federais e estaduais e as cadeias dos condados, mas também uma população significativa sob a supervisão direta de autoridades correcionais, tais como agentes de liberdade condicional e de suspensão condicional da pena. Se estes últimos números forem somados aos que representam as populações de prisões e cadeias (mais de 1,5 milhão), então, em 1994, mais de 5 milhões de pessoas adultas estavam sob vigilância e supervisão diretas do sistema de justiça criminal estadunidense. Em outras palavras, um a cada 37 adultos foi caracterizado como "criminoso". A proporção correspondente em 1980 era de um a cada 91 adultos. (É importante salientar que essas estatísticas não refletem o crescente encarceramento de adolescentes e crianças.) No Reino Unido pode ser detectada uma tendência semelhante. A população carcerária da Inglaterra e do País de Gales em 1994-5 era de 49 300 — com 6 mil detentos a mais que nos dois anos anteriores. Em 1997, essa população tinha aumentado para 56 900 e estava crescendo uma taxa de mil por mês.

As estatísticas apresentadas aqui não pintam a imagem completa do surgimento de um complexo industrial prisional estadunidense. Por mais surpreendentes que possam parecer por si sós, elas não revelam o aumento desproporcional da população de mulheres encarceradas e o aumento fenomenal do número de homens negros sob o controle direto de sistemas correcionais. Embora mulheres nos Estados Unidos — como em todos os outros países — constituam uma minoria relativamente pequena de pessoas condenadas, durante as duas últimas décadas do século xx, o número de sentenciadas a prisões estaduais e federais aumentou 38%, em comparação com um aumento de 214% para os homens. A história das unidades prisionais para mulheres no século xx revela que, entre 1930 e 1950, apenas duas ou três prisões foram construídas ou estabelecidas por década. Na década de 1960, mais sete foram criadas, dezessete na década de 1970 e 34 na década de 1980.

Em 1990, o Sentencing Project, sediado em Washington, publicou um estudo sobre as populações dos Estados Unidos em prisões e cadeias, liberdade condicional e suspensão condicional da pena que concluiu que um a cada quatro homens negros com idades de vinte a 29 anos estava entre esses números. Cinco anos depois, um segundo estudo revelou que essa porcentagem tinha subido para quase um a cada três (32,2%). Além disso, mais de um a cada dez homens latinos na mesma faixa etária estava na cadeia ou prisão, ou em suspensão condicional da pena ou liberdade condicional. O segundo estudo também revelou que o grupo que registrou o maior aumento foi o de mulheres negras, cujo encarceramento aumentou 78%. De acordo com o BJS, pessoas negras como um todo representam agora a maioria dos prisioneiros estaduais e federais, com um total de 735 200 detentos negros — 10 mil a mais do que o número total de detentos brancos.

O conceito de complexo industrial prisional, empregado pela primeira vez por Mike Davis — ou complexo industrial correcional, termo usado por Irwin e Austin — tenta captar não apenas a expansão fenomenal de prisões e cadeias e o enorme aumento no número de pessoas de cor sujeito à vigilância e supervisão do sistema de justiça criminal, mas também a relação cada vez mais simbiótica entre a estrutura corporativa e a indústria prisional, a relação entre unidades correcionais e a vitalidade econômica em muitas comunidades, e a crescente influência política da comunidade correcional.

A. Prisões e indústria privada

Reproduzindo o arrendamento ocorrido no século XIX pós--escravidão de condenados em sua maioria negros a indivíduos e empresas nos estados do Sul, o padrão contemporâneo de privatização estabeleceu prisões como uma fonte de lucro corporativo. No final da década de 1990, havia aproximadamente 50 mil leitos em prisões privadas nos Estados Unidos, e a maior empresa prisional privada era a CCA. Ela administrou 21 estabelecimentos nos Estados Unidos, na Austrália e na Grã-Bretanha. A Wackenhut, a segunda maior empresa prisional privada, também estava sob contrato na Grã-Bretanha, onde, no ano de 1997, havia planos para pelo menos doze presídios.

As empresas privadas não buscam apenas mão de obra prisional, mas também constituem mercados para seus bens e serviços. Em 1993, entre os muitos anúncios divulgados numa importante publicação especializada, uma empresa de telefonia celular propôs que condenados em prisão domiciliar monitorados por pulseiras eletrônicas — mas sem telefone residencial — pudessem receber celulares para facilitar o contato constante com as autoridades. O crescimento de operações geridas de forma privada em presídios no país inteiro consolida ainda mais as conexões entre a economia empresarial e prisioneiros, que são vistos, nesse contexto, como reservas de mão de obra atrativamente baratas. De forma estrutural, a força de trabalho prisional é vulnerável à exploração, tal como a do Terceiro Mundo, que se tornou uma alternativa sedutora para empresas transnacionais sediadas nos Estados Unidos que procuram fugir das exigências da legislação trabalhista nacional. Embora tenha protestado vigorosamente contra o trabalho prisional na China e tenha se pronunciado contra a utilização de mão de obra prisional por empresas privadas nos Estados Unidos, o movimento operário estadunidense não se mobilizou para exigir a sindicalização do trabalho nessas condições.

Na Grã-Bretanha, defensores da privatização salientaram o fato de prisões geridas de forma privada terem introduzido mudanças progressivas que foram adotadas pelo setor público, tais como políticas de visitação mais brandas. Além disso, afirmam que a privatização de instituições inteiras não introduziu lucro no domínio penal, mas antes é apenas uma extensão da presença solidamente ancorada da empresa, há muito fornecedora de bens e serviços a presídios. Entre aqueles que manifestaram oposição à privatização está o criminologista Sir Leon Radzinowicz, que contesta tal alegação salientando que o fornecimento de bens e serviços por empresas privadas, cujo principal interesse é comercial, é uma questão bastante diferente da posse por essas mesmas empresas do poder de coerção sobre seres humanos.

V. ATIVISMO PRISIONAL E ESTRATÉGIAS ABOLICIONISTAS

O conceito do complexo industrial prisional tem sido adotado, nos Estados Unidos, por intelectuais e ativistas cujo trabalho se concentra em questões de criminalização e punição. A popularidade crescente dessa terminologia entre esses grupos na década de 1990 está ligada em parte à sua ressonância histórica com o conceito de complexo industrial militar, termo empregado pela primeira vez por Dwight Eisenhower e apropriado por ativistas radicais e intelectuais na década de 1960, que o invocaram em sua oposição ao crescimento militar durante a Guerra do Vietnã e aos vínculos daí decorrentes entre os setores corporativo, acadêmico e militar. Embora o ativismo prisional radical tenha suas raízes mais imediatas nesse mesmo período, é importante reconhecer que a tradição desse ativismo é tão antiga quanto a própria instituição da prisão. O que diferencia a tradição ativista contemporânea de suas antecessoras é a tentativa de não apenas protestar contra as condições desumanas de encarceramento, mas também contestar a própria necessidade das prisões como principal forma de abordar problemas sociais como pobreza, consumo de drogas e domínio racial.

Nas décadas de 1960 e 1970, movimentos ativistas se estruturaram em torno das presas e dos presos políticos associados a grupos antirracistas, antiguerra e anticolonialistas, incluindo as campanhas pelos direitos civis na Irlanda do Norte e contra o apartheid na África do Sul. Nos Estados Unidos, a repressão governamental de lideranças do movimento dos direitos civis, lideranças estudantis, ativistas nativos norte-americanos e ativistas do movimento Black Power levou à formação de campanhas para libertar presas e presos políticos como Huey Newton, Leonard Peltier, eu e Ericka Huggins. A oposição mais generalizada à estrutura prisional começou a se formar como resultado da consciência crescente acerca do caráter político do encarceramento.

Em setembro de 1971, uma rebelião de prisioneiros na Unidade Correcional de Attica foi reprimida militarmente pela Guarda Nacional de Nova York, sob o comando do então governador Nelson Rockefeller. Quarenta e três pessoas, incluindo onze guardas, foram mortas durante a retomada do pátio da prisão. Uma investigação sobre os acontecimentos revelou que nenhum dos prisioneiros foi diretamente responsável por qualquer uma das mortes. Eles assumiram o controle da instituição fazendo reféns civis e apresentaram uma lista de exigências que incluía, além de exigências de melhores condições prisionais, o direito a materiais de leitura e liberdade religiosa. As demandas foram introduzidas com um apelo aos "cidadãos conscientes" para ajudarem a abolir as prisões como instituições que "escravizavam e exploravam o povo dos Estados Unidos".

A Rebelião de Attica foi a mais divulgada — e a mais brutalmente reprimida — de um grande número de episódios semelhantes durante esse período em prisões dos Estados Unidos e da Europa. Em conexão com uma série de revoltas em prisões francesas durante o início da década de 1970, Michel Foucault ajudou a estabelecer um centro de informações sobre prisões e, no processo, foi inspirado a escrever *Vigiar e punir: Nascimento da prisão*. Membro do grupo de pressão norueguês Krom durante o final da década de 1960, Thomas Mathiesen emergiu mais tarde como um proeminente teórico do abolicionismo penal. Nos Estados Unidos, alguns prisioneiros desenvolveram suas próprias teorias sobre encarceramento. George Jackson, por exemplo, ligou sua análise da criminalidade a uma estratégia transformadora por meio da qual a educação política dos prisioneiros procuraria abolir mentalidades criminosas e encorajar a consciência e a resistência radicais. A autobiografia de Assata Shakur inclui insights importantes sobre a natureza generizada do encarceramento. Presas políticas porto-riquenhas como Alexandrina Torres, Ida Luz Rodriguez e Dylcia Pagan abordaram raça, nação, gênero e encarceramento. Mumia Abu-Jamal, jornalista negro que em 1997 tinha passado quinze anos no corredor da morte na Pensilvânia, emergiu como um proeminente opositor da pena de morte. A extensa campanha internacional organizada em torno de seu caso ajudou a divulgar amplamente suas críticas à pena capital.

A. Ativismo prisional internacional

As campanhas mundiais de apoio a presas e presos políticos têm estado frequentemente ligadas a movimentos transnacionais em prol da reforma penal. A mais importante organização transnacional voltada para aprisionados, a Anistia Internacional, busca a libertação de "prisioneiros de consciência", definidos como indivíduos que não usaram nem defenderam a violência e são detidos com base em suas crenças, raça, origem étnica, língua e/ou religião. Historicamente criticada por não ter abordado casos como o de Nelson Mandela, a entidade agora apela por julgamentos justos e rápidos para todas e todos os presos políticos. Além disso, a Anistia Internacional se opõe à pena de morte, à tortura e a outras formas de tratamento cruel e degradante de todos os prisioneiros e prisioneiras. Os princípios organizadores que orientam o trabalho da AI são retirados da Declaração Universal dos Direitos Humanos das Nações Unidas.

Outras organizações transnacionais dispuseram-se em torno de políticas mais específicas da ONU. A ONG Penal Reform International, por exemplo, desenvolveu uma campanha baseada nas Regras Mínimas para o Tratamento de Reclusos das Nações Unidas. Aprovadas em 1957 pelo Conselho Econômico e Social, as Regras Mínimas abrangem uma vasta gama de princípios que regulam condições de encarceramento e tratamento de prisioneiros com base na ideia de que, embora privados da liberdade, não devem ser privados de seus direitos humanos. O princípio mais fundamental é o de que indivíduos condenados por crimes são enviados para a prisão *como* punição, e não *para* punição. É a perda da liberdade — e não o tratamento dispensado pela instituição — que deve constituir a pena. De acordo com as Regras Mínimas, a pena que um tribunal impõe quando condena um infrator à prisão é inerentemente aflitiva; as condições da prisão não devem agravar a aflição inerente de propósito. Assim, presídios não devem constituir um perigo para a vida, a saúde ou a integridade pessoal.

De maneira específica, as Regras Mínimas exigem que as atividades prisionais se concentrem tanto quanto possível em ajudar reclusos a se reintegrarem na sociedade após cumprida a sentença de prisão. Portanto, afirmam que as regras e os regimes prisionais não devem limitar as liberdades de reclusos, os contatos sociais externos e as possibilidades de desenvolvimento pessoal mais do que o absolutamente necessário. Recomendam que os regimes prisionais tentem reduzir tanto quanto possível as diferenças entre o mundo prisional e o mundo livre que tornam os reclusos dependentes ou violam sua dignidade como seres humanos. Em geral, as boas práticas prisionais não devem acentuar o isolamento da comunidade, mas promover a continuidade de suas conexões com ela. Embora algumas nações, como a Holanda, utilizem esses princípios como base para o desenvolvimento de suas próprias práticas penais, muitas outras — entre elas os Estados Unidos — estão em violação perpétua das Regras Mínimas.

B. Abolicionismo prisional

Uma conferência internacional de ativistas e intelectuais que se associam a campanhas para abolir prisões se reuniu oito vezes entre 1982 e 1997. Originalmente designada como Conferência Internacional sobre a Abolição Prisional, desde 1987 seu movimento se estendeu para incluir a abolição penal — quando se tornou a Conferência Internacional sobre Abolição Penal. Portanto, ela não apenas se opõe a prisões, como também propõe que todas as práticas punitivas e retributivas sejam substituídas por sistemas de justiça criminal que promovam a pacificação, a reconciliação e a cura para vítimas, infratores e comunidades. Em contextos relacionados, modelos indígenas de abordagem ao crime associados com sociedades pacíficas foram examinados em busca das lições que podem evocar. As conferências foram realizadas no Canadá, na Holanda, na Polônia, na Costa Rica, nos Estados Unidos e na Nova Zelândia. Os principais teóricos incluem os criminologistas Herman Bianchi, Harold Pepinsky, Nils Christie, Louk Hulsman, Thomas Mathiesen e Willem de Haan. Embora enfatizem teorias e práticas de abolição penal completa, essas conferências também incentivam intervenções teóricas e de ativismo em torno de questões específicas relacionadas a sistemas penais. Nas resoluções de sua oitava edição, realizada em Auckland, Nova Zelândia, em 1997, a conferência se opôs à privatização do encarceramento e da detenção e exigiu o fim dos assassinatos dentro de prisões e cometidos por elas.

C. Abolicionismo da pena de morte

Embora o abolicionismo prisional ainda seja um discurso e um movimento reduzido, o abolicionismo da pena de morte tem sido amplamente adotado desde que a campanha organizada contra a pena capital tomou forma durante o século XIX. Opositores históricos da execução de condenados incluem Cesare Beccaria, considerado o fundador do movimento abolicionista, Jeremy Bentham e Victor Hugo. Em 1965, apenas doze países tinham abolido a condenação à morte; mas, em 1997, 57 nações a tinham revogado por completo e quinze a tinham eliminado para todos os crimes, com exceção dos excepcionais, como os cometidos durante guerras. Em vinte países que mantiveram a pena capital não houve execuções durante dez ou mais anos. No entanto, em 1996, segundo documentação da Anistia Internacional, houve pelo menos 5300 prisioneiros executados em 39 países. As 4173 execuções da China representaram a grande maioria, seguidas por 167 na Ucrânia e 140 na Rússia. Os Estados Unidos realizaram 45 durante o mesmo período. Apesar de a África do Sul — que, antes da queda do apartheid, registrava uma das taxas de execução mais elevadas do mundo — ter abolido a pena capital no ano anterior, os Estados Unidos sentenciam regularmente à morte uma proporção significativa de réus capitais. Em 1997, havia mais de 3 mil prisioneiros no corredor da morte, dos quais cerca de 40% eram negros.

Os padrões racistas na aplicação da pena capital têm sido fundamentais para a oposição à execução nos Estados Unidos. Opositores apontaram que, desde 1930, 54% de todas elas envolveram pessoas de cor, e que 89% dos indivíduos executados por estupro quando este era um crime capital eram negros. Em 1972, a Suprema Corte decidiu no caso Furman v. Geórgia — que envolvia um homem negro que cometeu um assassinato durante um roubo —, que a prática de conceder aos júris o poder discricionário de determinar quais infratores seriam condenados à morte era "prenhe de discriminação". O resultado do caso Furman foi a exigência de que todos os prisioneiros fossem retirados dos corredores da morte.

No entanto, como a maioria dos juízes que aderiram à decisão fundamentaram seu argumento no princípio do devido processo da Décima Quarta Emenda — apenas uma minoria entre a maioria argumentou que a pena de morte era uma punição inerentemente cruel e insólita —, os estados logo começaram a desenvolver práticas não discricionárias e princípios em teoria não discriminatórios para a aplicação da pena. Desde 1972, novos estatutos sobre execução de condenados foram promulgados em 31 estados.

Apesar de, no final do século xx, a defesa da pena de morte ter perdido terreno de maneira consistente no plano internacional — e embora a esmagadora maioria das nações industrializadas ocidentais a tenham abolido —, pesquisas de opinião pública indicam que a maioria das pessoas nos Estados Unidos ainda a aprovam, e esse é o motivo mais evocado para justificar sua continuidade. No entanto, quando se considera o enquadramento das questões nessas pesquisas, a sua credibilidade entra em questão. Perguntas com mais nuances em alguns estudos indicaram, por exemplo, que a maioria daqueles que respondiam a favor da pena capital prefeririam prisão perpétua para assassinos, caso o dinheiro ganho pelos prisioneiros durante o encarceramento fosse para as famílias das vítimas.

Tanto no nível internacional quanto dentro dos Estados Unidos, abolicionistas da pena de morte estão muito mais organizados do que seus defensores. O apoio regular a essa pena no país tende a se desenvolver em torno de casos específicos, com familiares de vítimas de homicídio no centro de campanhas a favor da execução, auxiliados por operações como a Washington Legal Foundation. No entanto, diversas organizações, como a American Civil Liberties Union, o NAACP Legal Defense and Educational Fund e a National Coalition to Abolish the Death Penalty, estabeleceram longos registros de práticas abolicionistas.

VI. CONCLUSÃO

Ironicamente, as próprias formas de punição destinadas a minimizar o crime — e, em especial, suas manifestações violentas — promovem e perpetuam a violência. A pena capital é apenas o exemplo mais extremo de crueldade sancionada pelo Estado; muitas medidas punitivas menores — o confinamento solitário, por exemplo — representam uma forma de violência política que raramente recebe atenção crítica porque é oculta pelas fronteiras físicas e ideológicas que separam o mundo da prisão do mundo livre. Nos Estados Unidos, a construção e a expansão de prisões de segurança supermáxima estaduais e federais, cujo propósito é resolver problemas disciplinares dentro do sistema penal, estão estruturadas em torno da imposição do confinamento solitário contínuo e de privação sensorial — incluindo visitas e privilégios telefônicos extremamente limitados — para prisioneiros considerados perigosos para a ordem correcional. O modelo estadunidense da prisão supermáxima atualmente é exportado também para outros países. Além disso, à medida que o fenômeno da privatização dos presídios aumenta, cada vez mais punições — para além daquelas exigidas nas sentenças — são aplicadas a prisioneiros por empresas privadas, que têm ainda menos responsabilidade pública do que as instituições governamentais. Isso viola diretamente o princípio orientador das Regras Mínimas da ONU para o Tratamento de Reclusos, de que indivíduos são condenados à prisão *como* punição, e não *para* punição.

Intelectuais e ativistas que trabalham para a erradicação da violência governamental e corporativa em ambientes carcerários promoveram campanhas produtivas em torno da reforma prisional e da abolição penal. A limitação dos sucessos da reforma penal e de campanhas abolicionistas em muitos países pode ser atribuída ao grau em que a ideologia do crime eclipsou as realidades sociais que encaminham grandes números de pessoas em todo o mundo para prisões e cadeias. Críticas à expansão do encarceramento não devem ignorar a existência de indivíduos condenados à prisão e à morte que cometeram crimes de violência terríveis, nem devem deixar de lado a importância da segurança. No entanto, esses problemas não podem ser resolvidos por meio da equiparação ideológica de perpetradores de violência hedionda com todas as pessoas criminalizadas em virtude de terem cometido delitos relativamente menores, de terem sido encarceradas ou de pertencerem às comunidades que predominam nos presídios. Além disso, a construção de "criminoso", matizada por raça e classe, como inimigo e como alvo merecedor de punição muitas vezes violenta — fenômeno que pode resultar no falso encarceramento de inocentes — desvia a atenção de problemas sociais como pobreza, privação de moradia, deterioração da educação e da saúde públicas e uso de drogas, dispersando assim a energia coletiva necessária para resolver esses problemas.

7. Encarceramento público e violência privada

Reflexões sobre a punição oculta de mulheres[*]

Nos últimos 25 anos, a pesquisa feminista e o ativismo sobre agressão sexual e violência doméstica geraram campanhas e serviços no nível local, nacional e internacional e impulsionaram uma cultura cada vez mais popular de resistência que ajudou a desvelar a pandemia global de violência contra mulheres. Ao mesmo tempo, a pesquisa e o ativismo se desenvolveram numa escala muito menor em relação a detentas. O trabalho nessas duas áreas se entrecruzou de várias formas importantes, incluindo as campanhas de anistia para condenadas pelo assassinato de cônjuges ou parceiros abusivos. Além disso, um dos temas relevantes na literatura atual sobre mulheres na prisão é a centralidade do abuso físico na vida daquelas sujeitas à punição pelo Estado. Mesmo assim, a violência doméstica e os movimentos prisionais de mulheres seguem em grande parte separados.

Considerando o enorme aumento no número de mulheres

---

[*] Publicado originalmente em *New England Journal on Criminal and Civil Confinement*, v. 24, n. 2, pp. 339-51, verão 1998.

presas durante esta era contemporânea do complexo industrial prisional dos Estados Unidos, cumpre examinar o potencial para estabelecer alianças mais profundas e mais extensas entre o movimento antiviolência e o movimento antiprisional feminino de maneira mais ampla. Portanto, este artigo investiga de forma preliminar algumas das conexões históricas e filosóficas entre a violência doméstica e o encarceramento como dois modos de punição de gênero — um localizado na esfera privada, outro na esfera pública. Essa análise sugere que o movimento antiviolência contra mulheres está muito mais relacionado com o movimento antiprisional feminino do que em geral se reconhece.

A história da reforma prisional revela múltiplas ironias. Embora seja agora o modo dominante de punição pública e esteja associada a flagrantes violações dos direitos humanos, a prisão já foi considerada uma promessa de restauração moral iluminista e, portanto, como uma melhoria significativa em relação a formas de punição baseadas na inflição de dor física. Na era dos açoites, dos pelourinhos e dos troncos, reformistas recorreram à penitenciária como alternativa mais humana à crueldade dos castigos corporais. Durante o século XIX, no entanto, mesmo que homens (em sua maioria brancos) na Europa e nos Estados Unidos condenados por violar a lei fossem cada vez mais sentenciados à prisão, em vez de sujeitados à tortura e mutilação, a punição de mulheres (brancas) permaneceu enfaticamente ligada à violência corporal infligida a elas dentro de espaços domésticos. Essas estruturas patriarcais de violência afetaram mulheres negras de diferentes maneiras, em especial por meio do sistema escravista. Atualmente, é fácil ver como as limitações de gênero e raça do discurso do século XIX acerca da reforma da punição eliminaram a possibilidade de associar tortura doméstica à tortura pública e, portanto, de uma campanha correspondente contra a violência de gênero exercida sobre os corpos femininos.

Às vezes, no entanto, as fronteiras entre castigo privado e público eram turvas. Muito antes da emergência do movimento de reforma que logrou estabelecer a prisão como punição generalizada, existia uma prisão feminina — a primeira documentada para mulheres, na verdade — na Holanda.[1] A Spinhuis de Amsterdam, inaugurada em 1645, continha celas para aquelas que não "se deixavam submeter a seus deveres [com sucesso] por parte de pais ou maridos".[2] Na Grã-Bretanha do século XVII, o uso de *branks* — por vezes conhecidos como *scold's* ou *gossip's bridle* — para punir aquelas que não respeitavam a autoridade patriarcal[3] também atesta para a permeabilidade dos limites entre o público e o privado. De acordo com Russell Dobash et al.,

> *branks* consistiam em uma gaiola de ferro colocada sobre a cabeça, e a maioria dos exemplos incorporava um espigão ou uma roda pontiaguda que era inserida na boca da infratora para "prender a língua e silenciar a mais barulhenta das arruaceiras". Essa gaiola com espinhos destinava-se a punir mulheres consideradas briguentas ou não devidamente submissas ao controle de seus maridos. A forma comum de administrar essa punição era prender o *branks* à mulher e fazê-la desfilar pela vila, às vez [sic] acorrentando-a a um pilar por um período de tempo após a procissão. Embora esses castigos fossem públicos, estavam integralmente ligados à dominação doméstica. Em algumas cidades foram feitos arranjos para que se empregassem os *branks* dentro de casa. [...] Homens muitas vezes usavam a ameaça dos *branks* para tentar silenciar suas esposas: "Se você não descansar a língua, vou mandar chamar o [carcereiro da cidade] [...] para amarrar você". Nesse exemplo, vemos como a dominação patriarcal e a dominação pelo Estado estavam intrinsecamente interligadas.[4]

Quando os primeiros reformistas como John Howard e Jeremy Bentham reivindicaram sistemas de punição que em teoria minimizassem a violência contra o corpo humano, as ideias prevalecentes sobre a exclusão de mulheres do espaço público não permitiram o surgimento de um movimento de reforma que também contestasse a onipresente violência de gênero. Esses movimentos só se desenvolveram no final do século xx. Ironicamente, à medida que as agressões sexuais e físicas "privadas" contra mulheres são cada vez mais construídas como "crimes" e, portanto, sujeitas a sanções "públicas", o encarceramento "público" feminino continua tão oculto quanto sempre foi. Ao mesmo tempo, números maiores de mulheres, principalmente de cor, estão sujeitas à punição pública de prisão enquanto sofrem violência em suas relações íntimas e familiares. Os dois modos de punição permanecem tão desarticulados no discurso popular e acadêmico quanto eram mais de um século atrás.

Hoje, conforme o racismo estrutural se torna mais enraizado e ao mesmo tempo mais oculto, essas duas formas de castigo juntas camuflam o impacto do racismo em mulheres de cor pobres. A violência doméstica como forma de punição raramente é percebida como ligada aos modos punitivos implementados pelo Estado. Muitos estudos recentes reconhecem que um grande número de mulheres encarceradas é sobrevivente de violência familiar. O estudo de Joanne Belknap, *The Invisible Woman: Gender, Crime and Justice* [A mulher invisível: Gênero, crime e justiça], que analisa o impacto do sistema de justiça criminal em mulheres, examina criteriosamente tanto a prisão quanto a agressão.[5] Como criminologista, no entanto, Belknap necessariamente enquadra seu estudo com as categorias — quase nunca problematizadas em discursos criminológicos e jurídicos — de "infratora" e "vítima".[6] A investigação da autora acerca do encarceramento feminino conceitua mulheres prisioneiras na primeira categoria, ao passo que sua análise sobre a violência de gênero as situa na segunda.[7] No primeiro caso, mulheres são perpetradoras e, no segundo, são vítimas. Belknap desenvolve uma série de críticas feministas importantes às teorias criminológicas tradicionais e lança luz sobre as maneiras como mulheres tendem a sofrer mais com as práticas de encarceramento do que homens. Ela também faz observações valiosas sobre a invisibilidade contínua da violência masculina, mesmo numa era de expansão de campanhas, serviços e teorização feminista em torno dessas questões. Seu artigo sugere, no entanto, que o trabalho dela também pode nos encorajar a pensar mais profundamente acerca dos circuitos de poder patriarcais do Estado sobre o lar, que estão desconectados pela divisão ideológica entre "público" e "privado", invisibilizando assim as complexidades subjacentes da punição feminina.

A análise de Pat Carlen, de 1983, *Women's Imprisonment: A Study in Social Control* [Encarceramento de mulheres: Um estudo sobre controle social], destaca o caráter constitutivo de punições pública e privada de mulheres.[8] Esse estudo de caso sobre a prisão feminina escocesa Cornton Vale argumenta que tanto a disciplina informal violenta quanto a disciplina informal não violenta no lar são tão importantes para a construção da vida doméstica quanto a disciplina paralela, muitas vezes semelhante e simbioticamente relacionada, que é a base das práticas prisionais:[9]

> Em geral, o lema das pessoas encarregadas da regulamentação penal de mulheres desviantes tem sido "disciplinar, medicalizar e feminilizar"! O encarceramento de mulheres, tanto na Grã-Bretanha quanto nos Estados Unidos, tem sido tradicionalmente caracterizado pela invisibilidade, domesticidade e infantilização.[10]

Na Escócia, as habitantes de Cornton Vale são, em grande parte, mulheres brancas da classe trabalhadora e, como salienta Carlen, a interseção dos eixos de dominação público e privado é bastante determinada pela classe. Embora o estudo não coloque em primeiro plano a influência da raça — que não é menos importante para a compreensão do encarceramento de mulheres brancas do que para o encarceramento de negras — deve-se salientar que, em todas as áreas urbanas da Europa e dos Estados Unidos, um número extremamente desproporcional de prisioneiras vem de comunidades racialmente marginalizadas. O que Carlen chama de uma "fusão dos domínios privado e público da disciplina familiar com a regulação penológica de mulheres desviantes [que], de fato, recebeu reconhecimento nominal",[11] então, torna-se ainda mais complexo quando a raça é levada em consideração.

A socióloga Beth Richie, que também tentou conectar punição privada e pública de mulheres, estudou o que chama de "aprisionamento de gênero" das mulheres negras, que são, em muitos casos, "compelidas ao crime" e, depois disso, encarceradas pelas mesmas condições que informam a sujeição delas à violência em suas relações pessoais.[12] Ela escreve sobre

> mulheres negras de comunidades de baixa renda que são agredidas fisicamente, violentadas sexualmente, abusadas emocionalmente e envolvidas em atividades ilegais. As histórias delas contradizem com clareza a impressão popular — perpetuada pelos principais cientistas sociais, prestadores de serviços humanos, analistas de políticas públicas e legisladores — de que as crescentes taxas de violência contra as mulheres, a pobreza, a dependência e a participação feminina no crime se devem às inadequações psicológicas, morais ou sociais delas.[13]

Richie optou por traduzir a categoria jurídica de "flagrante forjado" para o paradigma teórico de "aprisionamento de gênero" porque lhe permite examinar as interseções de gênero, raça e violência. Esse paradigma também facilita a compreensão das maneiras como mulheres que vivenciam a pobreza e a violência na vida pessoal acabam por ser punidas por uma rede de condições sociais sobre as quais não têm controle.[14] Ao passo que Richie apresenta uma análise provocativa dos meios pelos quais mulheres podem ser levadas a se envolver em atividades ilegais como resultado direto da violência ou por ameaça de violência em suas relações íntimas, não está no âmbito de seu estudo sociológico examinar o continuum histórico entre a punição doméstica e a infligida pelo Estado.

Em grande parte da bibliografia histórica sobre o encarceramento feminino, a emergência de um "modelo doméstico" de aprisionamento para mulheres no final do século XIX é representada como o advento de uma abordagem especificamente feminina do castigo público. Essa transferência dos regimes de punição doméstica para a esfera pública não resultou em menor punição no lar. A contínua sanção social da violência privada de gênero minimizou historicamente o número de mulheres sujeitas ao corretivo público. Pela forte ligação ideológica entre "crime" e "punição", a condenação feminina poucas vezes é desarticulada das atividades ilegais que as levam à prisão, o que torna ainda mais difícil articular castigo "privado" e "público". A pressuposição de que mulheres constituem uma parcela relativamente pequena da população carcerária apenas porque cometem menos crimes continua a imperar no bom senso e no discurso criminológico. Portanto, o fato de serem punidas em locais diferentes da prisão e de acordo com uma autoridade não assumida diretamente pelo Estado pode começar a explicar os números relativamente pequenos do encarceramento feminino.

A punição sancionada pelo Estado é informada por estruturas e ideologias patriarcais que tendem a produzir pressupostos históricos da criminalidade feminina associados a ideias sobre a violação das normas sociais definidoras do "lugar de mulher". Historiadoras feministas descobriram evidências de punições corporais severas aplicadas àquelas acusadas de adultério, por exemplo, enquanto o comportamento dos homens adúlteros foi normalizado. Ao mesmo tempo, a violência de gênero infligida em espaços domésticos só começou a ser "criminalizada" há pouco tempo. Considerando o fato de que metade de todas as mulheres são agredidas por seus maridos ou parceiros,[15] combinado com o número dramaticamente crescente de sentenciadas à prisão, pode-se argumentar que em geral elas estão sujeitas a uma magnitude de punição muito maior do que os homens. Embora ainda sejam representadas como alvos negligenciáveis do sistema prisional, a pandemia contínua de punições privadas, associada ao crescente número de mandadas para a prisão, combinam-se para criar uma imagem da vida de mulheres pobres, da classe trabalhadora e racialmente marginalizadas como sobredeterminada pelo castigo. Isso não significa deixar de lado o fato de que mulheres de classe média também são vítimas de violência em suas famílias e relações íntimas. Elas não são, no entanto, "flagradas" — para usar o termo de Richie — na mesma rede de condições sociais que coloca muitas mulheres de cor pobres no caminho que leva à prisão e, portanto, as fazem sofrer punições em excesso.

Paradoxalmente, os movimentos de reforma prisional em geral tenderam a reforçar, em vez de diminuir, o poder das prisões sobre a vida dos indivíduos que capturam e aprisionam. Michel Foucault destacou que, desde o início, a reforma sempre esteve ligada à evolução da prisão, que, em parte, se tornou mais arraigada precisamente pela eficácia das reformas.[16]

[O] movimento para reformar as prisões, para controlar seu funcionamento, não é um fenômeno tardio. Não parece sequer ter nascido de um atestado de fracasso devidamente lavrado. A "reforma" prisional é mais ou menos contemporânea da própria prisão. Ela é como que seu programa. A prisão se encontrou, desde o início, engajada numa série de mecanismos de acompanhamento que aparentemente devem corrigi-la, mas que parecem fazer parte de seu próprio funcionamento, de tal modo que têm estado ligados à sua existência em todo o decorrer de sua história.[17]

Em outras palavras, as campanhas de reforma prisional, dedicadas tanto a instituições masculinas quanto femininas, de maneira geral pediram a melhoria das prisões, mas raramente problematizaram o seu papel como modo dominante de punição. Assim, à medida que as reformas foram instituídas, os sistemas prisionais se tornaram mais enraizados, tanto estrutural como ideologicamente. Hoje, no momento em que o castigo nos Estados Unidos se tornou uma verdadeira indústria que consolida vínculos entre o governo e as corporações transnacionais de maneiras que refletem e fortalecem o complexo industrial militar, é tão difícil questionar a necessidade de prisões em tão larga escala quanto é difícil questionar a necessidade de uma máquina militar tão vasta.

Quando o movimento de reforma que exigia presídios separados para mulheres surgiu na Inglaterra e nos Estados Unidos durante o século XIX, Elizabeth Fry, Josephine Shaw e outras de suas defensoras argumentavam contra a concepção predominante de que mulheres criminosas estavam fora do alcance da reabilitação moral. Assim como os homens condenados, que presumivelmente podiam ser "corrigidos" por regimes prisionais rigorosos, mulheres condenadas, segundo elas, também podiam ser moldadas para se tornarem seres morais por regimes de prisão pensados de maneira diferente em relação ao gênero. Mudanças arquitetônicas, regimes domésticos e uma equipe de custódia exclusivamente feminina foram implementados no programa de regras proposto por reformistas,[18] e, eventualmente, prisões para mulheres se tornaram tão ancoradas no cenário social quanto prisões para homens. A relativa invisibilidade dessas instituições era tanto um reflexo do espaço doméstico reinscrito na punição pública feminina quanto do número relativamente pequeno de encarceradas.

A feminização do castigo público na Inglaterra e nos Estados Unidos foi explicitamente concebida para reformar mulheres brancas. Vinte e um anos depois de o primeiro reformatório na Inglaterra ter se estabelecido em Londres, em 1853, o primeiro reformatório estadunidense para mulheres foi inaugurado em Indiana.[19] Como escreve Richie,

> [o] objetivo era treinar as prisioneiras no "importante" papel feminino da domesticidade. Assim, uma parte importante do movimento reformista nas prisões para mulheres consistiu em encorajar e enraizar papéis de gênero "apropriados", como o treinamento profissionalizante em culinária, costura e limpeza. Para dar conta desses objetivos, os reformatórios geralmente eram concebidos com cozinhas, salas de estar e até alguns berçários para prisioneiras com filhos.[20]

Esse castigo público feminilizado, contudo, não afetava todas as mulheres da mesma forma. Quando mulheres negras eram encarceradas em reformatórios, muitas vezes se viam segregadas das mulheres brancas. Além disso, tendiam a ser sentenciadas de maneira desproporcional a cumprir penas em prisões para homens. Nos estados do Sul dos Estados Unidos, no rescaldo da Guerra Civil, mulheres negras suportaram as crueldades do sistema de arrendamento de condenados sem nenhuma atenuação oriunda da feminilização da punição; nem as sentenças, nem o trabalho que eram obrigadas a fazer foram diminuídos em virtude de gênero. À medida que o sistema prisional estadunidense evoluiu durante o século XX, os modos feminilizados de castigo — o sistema de chalés, o treinamento doméstico etc. — foram projetados, ideologicamente, para reformar mulheres brancas, relegando mulheres de cor, em grande parte, aos âmbitos da punição pública que não simulavam nem um pouco o oferecimento de feminilidade.

Além disso, como apontou Lucia Zedner, as práticas de sentenciamento de mulheres no sistema reformatório exigiam muitas vezes que elas cumprissem mais tempo de pena do que os homens por crimes semelhantes. "Essa diferenciação foi justificada com base no fato de o envio de mulheres para reformatórios não para ter o objetivo de puni-las proporcionalmente à gravidade da infração, mas para reformá-las e reeducá-las, um processo que, argumentava-se, exigia tempo".[21] Em paralelo, salienta Zedner, a tendência de mandá-las para a prisão por períodos mais longos do que os de homens foi acelerada pelo movimento eugênico "que buscava remover mulheres 'geneticamente inferiores' da circulação social durante o maior período possível de sua idade fértil".[22] Embora Nicole Rafter aponte que o racismo pode não ser o principal fator explicativo subjacente à criminologia eugenista do final do século XIX,[23] os discursos eugenistas que em teoria definiam a normalidade branca em oposição ao desvio branco — deficiência intelectual, criminalidade, deficiência física etc. — baseavam-se na mesma lógica de exclusão que o racismo em si e, portanto, podiam ser facilmente reutilizados para propósitos racistas.

No final do século XX, prisões femininas começaram a parecer mais com as prisões masculinas, em especial as construídas na era do complexo industrial prisional. À medida que o envolvimento empresarial na punição começa a refletir o envolvimento empresarial na produção militar, a reabilitação passa a ser substituída por metas penais de incapacitação. Agora que a população de prisões e cadeias se aproxima dos 2 milhões, a taxa de aumento do número de mulheres presas ultrapassou a dos homens. Como salientou o criminologista Elliott Currie:

Durante a maior parte do período após a Segunda Guerra Mundial, a taxa de encarceramento de mulheres ficou em torno de 8 a cada 100 mil; não atingiu os dois dígitos até 1977. Hoje é de 51 a cada 100 mil [...]. Com o atual ritmo de aumento, haverá mais mulheres nas prisões estadunidenses no ano de 2010 do que havia detentos de ambos os sexos em 1970. Quando combinamos os efeitos de raça e de gênero, a natureza dessas mudanças na população prisional fica ainda mais nítida. A taxa de encarceramento de mulheres negras atualmente já excede a taxa de homens brancos em 1980.[24]

Há um quarto de século, na era da Rebelião de Attica e do assassinato de George Jackson em San Quentin, foram desenvolvidos movimentos radicais contra o sistema prisional como o mais importante local de violência e repressão estatal. Em parte como reação à invisibilidade das prisioneiras desse sistema, e em parte como consequência da crescente militância em torno da libertação das mulheres, foram desenvolvidas campanhas específicas em defesa dos direitos das presas. Embora muitas delas apresentem e continuem a promover críticas radicais à repressão e à violência estatal, aquelas realizadas dentro da comunidade correcional foram influenciadas em grande parte por noções liberais de igualdade de gênero.

Em contraste com o movimento de reforma do século XIX, que se fundamentou numa ideologia de diferença de gênero, as "reformas" do final do século XX se basearam num modelo *separate but equal* [separados, mas iguais]. Essa abordagem tem sido com frequência aplicada de forma acrítica, resultando ironicamente em exigências de condições mais repressivas, a fim de tornar as instituições para mulheres "iguais" às dos homens. Por exemplo, Tekla Dennison Miller, antiga diretora do Presídio Feminino Huron Valley, Michigan, identifica sua cruzada pela igualdade durante a década de 1980 como fortemente feminista. O caráter problemático da abordagem dela é revelado em sua discussão sobre segurança.

> O pessoal era muito mais escasso no feminino de Huron Valley do que nas prisões masculinas. Quando aqui abriu [...] [não] tinha oficiais de pátio, muito menos uma sargento para observar o movimento das presas e as atividades no pátio. Os pátios são as áreas onde mais acontecem ataques entre presas. Além disso, tinha só uma vice-diretora adjunta. Nas prisões para homens permitiam dois adjuntos, um para segurança e outro para alojamento, mas a administração masculina do escritório central disse: "Mulheres presas não representam nenhum risco de segurança. São só chatinhas, o maior interesse delas é pintar as unhas e encher o saco pra ter mais bens pessoais. Precisam de um adjunto para alojamento, não para segurança".[25]

Na sua campanha pela igualdade de gênero, Miller também criticou as práticas de segurança pela distribuição desigual de armas:

> Os arsenais de prisões masculinas são grandes salas com prateleiras de espingardas, rifles, pistolas, munições, gás lacrimogêneo e equipamento antimotim. [...] O arsenal da Huron Valley era um armarinho de 1,5 metro por sessenta centímetros com dois rifles, oito espingardas, dois megafones, cinco revólveres, quatro cápsulas de gás lacrimogêneo e vinte conjuntos de contenções físicas.[26]

Depois que uma presa, determinada a escapar, escalou com sucesso o arame farpado e foi capturada após pular no chão do outro lado, um repórter local, que Miller descreveu como "um aliado inesperado na luta contínua pela paridade", questionou a política de não disparar tiros de advertência para mulheres fugitivas.[27] Como resultado, observou Miller,

> mulheres fugitivas de prisões [de segurança] média ou mais alta serão tratadas da mesma forma que os homens. Um tiro de advertência é disparado. Se a presa não parar e passar por cima da cerca, um agente poderá atirar para ferir. Se a vida do agente estiver em perigo, poderá atirar para matar.[28]

Paradoxalmente, a demanda por paridade com prisões masculinas, em vez de criar maiores oportunidades educativas, profissionalizantes e de saúde para mulheres presas, muitas vezes levou a condições mais repressivas para elas. Isso é consequência não só da implementação de noções liberais de igualdade — ou seja, formalistas —, porém, de maneira mais perigosa, do fato de se permitir que prisões para homens funcionem como a norma de punição. Miller ressalta que ela tentou impedir que uma presa, que caracteriza como "assassina" cumprindo uma longa pena, de participar de cerimônias de formatura da Universidade de Michigan.[29] (É evidente que não indica a natureza das acusações de assassinato da mulher — se, por exemplo, ela foi condenada por matar um parceiro abusivo, como é o caso de um número substancial de mulheres condenadas por tais acusações.) Embora Miller não tenha conseguido impedi-la de participar da cerimônia de formatura, a detenta foi obrigada a usar correntes nas pernas e algemas com o capelo e a beca.[30]

Um exemplo mais divulgado do uso de parafernália repressiva historicamente associada ao tratamento de homens presos a fim de criar "igualdade" para mulheres detentas foi a decisão de 1996 de um comissário penitenciário do Alabama para estabelecer *chain gangs* femininas.[31] Depois que o Alabama se tornou o primeiro estado a reinstituir as *chain gangs* em 1995, o então comissário correcional do estado Ron Jones anunciou no ano seguinte que mulheres estariam acorrentadas enquanto cortassem grama, coletassem lixo e trabalhassem na horta na Prisão Estadual para Mulheres Julia Tutwiler. Essa tentativa de instituir *chain gangs* femininas foi, em parte, uma resposta a ações judiciais movidas por homens presos, que acusavam esse tipo de acorrentamento em grupo masculino de ser discriminatório com homens em virtude de seu gênero. Imediatamente após o anúncio de Jones, no entanto, ele foi demitido pelo governador Fob James, que, é claro, foi pressionado para impedir que o Alabama adquirisse a duvidosa distinção de ser o único estado dos Estados Unidos a ter *chain gangs* que ofereciam oportunidades iguais.

Quatro meses depois do embaraçoso flerte do Alabama com a possibilidade de *chain gangs* para mulheres, o xerife Joe Arpaio, do condado de Maricopa, Arizona — representado na mídia como "o xerife mais durão dos Estados Unidos da América" —, realizou uma entrevista coletiva para anunciar que, por ser "um encarcerador que oferece oportunidades iguais", estava estabelecendo as primeiras *chain gangs* femininas do país.[32] Quando o plano foi implementado, jornais de toda parte publicaram uma fotografia de mulheres acorrentadas umas às outras limpando as ruas de Phoenix. Embora a política do xerife Arpaio em relação a prisioneiras tenha sido criticada como pouco mais do que um golpe publicitário, o fato de essa *chain gang* feminina surgir no contexto de um aumento generalizado da repressão infligida a detentas — incluindo a proliferação de celas solitárias paralela ao desenvolvimento de prisões de segurança supermáxima — é motivo de alarme. Considerando que a população carcerária feminina é agora composta de uma maioria de mulheres de cor, as ressonâncias históricas com a escravidão, a colonização e o genocídio não podem ser ignoradas nessas imagens de mulheres com correntes e grilhões.

À medida que o nível de repressão em prisões femininas aumenta e, paradoxalmente, que a influência dos regimes prisionais domésticos diminui, o abuso sexual — que, assim como a violência doméstica, é mais uma dimensão da punição privada de mulheres — tornou-se um componente institucionalizado do castigo por trás dos muros da prisão. Embora o abuso sexual cometido por guardas contra presas não seja sancionado, a leniência generalizada com que agentes infratores são tratados sugere que, para mulheres, a prisão é um espaço em que a ameaça de violência sexual que paira na sociedade em geral é efetivamente admitida como um aspecto rotineiro do panorama punitivo detrás dos muros do presídio.

De acordo com um relatório recente da Human Rights Watch sobre o abuso sexual de mulheres nas prisões estadunidenses:

> Nossas descobertas indicam que ser uma mulher presa em prisões estatais dos Estados Unidos pode ser uma experiência aterrorizante. Se você for abusada sexualmente, não tem como escapar do agressor. Os procedimentos de reclamação ou investigação, quando existem, são muitas vezes ineficazes, e agentes penitenciários continuam a praticar abusos porque acreditam que raramente serão responsabilizados, administrativa ou criminalmente. Poucas pessoas fora dos muros da prisão sabem o que está acontecendo ou se importam se souberem. Menos ainda fazem alguma coisa para resolver o problema.[33]

O seguinte trecho do resumo do relatório, intitulado "Tudo muito familiar: Abuso sexual de mulheres nas prisões estatais dos Estados Unidos", revela até que ponto os ambientes prisionais de mulheres são sexualizados de maneira violenta, recapitulando assim a violência familiar que caracteriza a vida privada de muitas delas:

Descobrimos que agentes penitenciários do sexo masculino estupraram presas por via vaginal, anal e oral, e as agrediram e abusaram sexualmente. Descobrimos que, ao cometerem essa má conduta grave, os agentes não apenas usaram de força física real ou de ameaças, mas também empregaram sua autoridade quase total para fornecer ou negar bens e privilégios a presas para obrigá-las a ter relações sexuais com eles ou, em outros casos, para recompensá-las por tê-lo feito. Em outros casos, os agentes violaram seus deveres profissionais mais básicos e envolveram-se sexualmente com presas sem o uso ou ameaça de força ou qualquer troca material. Além de terem relações sexuais com presas, os agentes têm utilizado revistas obrigatórias ou revistas nos quartos para apalpar os seios, as nádegas e a área vaginal de mulheres e para espiá-las de forma inadequada quando nuas nas áreas de alojamento ou nos banheiros. Os agentes e funcionários penitenciários do sexo masculino também se envolveram regularmente na degradação verbal e no assédio às presas, contribuindo assim para um ambiente nas prisões estatais femininas que é muitas vezes extremamente sexualizado e excessivamente hostil.[34]

O relatório argumenta que a prevalência do abuso sexual em prisões para mulheres viola a Constituição dos Estados Unidos, bem como as leis internacionais dos direitos humanos.[35] A visita seguinte, no verão de 1998, a uma série de presídios femininos dos Estados Unidos realizada pela relatora especial das Nações Unidas sobre Violência contra as Mulheres destaca ainda mais a importância de enquadrar as condições de mulheres encarceradas no contexto do movimento antiviolência e num contexto mais amplo de direitos humanos. Como Linda Burnham salientou,

[a] intenção do paradigma dos direitos humanos é posicionar as questões de mulheres no centro do discurso dos direitos humanos;

negar a tendência de ver as questões femininas como assuntos privados; dar força e promover uma estrutura de responsabilização pela opressão das mulheres que inclua mas não se limite ao Estado; e fornecer um quadro político abrangente capaz de conectar toda a variedade de questões femininas e toda a diversidade de suas identidades e circunstâncias sociais.[36]

O abuso sexual de mulheres na prisão é uma das mais hediondas violações dos direitos humanos sancionadas pelo Estado atualmente nos Estados Unidos. As presas representam uma das populações adultas mais destituídas de direitos e invisíveis de nossa sociedade. O poder e o controle absolutos que o Estado exerce sobre suas vidas derivam de — e perpetuam as — estruturas patriarcais e racistas que durante séculos resultaram na dominação social de mulheres. Considerando que o complexo industrial prisional ameaça transformar comunidades inteiras em alvos de punição estatal, a porcentagem relativamente pequena, mas em rápido crescimento, de detentas não deve ser usada como pretexto para ignorar a complicada rede punitiva contra elas. O momento pode ser bastante propício para forjar alianças e estabelecer vínculos com movimentos internacionais em defesa dos direitos humanos.

PARTE IV
REPENSANDO O ENCARCERAMENTO

Identificando o complexo industrial prisional

8. Racismo mascarado

*Reflexões sobre o complexo industrial prisional**

O encarceramento se tornou a resposta de primeira instância a muitos dos problemas sociais que pesam sobre as pessoas que vivem em situação de pobreza. Esses problemas muitas vezes são ocultos ao serem convenientemente agrupados na categoria "crime" e atribuídos de forma automática ao comportamento criminoso a pessoas de cor. Privação de moradia, desemprego, dependência química, doenças mentais e analfabetismo são apenas alguns dos problemas que desaparecem da vista do público quando os seres humanos que os enfrentam são relegados a jaulas.

As prisões realizam assim um ato de magia. Ou melhor, as pessoas que votam repetidas vezes em prol de novos vínculos prisionais e concordam tacitamente com uma rede crescente de prisões e cadeias foram levadas a acreditar na magia do encarceramento. Mas prisões não fazem desaparecer os problemas, elas fazem desaparecer seres humanos. E a prática de fazer desaparecer um grande número de pessoas de comunidades pobres, imigran-

* Publicado originalmente em *Colorlines*, v. 1, n. 2, outono 1998.

tes e racialmente marginalizadas tornou-se literalmente um grande negócio.

A suposta facilidade da magia sempre esconde uma enorme quantidade de trabalho nos bastidores. Quando prisões fazem desaparecer seres humanos para transmitir a ilusão de resolução de problemas sociais, devem ser criadas infraestruturas penais para acomodar uma população cada vez maior de pessoas enjauladas. Bens e serviços devem ser fornecidos para manter vivas as populações encarceradas. Às vezes, elas devem se manter ocupadas e, em outros momentos — principalmente em prisões repressivas de segurança supermáxima e nos centros de detenção do Serviço de Imigração e Naturalização —, devem ser privadas de praticamente qualquer atividade significativa. Grandes números de pessoas algemadas e acorrentadas se movem entre fronteiras estaduais quando são transferidas de uma prisão estadual ou federal para outra.

Todo esse trabalho, que costumava ser competência primária do governo, é agora também executado por empresas privadas, cujas conexões com o governo no âmbito daquilo que se chama, como eufemismo, de "reabilitação" repercutem perigosamente no complexo industrial militar. Os dividendos que resultam do investimento na indústria punitiva, assim como os provenientes na produção de armas, só têm por consequência destruição social. Tendo em conta as semelhanças estruturais e a rentabilidade das conexões entre empresas e o governo nos domínios da produção militar e da punição pública, o sistema penal em expansão pode agora ser caracterizado como um "complexo industrial prisional".

Quase 2 milhões de pessoas estão atualmente trancadas na imensa rede de prisões e cadeias dos Estados Unidos. Mais de 70% da população encarcerada é formada por pessoas de cor. Quase nunca se reconhece que o grupo de presos que mais cresce é composto de mulheres negras e que presos e presas nativos norte-americanos constituem o maior grupo per capita. Aproximadamente 5 milhões de pessoas — incluindo aquelas em suspensão condicional da pena e liberdade condicional — estão diretamente sob a vigilância do sistema de justiça criminal.

Há três décadas, a população carcerária tinha cerca de um oitavo do tamanho atual. Embora mulheres ainda constituam uma porcentagem relativamente pequena de pessoas atrás das grades, o número de encarceradas só na Califórnia agora é quase o dobro do que era a população carcerária feminina em todo o país em 1970. De acordo com Elliott Currie: "A prisão tornou-se uma presença ameaçadora em nossa sociedade, numa extensão sem precedentes na nossa história — ou na de qualquer outra democracia industrial. Com exceção das grandes guerras, o encarceramento em massa tem sido o programa social de governo mais ostensivamente implementado do nosso tempo".

Para entregar corpos destinados à punição lucrativa, a economia política das prisões baseia-se em pressupostos racializados de criminalidade — por exemplo, imagens de mães negras que fazem uso de assistência social reproduzindo crianças criminosas — e em práticas racistas nos padrões de detenção, condenação e sentença. Os corpos racializados constituem a principal matéria-prima humana nesse amplo experimento de fazer desaparecerem os grandes problemas sociais de nosso tempo. Uma vez retirada a aura de magia da solução do encarceramento, o que se revela é o racismo, o preconceito de classe e a sedução parasitária do lucro capitalista. O sistema industrial prisional empobrece material e moralmente seus habitantes e devora a riqueza social necessária para resolver os problemas que levaram a um número crescente de presos.

À medida que as prisões ocupam cada vez mais espaço no cenário social, outros programas governamentais que anteriormente visavam responder às necessidades sociais — como a Temporary Assistance for Needy Families [Assistência Temporária para

Famílias Necessitadas] — estão sendo descontinuados. A deterioração da educação pública, incluindo a priorização da disciplina e da segurança em detrimento da aprendizagem nas escolas localizadas em comunidades pobres, está diretamente relacionada à "solução" prisional.

À medida que os presídios proliferam na sociedade estadunidense, o capital privado se imbrica na indústria da punição. E precisamente por conta do potencial de lucro que possuem, as prisões estão se tornando cada vez mais importantes para a economia dos Estados Unidos. Se a ideia do castigo como fonte de potenciais lucros estupendos é perturbadora por si só, então a dependência estratégica de estruturas e ideologias racistas para tornar a punição em massa palatável e lucrativa é ainda mais preocupante.

A privatização das prisões é o exemplo mais óbvio do atual movimento do capital em direção à indústria prisional. Embora os presídios administrados pelo governo com frequência cometam violações graves dos padrões internacionais de direitos humanos, aqueles geridos privadamente são ainda menos responsáveis. Em março deste ano [1998], a Corrections Corporation of America (CCA), a maior empresa prisional privada dos Estados Unidos, reivindicou 54 944 leitos em 68 unidades sob contrato ou em desenvolvimento nos Estados Unidos, em Porto Rico, no Reino Unido e na Austrália. Seguindo a tendência global de submeter mais mulheres a punição pública, a CCA abriu recentemente uma prisão feminina nos arredores de Melbourne e identificou a Califórnia como sua "nova fronteira".

A Wackenhut Corrections Corporation (WCC), a segunda maior empresa prisional dos Estados Unidos, reivindicou contratos e concessões para administrar 46 unidades na América do Norte, no Reino Unido e na Austrália. Possui um total de 30 424 leitos, bem como contratos para serviços de saúde, transporte e seguran-

190

ça de presos e presas. As ações da CCA e da WCC vão extremamente bem. Entre 1996 e 1997, as receitas da primeira aumentaram 58%, de 293 milhões para 462 milhões de dólares. Seu lucro líquido cresceu de 30,9 milhões para 53,9 milhões de dólares. A WCC aumentou suas receitas de 138 milhões de dólares em 1996 para 210 milhões de dólares em 1997. Ao contrário das unidades correcionais públicas, os vastos lucros dessas instalações privadas dependem da utilização de mão de obra não sindicalizada.

Mas as empresas prisionais privadas são apenas o componente mais visível do crescente corporativismo da punição. Os contratos governamentais para a construção de prisões fortaleceram a indústria da construção. A comunidade arquitetônica identificou o projeto de penitenciárias como novo nicho de destaque. A tecnologia desenvolvida para militares por empresas como a Westinghouse está sendo comercializada para uso na aplicação da lei e do castigo.

Além disso, mesmo empresas que parecem estar muito distantes do negócio da punição estão intimamente envolvidas na expansão do complexo industrial prisional. Os títulos de construção carcerária são uma das muitas fontes de investimento rentável para importantes financiadores como o Merrill Lynch. A MCI cobra a presos e presas e às suas famílias preços exorbitantes pelas preciosas chamadas telefônicas que são muitas vezes o único contato que têm com o mundo livre.

Muitas empresas cujos produtos consumimos diariamente aprenderam que a força de trabalho prisional pode ser tão lucrativa quanto a do Terceiro Mundo explorada por corporações globais sediadas nos Estados Unidos. Ambas relegam trabalhadores anteriormente sindicalizados ao desemprego, e muitos deles acabam por parar na prisão. Algumas das companhias que utilizam trabalho prisional são: IBM, Motorola, Compaq, Texas Instruments, Honeywell, Microsoft e Boeing. Mas não são apenas as indústrias de alta tecnologia que colhem os lucros da mão de obra carcerária. As lojas de departamento Nordstrom vendem jeans comercializados como *"Prison Blues"*, bem como camisetas e jaquetas feitas nas prisões do Oregon. O slogan publicitário dessas roupas é: "Feito lá dentro para ser usado aqui fora". Prisioneiros de Maryland inspecionam garrafas e potes de vidro utilizados pela Revlon e pela Pierre Cardin, e escolas em todo o mundo compram capelos e becas de formatura feitos por presos da Carolina do Sul.

"Para as empresas privadas", escrevem Eve Goldberg e Linda Evans (uma presa política dentro da Instituição Correcional Federal de Dublin, Califórnia),

> trabalho prisional é que nem um pote de ouro. Não há greve. Não há organização sindical. Não há benefícios de saúde, seguro-desemprego ou indenização trabalhista a pagar. Não há barreiras linguísticas, como em países estrangeiros. Novas prisões leviatãs estão sendo construídas em milhares de hectares sinistros de fábricas dentro de muros. Presos e presas registram dados para a Chevron, fazem reservas telefônicas para a TWA, criam porcos, recolhem estrume, fabricam placas de circuito, limusines, colchões de água, lingerie para a Victoria's Secret — tudo por uma fração do custo da "mão de obra livre".

Embora o trabalho prisional — que, em última análise, é recompensado a uma taxa muito inferior ao salário mínimo — seja extremamente lucrativo para empresas privadas que o utilizam, o sistema penal como um todo não produz riqueza. Ele devora a riqueza social que poderia ser usada para subsidiar habitação para pessoas sem moradia, melhorar a educação pública em comunidades pobres e racialmente marginalizadas, abrir programas gratuitos de reabilitação de drogas para pessoas que desejam deixar seu hábito, criar um sistema nacional de saúde, expandir os programas de combate ao HIV, erradicar a violência doméstica e, nesse processo, criar empregos bem remunerados para pessoas desempregadas.

Desde 1984, mais de vinte novas prisões foram abertas na Califórnia, enquanto apenas um novo campus foi adicionado ao sistema da Universidade Estadual da Califórnia e nenhum ao sistema da Universidade da Califórnia. Em 1996-7, o ensino superior recebeu apenas 8,7% do fundo geral do estado, enquanto as instituições de correção receberam 9,6%. Agora que ações afirmativas foram declaradas ilegais no estado, é óbvio que a educação está cada vez mais reservada a certas pessoas, enquanto as prisões estão reservadas a outras. Atualmente, há cinco vezes mais homens negros em presídios do que em faculdades e universidades. Esta nova segregação tem implicações perigosas para todo o país.

Ao segregar pessoas rotuladas como criminosas, a prisão ao mesmo tempo fortalece e esconde o racismo estrutural da economia estadunidense. Declarações de taxas baixas de desemprego — mesmo em comunidades negras — só fazem sentido se assumirmos que o grande número de pessoas na prisão de fato desapareceu e, portanto, não tem direitos legítimos a empregos. A soma de homens negros e latinos atualmente encarcerados equivale a 2% da força de trabalho masculina. De acordo com o criminologista David Downes: "Tratar o encarceramento como um tipo de desemprego oculto pode aumentar a taxa de desemprego de homens em cerca de um terço, para 8%. O efeito sobre a força de trabalho negra é ainda maior, aumentando a taxa de desemprego masculino [negro] de 11% para 19%".

O encarceramento em massa não é uma solução para o desemprego, nem para a vasta gama de problemas sociais que estão escondidos numa rede em rápido crescimento de prisões e cadeias. No entanto, a grande maioria das pessoas foi levada a acreditar na eficácia da prisão, mesmo que os registros históricos demonstrem nitidamente que ela não funciona. O racismo minou nossa capacidade de criar um discurso crítico popular para contestar os truques ideológicos que postulam a penitenciária como chave para a segurança pública. O foco das políticas estatais está mudando rapidamente do bem-estar social para o controle social.

Jovens negros, latinos, nativos norte-americanos e muitos asiáticos são retratados como perpetradores de violência, traficantes de drogas e cobiçosos de produtos que não têm o direito de possuir. Jovens mulheres negras e latinas são representadas como sexualmente promíscuas que espalham bebês e pobreza sem nenhum escrúpulo. A criminalidade e os desvios são racializados. A vigilância se concentra então em comunidades de cor, imigrantes, pessoas desempregadas, sem escolaridade, privadas de moradia e, em geral, que têm cada vez menos direito aos recursos sociais. A reivindicação de recursos sociais continua a diminuir, em grande parte porque a aplicação da lei e as medidas penais os devoram cada vez mais. O complexo industrial prisional criou assim um ciclo vicioso de punição que apenas empobrece ainda mais aqueles cujo empobrecimento é supostamente "resolvido" pela prisão.

Portanto, à medida que a ênfase da política governamental muda do bem-estar social para o controle da criminalidade, o racismo se entrincheira mais profundamente nas estruturas econômicas e ideológicas da sociedade estadunidense. Enquanto isso, ativistas conservadores contra a ação afirmativa e a educação bilíngue proclamam o fim do racismo, ao passo que seus oponentes sugerem que os resquícios dele podem ser dissipados por meio do diálogo e da conversa. Mas as conversas sobre "relações raciais" dificilmente desmantelarão um complexo industrial prisional que prospera e alimenta o racismo oculto nas estruturas profundas de nossa sociedade.

A emergência de um complexo industrial prisional nos Estados Unidos, num contexto de crescente conservadorismo, marca um novo momento histórico cujos perigos não têm precedentes. Mas suas oportunidades também não. Considerando o número impressionante de projetos de base que continuam a resistir à expansão da indústria penal, deveria ser possível reunir esforços para criar movimentos radicais e visíveis no plano nacional que possam legitimar as críticas anticapitalistas ao complexo industrial prisional. Deve ser viável construir movimentos em defesa dos direitos humanos de presos e presas e movimentos que argumentem de forma convincente que não precisamos de novas prisões, mas sim de um novo sistema de saúde e habitação, de programas para lidar com as drogas, de empregos e educação. Para salvaguardar um futuro democrático, é possível e necessário entrelaçar as muitas e crescentes vertentes de resistência ao complexo industrial prisional num poderoso movimento de transformação da sociedade.

9. Raça, gênero e o complexo industrial prisional

Na Califórnia e além[*]

com Cassandra Shaylor

DIREITOS DAS MULHERES COMO DIREITOS HUMANOS

Uma conquista central da IV Conferência das Nações Unidas sobre a Mulher, em 1995, em Beijing, foi a articulação enfática de direitos das mulheres como direitos humanos. Ao identificar especificamente a violência contra elas tanto na vida pública quanto na privada como uma agressão aos direitos humanos das mulheres, a conferência de Beijing ajudou a aprofundar a consciência acerca desse tipo de violência no âmbito global. Ainda assim, apesar da crescente atenção ao assunto, a violência ligada ao encarceramento feminino permanece obscurecida pela invisibilidade social da prisão. Lá, a violência toma a forma de negligência médica, abuso sexual, ausência de controle reprodutivo, perda de direitos

---

[*] Do Relatório para a Conferência Mundial da ONU de Combate ao Racismo, Discriminação Racial, Xenofobia e Intolerâncias Correlatas. Durban, África do Sul; originalmente publicado em: *Meridians*, v. 2, n. 1, pp. 1-25, 2001.

parentais, negação de direitos e recursos legais, efeitos devastadores do isolamento e, certamente, disciplina arbitrária.

Relatórios recentes de organizações internacionais de direitos humanos começaram a abordar a invisibilidade de mulheres presas e a destacar a gravidade da violência que sofrem. A Human Rights Watch e a Anistia Internacional, por exemplo, concentraram-se especificamente no problema generalizado do abuso sexual em prisões dos Estados Unidos. Em 1998, a relatora especial da ONU sobre Violência contra as Mulheres publicou um documento sobre suas conclusões — que foram ainda mais perturbadoras do que era previsto por ativistas antiprisionais —, resultantes de visitas a oito prisões femininas nos Estados Unidos. Em geral, embora as normas internacionais de direitos humanos raramente sejam aplicadas no contexto dos Estados Unidos, em especial na área jurídica, os documentos da ONU (como o Pacto Internacional sobre Direitos Civis e Políticos e as Regras Mínimas para o Tratamento de Reclusos) têm sido utilizados de maneira produtiva pelos ativistas para sublinhar a gravidade das violações dos direitos humanos cometidas em prisões para mulheres.

O COMPLEXO INDUSTRIAL PRISIONAL

À medida que as populações carcerárias aumentaram nos Estados Unidos, a suposição comum de que altos níveis de criminalidade são a causa da expansão dessas populações tem sido amplamente contestada. Ativistas e intelectuais que tentaram desenvolver entendimentos mais matizados do processo de punição — e, em especial, do papel do racismo — utilizaram o conceito de "complexo industrial prisional" para apontar que a proliferação de prisões e presos está mais nitidamente ligada a estruturas econômicas políticas e ideologias mais amplas do que à conduta criminosa individual e aos esforços para conter o "crime". Na verdade, um grande número de empresas com mercados globais depende de prisões como importante fonte de lucro e, portanto, adquiriram interesses clandestinos na expansão do sistema prisional. Considerando que a esmagadora maioria das pessoas presas dos Estados Unidos vem de comunidades racialmente marginalizadas, os interesses empresariais num aparelho de punição em expansão se apoiam necessariamente em antigas e novas estruturas de racismo que eles promovem.

Sobretudo as mulheres foram prejudicadas por esses desenvolvimentos. Embora constituam uma porcentagem relativamente pequena de toda a população prisional, elas representam, no entanto, o segmento de presos que cresce mais depressa. Há agora mais mulheres na prisão só no estado da Califórnia do que havia nos Estados Unidos como um todo em 1970.[1] Como a raça é um fator importante, que determina quem vai ou não para a penitenciária, os grupos que aumentam mais rapidamente em quantidade são as mulheres negras, latinas, asiático-americanas e indígenas.

A globalização do capitalismo precipitou o declínio do Estado de bem-estar social em nações industrializadas, como Estados Unidos e Grã-Bretanha, e demandou ajustes estruturais nos países do Sul. À medida que programas sociais nos EUA, como o Aid to Families with Dependent Children (AFDC), foram drasticamente cortados, a prisão se tornou ao mesmo tempo a resposta mais evidente a muitos dos problemas sociais antes enfrentados por instituições como o AFDC. Em outras palavras, na era do desmantelamento de programas que historicamente serviram a comunidades pobres, e num momento em que iniciativas de ação afirmativa estão sendo desmontadas e os recursos para educação e saúde diminuem, o encarceramento funciona como a solução-padrão. Em especial para mulheres de cor, que são mais duramente atingidas pelo fim de recursos sociais e por sua substituição pela prisão, essas estratégias draconianas — sentenças cada vez mais longas para crimes muitas vezes insignificantes — tendem a reproduzir e, inclusive, a exacerbar justamente os problemas que pretendem resolver.

Existe uma semelhança irônica, porém reveladora, entre o impacto econômico do complexo industrial prisional e o impacto econômico do complexo industrial militar, com o qual o primeiro partilha características estruturais importantes. Ambos os sistemas produzem simultaneamente grandes lucros e destruição social. O que beneficia as empresas, os políticos e as entidades estatais neles envolvidas traz a destruição e a morte para comunidades pobres e racialmente marginalizadas em todo o mundo. No caso do complexo industrial prisional, a transformação de corpos de cor encarcerados em consumidores e/ou produtores de uma grande variedade de mercadorias transforma de fato as verbas públicas em lucro, deixando para trás pouca coisa em termos de assistência social para fortalecer o empenho de mulheres e homens que querem superar as barreiras erguidas pela pobreza e pelo racismo. Por exemplo, quando mulheres que passaram muitos anos na prisão são libertadas, em vez de emprego, moradia, saúde e educação, é oferecida uma pequena quantia, a verba de libertação, que cobre pouco mais que uma passagem de ônibus e dois pernoites num hotel barato. No "mundo livre", são assombradas pelo estigma da prisão, que torna extremamente difícil alguém "com antecedentes criminais" encontrar emprego. Assim, acabam sendo reencaminhadas para um sistema prisional que, nesta era do complexo industrial prisional, dispensou completamente até mesmo uma aparência ou uma tentativa de reabilitação.

A emergência de um complexo industrial prisional significa que, independentemente de qualquer potencial reabilitador que a prisão possa ter tido antes (como fica implícito na bizarra persistência do termo "correcional"), a economia contemporânea do encarceramento privilegia a rentabilidade da punição em detrimento da educação e da transformação humana. Os orçamentos do Estado são cada vez mais consumidos pelos custos de construção e manutenção de prisões, enquanto recursos dedicados à manutenção e melhoria de comunidades são reduzidos. Um caso flagrante do investimento financeiro equivocado em punição é a diminuição do apoio estatal à educação pública: em 1995 na Califórnia, por exemplo, o orçamento para presídios excedeu o orçamento para o ensino superior.

Empresas estão intimamente ligadas aos sistemas prisionais, tanto no setor público quanto no privado. A tendência à privatização é apenas uma das manifestações de um envolvimento empresarial crescente no processo de punição. Embora um enfoque míope nas prisões privadas em campanhas ativistas possa tender a legitimar prisões públicas no processo, localizar esse desenvolvimento no contexto de um extenso complexo industrial prisional pode apurar nossa compreensão acerca da indústria punitiva contemporânea. Nos Estados Unidos, existem atualmente 26 empresas prisionais com fins lucrativos que operam cerca de 150 unidades prisionais em 28 estados.[2] As maiores entre elas, a Corrections Corporation of America (CCA) e a Wackenhut Corrections Corporation (WCC), controlam 76,4% do mercado prisional privado no nível global. Embora a CCA esteja sediada em Nashville, Tennessee, sua maior acionista é a multinacional Sodexho Marriott, com sede em Paris, que fornece serviços de alimentação em muitas faculdades e universidades dos Estados Unidos. Atualmente, a CCA, a WCC e outras empresas prisionais privadas menores faturam juntas entre 1,5 bilhão e 2 bilhões de dólares por ano.[3]

Embora presídios privados representem uma proporção relativamente pequena entre as prisões dos Estados Unidos, o modelo de privatização está rapidamente se tornando o principal modo organizacional da punição em muitos outros países.[4]* Essas empresas tentaram se aproveitar da crescente população de mulheres presas, tanto nos Estados Unidos quanto no resto do mundo. Em 1996, a primeira prisão privada para mulheres foi criada pela CCA em Melbourne, Austrália. O governo de Victoria "adotou o modelo de privatização dos Estados Unidos, no qual o financiamento, o projeto, a construção e a propriedade da prisão são concedidos a uma empreiteira, e o governo reembolsa a construção ao longo de vinte anos. Isso significa que é praticamente impossível eliminar a empreiteira, porque ela é dona da prisão".[5]

Mas, para compreender o alcance do complexo industrial prisional, não é suficiente evocar o poder intimidante do ramo das prisões privadas. É certo que, por definição, as empresas cortejam o Estado dentro e fora dos Estados Unidos com o objetivo de obter contratos prisionais. Assim, juntam punição e lucro em um abraço ameaçador. Entretanto, esta é apenas a dimensão mais visível do complexo industrial prisional, e não deve nos levar a ignorar o corporativismo mais abrangente que é uma característica da punição contemporânea. Em comparação com épocas históricas anteriores, a economia prisional já não é um conjunto de mercados pequeno, identificável e controlável. Muitas empresas, cujos nomes são amplamente reconhecidos pelos consumidores do "mundo livre", descobriram novas possibilidades de expansão ao vender seus produtos a unidades correcionais.

> Na década de 1990, a variedade de empresas que ganham dinheiro com prisões é realmente espantoso, desde a Dial Soap até a Famous Amos Cookies, da AT&T a provedoras de serviços de saúde. [...] Em 1995, a Dial Soap vendeu 100 mil dólares de produtos apenas

---

* Julia Sudbury oferece uma análise da crescente tendência à privatização de prisões especificamente na Inglaterra.

para o sistema penitenciário da cidade de Nova York. [...] Quando a VitaPro Foods, de Montreal, Canadá, foi contratada para fornecer seu substituto de carne à base de soja para detentos do estado do Texas, o contrato valia 34 milhões de dólares por ano.[6]

A questão aqui é que, mesmo que as empresas prisionais privadas fossem proibidas — um cenário improvável, de fato —, o complexo industrial prisional e as suas muitas estratégias de lucro permaneceriam intactos.

Além disso, não é apenas a prisão privada — em particular a CCA e a WCC — que se reproduz ao longo dos circuitos do capital global e se insinua na vida de pessoas pobres em várias partes do mundo. Conexões entre empresas e prisões públicas semelhantes às que ocorrem nos Estados Unidos estão agora surgindo em todo o planeta, reforçadas pela ideia contemporânea e amplamente promovida por este país de que a prisão é uma panaceia social. Os efeitos mais óbvios dessas ideias e práticas sobre as mulheres podem ser observados no número extraordinário de detidas e encarceradas por acusações relacionadas a drogas em todo o mundo. A guerra às drogas instigada pelos Estados Unidos tem vitimado mulheres de maneira desproporcional, mas isso ocorre também na Europa, na América do Sul, no Caribe, na Ásia e na África.[7] Num ato que pode ser visto como o equivalente penal do "abutre", escritórios de arquitetura, empresas de construção e outras corporações estão ajudando a erguer novas prisões femininas em todo o mundo.

RAÇA, GÊNERO E O COMPLEXO INDUSTRIAL PRISIONAL

A oposição ativista ao complexo industrial prisional tem insistido na compreensão das maneiras como estruturas e pressupostos racistas promovem a expansão de um sistema carcerário extremamente lucrativo, ajudando no processo a reforçar a estratificação social racista. Esse racismo é sempre generizado, e práticas de encarceramento que são convencionalmente consideradas "neutras" — tais como sentenças, regimes de punição e serviços de saúde — diferem em relação às interseções entre raça, gênero e sexualidade.*

As mulheres com mais chances de ser encontradas em prisões estadunidenses são negras, latinas, asiáticas norte-americanas e nativas norte-americanas. Em 1998, uma a cada 109 mulheres nos Estados Unidos estava sob o controle do sistema de justiça criminal.[8] Mas a localização delas no sistema difere de acordo com a raça: embora cerca de dois terços das que estejam em suspensão condicional da pena sejam brancas, dois terços das que se encontram na prisão são pessoas de cor. Uma mulher negra tem oito vezes mais probabilidade de ir para a prisão do que uma branca; uma mulher latina tem quatro vezes mais probabilidade. Negras constituem a maior porcentagem de mulheres em prisões estaduais (48%) e nos centros de detenção federais (35%), embora representem apenas aproximadamente 13% da população geral.[9] À medida que a população de latinas nos Estados Unidos cresce, também crescem os números delas nas prisões. Na Califórnia, por exemplo, embora representem 13% da população geral, elas compõem cerca de 25% das mulheres na prisão.[10] Ainda que não existam dados oficiais sobre o número de nativas norte-americanas na prisão, diversos estudos documentam que pessoas com essa origem são presas numa proporção mais elevada do que as brancas e enfrentam discriminação em todos os níveis do sistema de justiça criminal.[11]

---

* Para uma discussão sobre análise interseccional, conferir Kimberlé Crenshaw, "Mapping the Margins: Intersectionality, Identity Politics, and Violence Against Women of Color".

Considerando a forma como as estatísticas do governo dos Estados Unidos não especificam categorias raciais que não sejam "brancos", "negros" e "hispânicos" — números relativos a mulheres que se identificam como nativas norte-americanas, vietnamitas, filipinas, nascidas nas ilhas do Pacífico ou de qualquer outra comunidade racialmente marginalizada são agrupadas na categoria "outras" —, é difícil fornecer números precisos de mulheres desses grupos na prisão.[12] No entanto, associações defensoras de mulheres presas relatam que o número de asiáticas, incluindo vietnamitas, filipinas e nascidas nas ilhas do Pacífico, está crescendo em prisões femininas.[13]

O grande aumento no número de mulheres de cor nas prisões estadunidenses tem tudo a ver com a guerra contra as drogas. Duas mulheres negras que cumpriam longas penas federais por acusações questionáveis de tráfico de drogas — Kemba Smith e Dorothy Gaines — foram perdoadas pelo presidente Bill Clinton durante os últimos dias dele no cargo. Tanto no caso de Smith, que recebeu uma sentença de 24 anos e meio, quanto no de Gaines, cuja sentença foi de dezenove anos e sete meses, a única ligação que tinham com o comércio de drogas era o envolvimento com homens acusados de tráfico.[14]

Considerando somente o sistema federal, entre 1990 e 1996, 84% do aumento do número de mulheres encarceradas (2057) estava relacionado a drogas. Em todo o complexo estadunidense de prisões e cadeias, condenações relacionadas a drogas são em grande parte responsáveis pelo fato de mulheres negras serem encarceradas a taxas que são duas vezes maiores que as de homens negros e três vezes maiores que as de mulheres brancas.[15] Leis de sentenciamento severas, como as sentenças mínimas associadas a condenações relacionadas a drogas e as leis "três faltas, tá fora", que podem resultar em prisão perpétua por um delito relativamente menor, criaram um alçapão por meio do qual muitas mulheres negras caíram nas fileiras de populações descartáveis.

VIOLÊNCIA CONTRA MULHERES NA PRISÃO

Dorothy Gaines e Kemba Smith tiveram sorte, mas elas são apenas duas das encarceradas durante o governo Clinton, ao longo do qual mais mulheres do que nunca foram sentenciadas à prisão. O que acontece com o vasto número delas atrás dos muros do presídio? Em primeiro lugar, contrariamente às normas internacionais de direitos humanos, o encarceramento significa muito mais do que apenas uma perda de liberdade. As prisões femininas estão inseridas num continuum de violência que se estende desde as práticas oficiais do Estado até os espaços de relações íntimas. Tanto encarnações públicas quanto privadas dessa violência em grande parte estão ocultas da vista do público. No entanto, por mais que a violência doméstica seja cada vez mais uma questão preocupante na esfera pública, a violência do encarceramento raramente é discutida. Prisões são locais onde a violência ocorre de maneira rotineira e constante; seu funcionamento depende disso. A ameaça de violência que emana das hierarquias prisionais é tão onipresente e imprevisível que algumas mulheres apontaram as impressionantes semelhanças estruturais entre as experiências de cárcere e de relacionamentos íntimos violentos.[16]

Apesar de muitas presas terem de fato sofrido violência íntima, o perfil da "prisioneira" tende a implicar que a vitimização no "mundo livre" é a causa do encarceramento. Uma ligação causal tão simplista falha em reconhecer o conjunto complexo de fatores relacionados à legitimação social e política da violência de gênero, enfatizando a violência *doméstica* em detrimento de uma compreensão da violência *estatal* — tanto no "mundo livre" como no mundo da prisão.

A violência na prisão é dirigida tanto à psique quanto ao corpo. Cada vez mais as penitenciárias nos Estados Unidos estão se tornando uma resposta primária a questões de saúde mental entre pessoas pobres. A institucionalização de indivíduos com problemas de saúde mental tem sido historicamente usada com mais frequência contra mulheres do que contra homens. No entanto, encarceramento prolongado com certeza irá causar problemas de saúde mental em mulheres que não os apresentam ao entrar na prisão. De acordo com a Penal Reform International, "prisioneiros de longa duração podem desenvolver distúrbios mentais e psíquicos provocados pelo próprio encarceramento e por se verem afastados de suas famílias. Os problemas mentais também surgem e podem se tornar crônicos em grandes penitenciárias, onde há superlotação, poucas atividades e presos têm que permanecer muito tempo em suas celas durante o dia".[17] Assim, a organização interpreta que as Regras Mínimas para o Tratamento de Reclusos não apenas proíbem o encarceramento de pessoas com questões de saúde mental em prisões, mas também demandam cuidados humanitários por parte do pessoal médico, psicológico e de custódia para aqueles que sofrem de problemas mentais e emocionais como consequência do encarceramento.

A maioria das mulheres na prisão é acometida por algum grau de depressão ou transtorno de estresse pós-traumático. Com bastante frequência elas não são diagnosticadas nem tratadas, o que traz consequências prejudiciais para sua saúde mental, dentro e fora do presídio. Muitas relatam que, se pedem orientação, acabam por receber medicamentos psicotrópicos. Apesar dos desafios legais, os regimes prisionais tratam presos e presas que sofrem os efeitos da institucionalização como "doentes" que precisam de tratamento com drogas psicotrópicas.[18] Historicamente, esse "modelo de medicalização" tem sido utilizado em maior escala contra mulheres.[19]

À medida que tecnologias de encarceramento se tornam cada vez mais repressivas e as práticas de isolamento cada vez mais rotineiras, mulheres com doenças mentais frequentemente são postas em confinamento solitário, o que só pode agravar suas condições. Além disso, prisioneiras com doenças mentais significativas muitas vezes não buscam tratamento porque temem procedimentos severos (como serem colocadas numa *strip cell** se dizem que têm ideias suicidas) e/ou medicação excessiva com drogas psicotrópicas. Ao passo que mulheres com problemas de saúde mental são maltratadas, as que têm problemas físicos graves são com frequência rotuladas como doentes mentais, a fim de impedir que façam queixas — por vezes isso resulta em graves consequências.**

NEGLIGÊNCIA MÉDICA

Nas históricas audiências legislativas recentemente realizadas nas prisões para mulheres da Califórnia,*** a prisioneira Gloria Broxton declarou: "Eles não têm o direito de tirar minha vida porque acharam que eu não valho nada. Não vim aqui para cumprir minha sentença de morte. Fiz uma coisa estúpida, mas não de-

---

* *Strip cell*: cela em que todos os itens pessoais, até mesmo a roupa de cama, são removidos durante o dia; e a pessoa encarcerada deve vestir apenas uma bata de papel. (N. E.)

** Jody Fitzgerald, por exemplo, morreu em novembro de 2000 na Prisão Feminina da Califórnia Central. Em entrevistas jurídicas com a equipe do Legal Services for Prisoners with Children, várias presas testemunharam que funcionários da prisão ignoraram os graves sintomas físicos da sra. Fitzgerald — alegando que eram "coisa de sua cabeça" — e a enviaram para uma unidade psiquiátrica onde ela acabou morrendo.

*** As audiências legislativas foram realizadas na Prisão Estadual Valley para Mulheres em 11 de outubro de 2000 e na Instituição da Califórnia para Mulheres em 12 de outubro de 2000. Vinte mulheres testemunharam sobre negligência médica, abuso sexual e assédio, separação de filhos e filhas, e comunidades e criminalização de mulheres vítimas de violência doméstica.

veria ter que pagar por isso com a minha vida".[20]* Como indicam as palavras de Broxton, hoje ela provavelmente não estaria morrendo de câncer do endométrio se tivesse recebido tratamento mais cedo. A violência é promovida pelos regimes prisionais, que também despojam as prisioneiras da agência para contestá-los. O exemplo mais evidente dessa violência habitual é a falta de acesso a serviços de saúde decentes — na prisão, a negligência médica pode resultar em morte. Interpretações amplamente aceitas de documentos da ONU, como a Convenção Contra a Tortura e Outros Tratamentos ou Penas Cruéis, Desumanos ou Degradantes, o Pacto Internacional sobre Direitos Civis e Políticos (artigos 6.1 e 7) e as Regras Mínimas para o Tratamento de Reclusos, enfatizam a importância da assistência à saúde nos presídios. "O nível dos serviços de saúde e medicação na prisão devem ser pelo menos equivalentes aos da comunidade externa. Isso é responsabilidade do governo para com as pessoas privadas de liberdade e, portanto, totalmente dependentes da autoridade estatal."[21]

A grande maioria das mulheres nas penitenciárias da Califórnia identificou a falta de acesso a informação e tratamento médico como sua principal preocupação. Nas audiências sobre as condições nas prisões femininas do estado, testemunhas relataram que muitas vezes esperam meses para serem atendidas por um médico ou médica e semanas para que as receitas sejam renovadas.

---

* As contribuições de mulheres presas para este relatório foram extraídas de diversas fontes: depoimentos públicos em audiências legislativas; entrevistas jurídicas com defensores legais da Justice Now e da Legal Services for Prisoners with Children; e histórias orais registradas pelas ativistas comunitárias Cynthia Chandler e Carol Kingery. Os nomes das mulheres presas são usados apenas quando os testemunhos foram públicos ou quando elas deram permissão explícita para que fossem usados. Em quaisquer outros casos, foram atribuídos pseudônimos para proteção da privacidade delas. Ver *Truth to Power: Women Testify at Legislative Hearings*.

Para aquelas com doenças cardíacas, diabetes, asma, câncer, convulsões e HIV/aids, esses atrasos podem causar complicações médicas graves ou morte prematura. Por exemplo, Sherrie Chapman, mulher negra encarcerada na Instituição da Califórnia para Mulheres, sofreu demoras extremas no tratamento que levaram ao desenvolvimento de uma condição terminal. Chapman buscou diagnóstico de nódulos mamários durante dez anos e teve o acesso a cuidados médicos negado. Quando enfim recebeu tratamento, foi submetida a uma mastectomia dupla e, dez meses depois, a uma histerectomia total. Apesar de ter tido metástases na cabeça e no pescoço, negaram-lhe o tempo todo o tratamento adequado para a dor. Conforme ela testemunhou: "Não posso simplesmente ir ao médico e pedir ajuda sem ser vista e considerada como manipuladora, como se fosse uma drogada".[22] Seus pedidos de indulto humanitário — para morar com a mãe até que morresse — foram negados, e é provável que ela faleça na prisão.

Tragicamente, muitas vezes a negligência médica nos presídios resulta em morte prematura. Conforme testemunhou Beverly Henry, presa que é educadora de suas pares em reclusão:

> Vi mulheres morrerem no meu pátio, mulheres de quem eu era muito próxima e mulheres que eu conhecia. Se eu conseguia ver que o fato da parte branca dos olhos delas estar amarela era um sinal de alerta, por que outra pessoa não viu? Eu vi a cintura de uma mulher crescer de aproximadamente setenta centímetros para 1,70 metro porque ela estava com cirrose [sinal de insuficiência hepática avançada]. Ela não podia usar sapatos, parecia estar grávida de nove meses, e todos os dias me perguntava: "Eu vou morrer aqui? Eu vou morrer aqui? Você acha que é isso que vai acontecer comigo?". E ela morreu. E não teve nada que a gente pudesse fazer. E eu sei que algo poderia ter sido feito.[23]

Durante um período de oito semanas no final de 2000, nove mulheres de fato morreram na Prisão Feminina da Califórnia Central em Chowchilla, Califórnia. Embora tenham sido vítimas de doenças diferentes, todas as mortes são atribuíveis à grave negligência médica por parte da prisão.* Uma delas foi Pamela Coffey, uma mulher negra de 46 anos que por vários meses se queixou de uma massa lateral e inchaço no abdômen, mas negaram-lhe tratamento médico. Na noite em que morreu, ela se queixou de dores abdominais extremas, inchaço no rosto, na boca e dormência nas pernas. Suas colegas de cela pediram ajuda médica e durante três horas ninguém apareceu. Ela desabou no chão do banheiro da cela e, quando um assistente técnico médico — um guarda com formação médica mínima — finalmente chegou, ele falhou em examiná-la ou requisitar ajuda médica. O homem saiu da cela e a condição de Coffey piorou. As colegas pediram ajuda de novo, mas quando o assistente médico chegou, trinta minutos depois, Coffey estava morta. Os funcionários da prisão deixaram o corpo na cela por mais de uma hora, traumatizando ainda mais suas colegas. A morte de Pamela Coffey exemplifica a grave negligência médica que muitas prisioneiras enfrentam, bem como a punição a que todas as mulheres são submetidas num ambiente em que o descaso médico é avassalador. Muitas são forçadas a ver colegas se deteriorarem, por vezes morrerem e, como resultado, têm de viver com medo de que elas mesmas ou alguém importante para elas sejam as próximas.

Após os falecimentos, oficiais prisionais tentaram criminalizar ainda mais as mulheres que morreram, alegando que as mor-

---

* Com base em extensas entrevistas com mulheres presas, análises de registros médicos e relatórios de profissionais da medicina externos, defensores jurídicos da Justice Now e da Legal Services for Prisoners with Children concluíram que todas as mortes de mulheres na CCWF podiam ser atribuídas à negligência médica de uma forma ou de outra.

tes delas podiam ser atribuídas ao consumo de drogas ilícitas na prisão, apesar de não haver provas que apoiassem o argumento. Portanto, a administração penitenciária confiou facilmente nos estereótipos tão difundidos de que detentas são viciadas em drogas — os quais são alimentados pela guerra às drogas — para demonizar mulheres que morreram como consequência de negligência médica. Os funcionários da prisão também instituíram uma nova prática de tratar a cela de uma mulher que pediu ajuda médica depois do expediente como "cena de um crime", o que significava revistar todas as detentas dali, revirar a cela e confiscar bens. Essa prática serve para fazer com que tenham medo de pedir ajuda porque elas ou suas companheiras de cela serão punidas. Determinou-se que todas as mulheres que morreram na Prisão Feminina da Califórnia Central haviam sido vítimas de causas "naturais". Considerando que eram evitáveis, essas mortes prematuras não podem ser julgadas "naturais". Entretanto, levando em conta que o atendimento de saúde adequado é sistematicamente negado a mulheres presas, acarretando no desenvolvimento de doenças graves e em morte precoce, a negligência médica e a morte na prisão se tornaram, infelizmente, bastante "naturais".

As presas são o tempo todo acusadas de fingimento, e o pessoal médico com frequência recorre à intimidação para dissuadi-las de procurar tratamento. Para reclamar sobre atenção médica inadequada, a mulher deve primeiro apresentar uma reclamação por escrito à pessoa com quem tem problemas. Em outras palavras, quem recebe a reclamação é o único indivíduo que supostamente pode prestar os cuidados de que ela precisa. Considerando que há apenas um profissional de medicina em cada pátio de prisão, detentas explicam a defensores externos que poucas vezes reclamam, a fim de evitar retaliações e a negação total de tratamento. Esse processo viola de forma nítida o espírito da regra 36 das

RM, que incentiva autoridades prisionais a disponibilizarem canais confidenciais a presas e presos que decidam fazer queixas.[24]

Para além da epidemia contínua de negligência médica a mulheres reclusas, as prisões também operam para criar e exacerbar crises de saúde pública, como o vírus da hepatite C (HCV) e o HIV. A falta de tratamento e o desrespeito insensível pela vida individual das mulheres são ainda mais assustadores no contexto de epidemias massivas de doenças infecciosas. As taxas de HIV são pelo menos dez vezes mais elevadas entre detentos do que para pessoas fora da prisão, e a taxa é mais elevada para mulheres presas do que para homens presos.[25] A hepatite C atingiu níveis epidêmicos nas prisões da Califórnia — o California Department of Corrections estima que 40% da população carcerária está infectada.[26] Considerando que o CDC falha regularmente em fornecer testes para as mulheres ou prestar informações sobre prevenção, ativistas pelo desencarceramento feminino acreditam que os números reais são significativamente maiores. Não apenas existe falta de acesso ao tratamento, mas também de informação sobre prevenção. Detentas relatam que, mesmo quando solicitam testes de doenças transmissíveis, muitas vezes não obtêm os resultados, ainda que sejam positivos. Em virtude da negligência médica, a prisão promove a propagação dessas doenças tanto dentro do cárcere quanto nas comunidades fora da prisão para onde as mulheres vão quando são libertadas.

A falta de assistência médica nos presídios reflete e amplia o menor valor que a sociedade atribui à prestação de cuidados e ao tratamento preventivo para mulheres pobres de cor fora da prisão. Os maus-tratos às presas, com a negligência médica, retomam uma longa história de atendimento de saúde inadequado para mulheres, principalmente as de cor, o que muitas vezes tem base em ideologias obsoletas sexistas e racistas.

DIREITOS REPRODUTIVOS

Os cuidados de saúde reprodutiva nas prisões são igualmente informados por essas mesmas ideologias e muitas vezes são igualmente terríveis. Mulheres gestantes recebem cuidado pré-natal limitado e, em várias jurisdições estadunidenses, são algemadas durante o trabalho de parto.[27] Detentas esperam meses, às vezes anos, para receber exames ginecológicos de rotina que protegem contra o desenvolvimento de problemas de saúde graves.* Para algumas delas, essa demora, combinada ao fracasso consistente da equipe médica prisional em abordar com rapidez as condições tratáveis, resultam no desenvolvimento de problemas sérios de saúde reprodutiva. Theresa Lopez, jovem latina de vinte e poucos anos, desenvolveu e morreu de câncer de colo de útero, doença que é tratável na fase inicial, porque a equipe médica prisional não lhe forneceu tratamento médico básico.**

Numa entrevista com ativistas comunitárias que gravaram histórias orais de detentas, Davara Campbell descreveu a política de saúde reprodutiva nas prisões:

> Na década de 1970, eu sofria de fortes cólicas menstruais e de útero retrovertido. Sendo uma mulher jovem no sistema de justiça criminal cumprindo pena de prisão perpétua, complicada por "distúrbios" médicos femininos e sujeita a diagnósticos errados por parte de uma equipe médica questionável, pouco profissional e

---

* Entrevistas jurídicas conduzidas por defensores legais da Justice Now e da Legal Services for Prisoners with Children com centenas de mulheres na Prisão Estadual Valley para Mulheres, na Prisão Feminina da Califórnia Central e na Instituição da Califórnia para Mulheres revelam um padrão e uma prática de extrema negligência com a saúde reprodutiva de mulheres nas prisões.

** Theresa Lopez era uma cliente da Justice Now que recebeu indulto humanitário alguns dias antes de morrer.

antiética, recomendou-se que eu fizesse uma histerectomia. Talvez eu tivesse lá pelos vinte anos. Com certa informação sobre genocídio, senti que minha perspectiva de constituir uma família estava sendo ameaçada, por isso fugi da prisão para ter um filho. Eu tive um filho. Ele está agora com 28 anos, e eu tenho quatro netos que não teria se tivesse renunciado aos meus direitos. Qualquer imposição aos direitos reprodutivos é uma injustiça contra o bem--estar de unidades familiares — contra os direitos de mulheres, filhos e filhas, netas e netos, ou a promessa do futuro.[28]

Como o relato destaca, os serviços de saúde ginecológica e reprodutiva nas prisões são inadequados, na melhor das hipóteses; perigosos e atentatórios à vida, na pior. Dentro das penitenciárias, mulheres estão sujeitas a cuidados ginecológicos precários que muitas vezes resultam na perda da capacidade reprodutiva ou levam à morte prematura. Com frequência, esses cuidados inadequados equivalem a práticas de esterilização, como destaca a análise de Campbell. O uso da esterilização como "solução" para problemas ginecológicos de mulheres ecoa as práticas racistas que mulheres negras têm vivenciado historicamente nos Estados Unidos.

Nos esforços contemporâneos para justificar a abolição de programas de assistência social, as contínuas acusações de reprodução excessiva dirigidas a mães solteiras negras e latinas legitimam reivindicações diferenciais aos direitos reprodutivos. As ideologias racistas que circulam fora das prisões encorajam então certos tipos de ataque à capacidade reprodutiva de mulheres dentro das prisões que rememoram épocas históricas anteriores, como a esterilização forçada de porto-riquenhas e nativas norte--americanas e a reprodução forçada de negras escravizadas. Assim, as prisões funcionam como um local onde direitos reprodutivos supostamente garantidos a mulheres no "mundo livre" são muitas vezes sistematicamente ignorados, em especial no que diz respeito a mulheres de cor.

A ginecologia é uma das áreas mais problemáticas dos serviços de saúde prisionais. As conexões históricas com práticas ginecológicas racistas continuam vivas no ambiente carcerário. De maneira mais geral, dizer que o encarceramento prejudica a saúde das mulheres é nitidamente uma crítica aos serviços de saúde das prisões femininas, condições que foram bem documentadas por organizações jurídicas e de direitos humanos. Mas essa crítica também serve para levantar questões sobre a inércia que parece impedir mudanças significativas nas condições de atendimento médico, mesmo quando há reconhecimento de que elas são necessárias. Por que, por exemplo, acusações de abuso sexual continuam a pairar em torno de sistemas médicos de prisões femininas? Por que mulheres presas se queixaram durante muitas décadas a respeito da dificuldade de acesso a equipes de saúde qualificadas? Uma das formas de responder a essas questões é olhar para a prisão como um receptáculo para práticas obsoletas — um local onde certas práticas, mesmo quando desprezadas na sociedade em geral, adquirem nova vida.

Há crianças e famílias deixadas para trás no "mundo livre" sobre as quais a prisão de mulheres, sem dúvida, tem um impacto devastador. Quase 80% das mulheres encarceradas têm filhos e filhas dos quais eram as principais cuidadoras antes de serem presas.[29] A remoção de um número significativo de mulheres de cor, em conjunto com as taxas alarmantes de encarceramento de homens das mesmas comunidades, tem um efeito incapacitante sobre a possibilidade de as comunidades pobres darem suporte a suas famílias, como quer que sejam constituídas.* Quando mães

---

* Aproximadamente 2 milhões de pessoas estão atualmente detidas em prisões estaduais e federais ou em cadeias de condados. De acordo com a Agência de Estatísticas Jurídicas, cerca de metade delas é negra. Em 1990, o Sentencing Project, com sede em Washington, publicou um estudo sobre as populações estadunidenses em presídios, detenções e em liberdade condicional ou sus-

são presas, as crianças com frequência são alocadas em lares de acolhimento e, em conformidade com novas leis, como a Lei de Adoção e de Famílias Seguras de 1997, muitas são colocadas para adoção. Todos os laços com mães biológicas e famílias extensas são assim sistematicamente cortados. Em muitos casos, o processo leva as crianças a centros de detenção juvenil e de lá até prisões para adultos. Para as mulheres que reencontram seus filhos após a libertação, os desafios são amplificados pelas novas diretrizes de reforma de políticas de assistência social que impedem ex-presidiárias de receber benefícios públicos, incluindo assistência à moradia. Quando mulheres que já foram encarceradas são privadas de seus direitos a serviços sociais — medida relacionada à privação de direitos políticos de ex-presidiárias e ex-presidiários em muitos estados —, elas são efetivamente reencaminhadas para o sistema prisional. Esse é um dos modos de reprodução do complexo industrial prisional.

ASSÉDIO E ABUSO SEXUAL

O desenvolvimento de campanhas supostamente "feministas" por parte de administradoras penitenciárias teve consequências prejudiciais para mulheres na prisão. A suposição de que a igualdade formal de gênero leva inevitavelmente a melhores condições para mulheres é desmentida pelo padrão recente de mode-

---

pensão condicional da pena, que concluiu que um a cada quatro homens negros com idades entre vinte e 29 anos estava entre esses números. Cinco anos mais tarde, um segundo estudo revelou que a porcentagem tinha subido para quase um a cada três (32,2%). Além disso, mais de um a cada dez homens latinos na mesma faixa etária estava detido, na prisão ou em suspensão condicional da pena ou liberdade condicional.

lar a arquitetura, os regimes e o pessoal de prisões femininas com base nas prisões para homens. A tendência atual, por exemplo, é colocar torres de armas nas unidades de segurança máxima para mulheres, a fim de torná-las iguais às unidades masculinas. A contratação de homens como agentes penitenciários, provendo-lhes acesso visual constante às celas — mesmo quando as mulheres estão trocando de roupa — e aos chuveiros, cria um clima que favorece o abuso sexual. Nas prisões femininas estadunidenses, a proporção das equipes de agentes penitenciários com frequência é de dois homens para uma mulher e, às vezes, de três homens para uma mulher. Embora a desproporção por si só não conduza inevitavelmente aos excessos, a administração e a cultura da prisão criam um ambiente em que o abuso sexual prospera.

Em parte como resultado desses modelos cada vez mais repressivos e em parte pelas violentas ideologias sexistas e racistas que apoiam e sustentam as prisões femininas, o abuso e o assédio sexual rotineiros resultam em um verdadeiro clima de terror. Entre os muitos excessos que detentas identificaram estão: revistas inapropriadas (guardas homens revistam e apalpam mulheres); revistas íntimas ilegais (guardas homens observando revistas); comentários e gestos obscenos constantes; violações do direito à privacidade (guardas homens vigiando os chuveiros e banheiros); e, em alguns casos, agressão sexual e estupro.[30]

De acordo com as normas internacionais de direitos humanos, o estupro de uma mulher sob custódia é um ato de tortura. Além disso, as violações dos direitos à privacidade e à preservação da dignidade humana são protegidas pelo Pacto Internacional dos Direitos Civis e Políticos. Estudos recentes realizados por organizações de direitos humanos confirmaram que essas normas internacionais são rotineiramente violadas nas prisões dos Estado Unidos. A Human Rights Watch, por exemplo, descobriu que o abuso sexual muitas vezes está relacionado à percepção da orientação sexual das prisioneiras.[31] O abuso sexual também está frequentemente ligado a práticas médicas. Muitas mulheres nas prisões da Califórnia indicaram que evitam o tão necessário tratamento médico porque médicos homens podem forçá-las a se submeterem a exames pélvicos impróprios, independentemente dos sintomas.[32] No entanto, apenas uma pequena proporção de mulheres assediadas sexualmente denuncia esses incidentes às autoridades prisionais, não apenas porque os funcionários perpetradores quase nunca são disciplinados, mas também porque elas mesmas podem sofrer retaliações.

O assédio e o abuso sexual também estão ligados às novas tecnologias de encarceramento. Por exemplo, as "unidades de segurança supermáxima", em rápida proliferação, que isolam presas em celas individuais durante 23 das 24 horas do dia, tornam as mulheres ainda mais vulneráveis à agressão e ao assédio sexual. Em uma entrevista jurídica, Regina Johnson, uma mulher negra de 36 anos no Alojamento de Segurança da Prisão Estadual Valley para Mulheres, em Chowchilla, Califórnia, relatou ter sido obrigada a expor os seios para um guarda a fim de obter suprimentos de higiene necessários.[33]

As "extrações de celas", prática ligada à estrutura "de segurança supermáxima", envolvem subjugar a prisioneira, geralmente por meio de restrição física, e realizar uma revista íntima antes de tirá-la de sua cela. O envolvimento de guardas homens nessas extrações — embora guardas mulheres também participem — confere à prática um potencial bastante efetivo de abuso sexual.

No estado do Arizona, o xerife do condado de Maricopa instalou câmeras de vídeo nas celas de detenção e adotou a revista de mulheres na cadeia do condado; ele transmite imagens ao vivo na internet.[34] Embora o monitoramento obsceno seja inaceitável em qualquer ambiente de detenção, é perturbador, em particular, no ambiente carcerário, porque muitas das mulheres ali estão detidas de maneira preventiva, ainda não foram julgadas culpadas de nenhum crime e, portanto, supostamente não deveriam ser submetidas a qualquer forma de punição.

POLICIAMENTO DA SEXUALIDADE

O assédio sexual a mulheres, sob o pretexto de postura "dura contra o crime", ilustra as inúmeras maneiras como as prisões tentam controlá-las e às suas sexualidades por meio da violência sexual. No ambiente sexualizado da prisão, guardas e agentes penitenciários aprendem a não temer sanções por abusarem das mulheres. Ao mesmo tempo, a sexualidade feminina, tanto dentro como fora da prisão, é policiada e punida. Um número significativo de mulheres ingressa no sistema prisional como resultado direto da criminalização de práticas sexuais. As leis contra o trabalho sexual na maioria das jurisdições estadunidenses resultam na prisão e condenação de milhares de mulheres pobres. Na maioria das vezes, as detidas trabalham nas ruas, e não em ambientes organizados, como bordéis, salões ou serviços de acompanhantes. As trabalhadoras de rua, com um número desproporcional de mulheres de cor, têm maior probabilidade de acabar na prisão. Em vários estados, existe agora uma acusação de "prostituição criminosa" para profissionais do sexo sabidamente soropositivas, acarretando pena mínima obrigatória de quatro anos. A criminalização do trabalho sexual cria um ciclo de prisão: as mulheres são presas, condenadas a cumprir pena de prisão e muitas vezes recebem pesadas multas e cobrança de custas judiciais, que no fim as forçam a voltar às ruas, apenas para serem presas novamente.

A criminalização da sexualidade feminina começa na juventude; as meninas são agora a população que mais cresce no sistema de justiça juvenil. Na maioria das vezes, elas são presas por infrações exclusivas para menores de idade,* que incluem evasão escolar, consumo de álcool por menores, descumprimento de toque de recolher, fuga e prostituição. Meninos têm menos probabilidade de serem presos por comportamentos semelhantes, refletindo um óbvio sexismo, mas a raça determina quais meninas irão de fato para o centro de detenção juvenil. Assim como no sistema prisional, as comunidades de cor estão representadas de maneira desproporcional nos sistemas de justiça juvenil. Quase metade das meninas em detenção juvenil nos Estados Unidos é negra e 13% são latinas. Ao passo que sete a cada dez casos envolvendo meninas brancas são encerrados, apenas três a cada dez casos envolvendo meninas negras são arquivados.[35] O crescente encarceramento de meninas ocorre apesar de a taxa de criminalidade juvenil, em especial a criminalidade violenta, ter diminuído continuamente desde 1994.[36] O fato de meninas negras serem alvo de encarceramento em detenções juvenis é precursor de seu posterior aprisionamento em prisões femininas, uma vez que a maioria das encarceradas entrou pela primeira vez no sistema prisional quando ainda eram jovens. As ansiedades que circulam fora da prisão sobre a sexualidade de mulheres, que muitas vezes levam à criminalização delas, são exacerbadas e evidenciadas dentro da penitenciária. Guardas e pessoal de custódia sexualizam o espaço da prisão com o abuso cometido contra mulheres e, ao fazê-lo, situam as detentas não apenas como criminosas, mas também como sexualmente disponíveis.

Pelo menos desde a publicação de *Society of Women: A Study of a Women's Prison* [Sociedade de mulheres: Um estudo de uma prisão feminina] (1966), de Rose Giallombardo, presume-se que a característica mais marcante de prisões femininas é o envolvimento íntimo e sexual de mulheres umas com as outras. No entanto, a

---

* *Status offenses*, em inglês. (N. T.)

presunção ideológica da heterossexualidade é policiada de maneira mais sistemática do que no mundo livre. As prisões para mulheres têm regras contra *homosecting* — termo usado em prisões estadunidenses para se referir a práticas homossexuais entre pessoas presas. O racismo e o sexismo associados aos regimes prisionais se entrecruzam na construção de mulheres de cor como hiperdesviantes, e a adição do heterossexismo significa que lésbicas de cor enfrentam um risco triplo. Um casal de lésbicas na Prisão Estadual Valley Para Mulheres relatou em uma entrevista jurídica que presas identificadas como masculinas são alvo de assédio verbal e, por vezes, de agressão física por parte de guardas homens, enquanto suas parceiras que se identificam como femininas são assediadas sexualmente pelos mesmos guardas.[37] Essa forma de assédio generizado exemplifica as maneiras como a identidade de gênero é rigidamente policiada dentro das prisões.

PRISÕES PARA MULHERES E CAMPANHAS ANTI-IMIGRANTES

Mulheres imigrantes nos Estados Unidos são policiadas e punidas de diversas maneiras. Campanhas racistas e xenofóbicas contra comunidades que imigraram, as quais têm como alvo principalmente pessoas vindas do México e da América Central (e cada vez mais de países asiáticos), contribuíram para a criminalização de imigrantes, a militarização da fronteira Estados Unidos-México e o desenvolvimento do Serviço de Imigração e Naturalização (INS) como braço do sistema prisional.

O INS mudou o seu foco da prestação de serviços a imigrantes que buscavam refúgio nos Estados Unidos para a aplicação da lei e detenção de indivíduos rotulados de "estrangeiros ilegais", estabelecendo-se assim como um componente significativo do complexo industrial prisional. Em muitos casos, imigrantes escolhem viajar para os Estados Unidos para escapar do desarranjo econômico produzido por empresas globais (muitas vezes sediadas nos Estados Unidos) em seus próprios países. O potencial de lucro dos centros de detenção do INS reflete o das prisões estaduais e federais, tanto para empresas privadas como para instituições estatais. Por exemplo, o INS aluga espaços em presídios públicos e privados, bem como em cadeias de condados, muitas vezes pagando o dobro do que o governo estatal pagaria pelos mesmos leitos.[38]

Organizações de direitos de imigrantes e de direitos humanos documentaram condições nos centros de detenção do INS que violam princípios básicos: detenção de imigrantes por períodos excessivamente longos, às vezes por anos; negação de tratamento médico básico; e indivíduos forçados a dormir no chão das celas.[39] Além disso, a prática do INS de comprar espaço para pessoas detidas em sistemas estatais muitas vezes significa que elas são alocadas em prisões e cadeias estatais que enfrentam ações judiciais pelas condições a que os submetem. Na Prisão Paroquial de New Orleans, na Louisiana, por exemplo, mulheres detidas são alojadas em uma cadeia que está sendo processada por abuso sexual de presas.[40]

Além de alojar imigrantes para o INS, prisões estaduais e federais nos Estados Unidos desempenham um significativo papel independente na criminalização e punição de mulheres de outros países. Em prisões federais, por exemplo, aproximadamente 30% das presas são cidadãs estrangeiras,[41] muitas das quais estão ali para cumprir penas extremamente longas como resultado da guerra às drogas. Várias dessas mulheres enfrentam a deportação após cumprirem a pena. Em estados com maiores populações imigrantes, presas do sistema estadual enfrentam com frequência dilemas produzidos pela interseção de xenofobia e criminalização. Na Califórnia, por exemplo, Sylvia Rodriguez estava morrendo na prisão pela metástase de um câncer, mas se defensores legais conseguissem um indulto humanitário para ela, ainda estaria sujeita à deportação.* Ela tinha 67 anos e havia se mudado das Filipinas para os Estados Unidos quando tinha nove. Não conhecia ninguém em seu país de origem e sofria de uma doença terminal, mas o INS não garantia que lhe seria permitido voltar para casa a fim de estar com sua família antes de morrer. No processo de sua luta por libertação, Sylvia morreu sob custódia do Estado.

DESAFIOS LEGAIS AO ENCARCERAMENTO DE MULHERES

Ao longo dos últimos trinta anos, presas e presos enfrentaram a erosão constante das leis que os protegem ostensivamente contra os abusos do sistema de punição. A Suprema Corte dos Estados Unidos desmantelou sistematicamente as proteções dos direitos civis de pessoas encarceradas, quase impossibilitando que demonstrassem que os maus-tratos violam a Oitava Emenda da Constituição, cláusula que em teoria protege contra "punições cruéis e inadequadas". Além das decisões judiciais que afetam negativamente o acesso de pessoas presas à justiça, o Congresso dos Estados Unidos também minou suas proteções legais. Em 1996, com pouca oposição, o Legislativo aprovou a Lei de Reforma do Litígio Prisional, que cria barreiras legais quase intransponíveis para pessoas presas e as defende na busca de recursos nos tribunais.

Uma das disposições mais dificultosas dessa legislação exige que a pessoa presa "esgote os recursos administrativos disponíveis" antes de procurar assistência judicial. A exigência não reconhece a forma como a prisão nega sistematicamente a capacidade

---

* A sra. Rodriguez era cliente do Justice Now.

de ação e os direitos humanos básicos para os presos. Na verdade, estabelece um duplo vínculo para mulheres que devem cumpri-lo. O texto da lei afirma que, se existir algum procedimento em vigor, por mais falho que seja, a pessoa presa deve provar que cumpriu os requisitos desse procedimento. Na Califórnia, por exemplo, a mulher deve primeiro preencher um formulário de reclamação com a pessoa de quem tem uma queixa (o guarda que a agrediu sexualmente ou o médico de quem precisa para tratamento etc.) e depois proceder com a queixa por vários níveis de análise. Muitas detentas relatam que nunca mais veem a reclamação depois que a submetem ao primeiro nível. Outras descreveram que os guardas rasgam as reclamações bem na cara delas. Mas, independentemente de quão infrutífero o processo possa ser, e considerando que, no fim das contas, na maioria das vezes ele falha, a verdade é que a mulher não pode levar uma queixa ao tribunal sem concluir o procedimento.

Essa operação sintetiza e perpetua o abuso de mulheres encarceradas. À medida que o espaço da prisão se torna cada vez mais repressivo, a "reforma" do litígio prisional serve para negar graves violações legais e dos direitos humanos, exacerbando o sofrimento das mulheres e facilitando a expansão do complexo industrial prisional. Como resultado, as presas nos Estados Unidos, o suposto "mundo livre", não são livres nem capazes de recorrer a soluções legais consideradas direitos humanos básicos e necessários pelos padrões internacionais.

ORGANIZAÇÃO PARA A MUDANÇA

Apesar dos obstáculos significativos encontrados por aqueles que querem desafiar as condições do confinamento, sobretudo por meio de métodos jurídicos tradicionais, as presas encontram muitas formas de organizar e contestar de maneira significativa as injustiças do cárcere. Em vários estados, detentas organizam redes formais ou informais de pessoas afins que fornecem informações e apoio sobre uma ampla gama de questões, incluindo prevenção e tratamentos de saúde, custódia de filhas e filhos, condições de trabalho e direitos legais. Em Nova York, as mulheres da Unidade Correcional Bedford Hills organizaram um programa chamado Aids Counseling and Education [Aconselhamento e Educação sobre a Aids], que fornece educação sobre prevenção e tratamento do HIV e da aids e apoio a mulheres na prisão. Na Califórnia, agentes educadoras de suas pares se organizaram contra a propagação do HIV e do HCV nas prisões e forneceram informações sobre cuidados de saúde relativos a diversas condições médicas. As detentas também apresentaram ações judiciais individuais e coletivas exigindo a proteção de seus direitos legais e humanos. Em Washington, Massachusetts e Michigan, por exemplo, mulheres organizaram com sucesso ações judiciais confrontando os abusos sexuais sistêmicos em prisões estaduais. As audiências legislativas em outubro de 2000 marcaram a primeira vez na história da Califórnia que procedimentos legais foram conduzidos dentro das penitenciárias com pessoas presas servindo como testemunhas principais. Aproximadamente vinte mulheres testemunharam em duas instituições sobre negligência médica, agressão sexual, violência doméstica e separação de crianças de suas famílias. Como resultado desse testemunho, foram apresentados dois projetos de lei que potencialmente terão um impacto de longo alcance nos cuidados de saúde nas prisões do estado.

Defensoras e defensores de mulheres na prisão cada vez mais concentram seus esforços na melhoria das condições de confinamento no âmbito de uma resistência mais ampla ao complexo industrial prisional. Dispositivos de direitos humanos são utilizados para enfatizar a negação sistemática desses direitos, agravada ainda mais pela corporativização contemporânea da punição. Contudo, o objetivo estratégico desse trabalho não é criar prisões melhores, mas sim abolir as prisões como solução-padrão para uma vasta gama de problemas sociais que precisam ser resolvidos por outras instituições. É nesse contexto que estão surgindo os maiores desafios ao racismo reforçado pela expansão prisional. Na Califórnia, por exemplo, vários grupos operam em colaboração para desenvolver abordagens mais radicais no trabalho com e para as prisioneiras. Justice Now é uma organização que contesta ativamente a violência contra mulheres encarceradas e sua conexão com o complexo industrial prisional, treinando estudantes, parentes e membros da comunidade para fornecer assistência direta a detentas no estado, em conjunto com educação, mídia e campanhas políticas comunitárias. A California Coalition for Women Prisoners organiza campanhas ativistas com e para detentas a fim de aumentar a conscientização sobre condições desumanas e defender mudanças positivas. A Legal Services for Prisoners with Children presta serviços jurídicos civis a mulheres encarceradas e dá suporte a seus parentes, além de se organizar nas comunidades de origem dessas mulheres. O California Prison Focus investiga e expõe violações de direitos humanos nas prisões do estado, principalmente as que ocorrem em unidades de alojamento de segurança e prisões de segurança supermáxima. A Critical Resistance se empenha em campanhas nacionais enquadradas por uma análise do complexo industrial prisional que coloca em primeiro plano as interseções entre raça, gênero e classe. No curso dessas campanhas, a Critical Resistance incentiva pessoas a imaginarem cenários sociais em que a punição estatal onipresente terá sido substituída por educação, cuidados de saúde e reabilitação do uso de drogas, todos gratuitos, bem como moradia acessível e empregos.

Ao passo que campanhas nacionais avançam rapidamente nos Estados Unidos, a Conferência Mundial da ONU de Combate ao Racismo, Discriminação Racial, Xenofobia e Intolerâncias Correlatas oferece uma grande oportunidade para aprender e compartilhar experiências com organizações de outras partes do mundo. É preciso dar maior ênfase ao alcance global do complexo industrial prisional e à proliferação do racismo generizado que ele incentiva. É especialmente importante que a indústria da punição seja vista como um componente significativo da economia política mundial em desenvolvimento. Uma recomendação abrangente para a ação apela, portanto, à criação de redes internacionais entre organizações que reconheçam a ligação entre as prisões e o racismo e que localizem o importante trabalho da prestação de serviços a mulheres presas numa forte estrutura anticorporativa e antirracista.

Outras recomendações de ação incluem a descriminalização do consumo de drogas e o estabelecimento de programas gratuitos de reabilitação que não estejam vinculados a agências e procedimentos de justiça criminal. Isso diminuiria drasticamente o número de mulheres na prisão. Em conjunto com essas estratégias de desencarceramento, também são necessárias campanhas locais e transnacionais para impedir a construção de novas penitenciárias públicas e privadas. É necessária uma legislação que responsabilize os governos estaduais e federais, bem como os perpetradores individuais, pelo abuso sexual e assédio de detentas. Em conformidade com as normas dos direitos humanos, os direitos reprodutivos e familiares de mulheres devem ser garantidos. Isso significa que se devem criar conselhos civis com poderes de execução para analisar e agir sobre as queixas de prisioneiras, especialmente as que envolvem negligência médica, disciplina arbitrária e abuso sexual. Em geral, cabe desenvolver campanhas educativas e midiáticas mais abrangentes para expandir e aprofundar a consciencialização sobre o papel central que as prisões femininas desempenham no mundo inteiro na perpetuação da misoginia, da pobreza e do racismo.

PARTE V
MULHERES ENCARCERADAS

Holanda, Estados Unidos e Cuba

10. Mulheres na prisão

Pesquisando raça em três contextos nacionais[*]

com Kum-Kum Bhavnani

Mulheres encarceradas formam uma população enorme, invisível e silenciada. Este capítulo se baseia em pesquisas realizadas a partir de entrevistas com mais de cem detentas nos Estados Unidos, na Holanda e em Cuba. Nossa investigação colaborativa questiona as múltiplas marginalizações de que elas são vítimas, entre as quais uma das mais relevantes é o racismo, que as torna invisíveis e silenciadas. Também abordamos o status universal de presas (especialmente mulheres de cor) como objetos de pesquisa. Em nosso estudo, os insights das detentas sobre as condições de seus encarceramentos foram usados para formular novas questões que, por sua vez, informaram a direção final do trabalho.[1]

Estamos interessadas nas maneiras como mulheres atualmente encarceradas ou com histórico de encarceramento podem ajudar a explicar a crescente utilização de formas públicas de puni-

[*] Publicado originalmente em France Winddance Twine e Jonathan W. Warren (Orgs.), *Racing Research, Researching Race: Methodological Dilemmas in Critical Race Studies*. Nova York: New York University Press, 2000, pp. 227-45.

ção para mulheres que historicamente foram punidas em grande parte nas esferas privadas. Também estamos interessadas em saber até que ponto contradiscursos forjados por movimentos sociais antirracistas informam a capacidade de encarceradas de teorizar explicitamente o papel do racismo nas práticas de reclusão. Como pesquisadoras de cor — uma sul-asiática e outra negra — que estiveram envolvidas em movimentos antirracistas na Grã-Bretanha e nos Estados Unidos durante muitos anos, nossas próprias perspectivas se baseiam em nossas experiências como ativistas em diferentes contextos nacionais e no compromisso de conectar nossa investigação acadêmica a estratégias para a mudança social radical. O estudo começa, portanto, com o pressuposto de que a utilização excessiva do encarceramento para resolver uma série de problemas sociais — que seriam mais apropriadamente tratados por instituições não punitivas — constitui uma grande crise contemporânea. Isso significa que nosso trabalho está conectado com iniciativas para transformar políticas públicas e com estratégias ativistas que enfatizam a importância de incluir mulheres presas num novo discurso público de resistência ao encarceramento, e não agendas de pesquisa mais convencionais que visam gerar conhecimento *sobre* um grupo subjugado.

Ao conceitualizar esse estudo sobre o encarceramento feminino e o nosso papel como pesquisadoras, consideramos nossas próprias origens racializadas dentro dos contextos políticos que definem nossas histórias de ativismo. Estávamos — e ainda estamos — implicadas com a possibilidade de forjar alianças feministas através das fronteiras raciais. Enquanto Kum-Kum Bhavnani esteve envolvida durante as décadas de 1970 e 1980 em ativismo trabalhista, feminista e prisional na Grã-Bretanha, num momento em que a categoria "negro" era politicamente definida como termo que abrangia pessoas de ascendências africanas, asiáticas e do Oriente Médio, Angela Y. Davis esteve ativa durante a mesma época em uma série de campanhas informadas pela categoria "mulheres de cor", que abordava questões políticas que afetavam mulheres nativas norte-americanas, latinas, negras e asiáticas norte-americanas. As questões abordadas não eram, portanto, racialmente exclusivas. Ao imaginar os grupos de mulheres presas que entrevistaríamos, não estabelecemos metas para *grupos* raciais específicos, mas consideramos a racialização geral das *práticas* de encarceramento, que têm um impacto desproporcional sobre as mulheres de cor e brancas pobres. Estávamos muito mais interessadas nas perspectivas críticas das mulheres sobre os sistemas prisionais racializados e generizados e na maneira como poderiam ajudar a desmistificar o papel do Estado do que em aprender sobre *indivíduos* e suas relações com os grupos raciais com os quais se identificavam. A estrutura democrática dentro da qual tentamos formular este projeto é um reflexo de nossa própria tentativa de tornar mais permeáveis as fronteiras entre a pesquisa e o ativismo.

Escolhemos os três países onde realizamos as nossas entrevistas por razões específicas. Estamos mais familiarizadas com o sistema penal dos Estados Unidos e interessadas no caráter generizado do emergente complexo industrial prisional, que resultou na proliferação de prisões para mulheres e numa consequente intensificação da repressão penal. Nos Estados Unidos, o número de pessoas presas per capita excede em muito o de qualquer outro país capitalista.[2] A Holanda, que está vivenciando um aumento significativo no número de prisioneiros pela primeira vez em sua história, tem uma das taxas de encarceramento per capita mais baixas, bem como uma história de reforma penal progressiva.[3] No grupo de países capitalistas ocidentais, está localizada no outro extremo do espectro. Finalmente, escolhemos Cuba para podermos averiguar as diferenças, se houver, entre regimes penais para mulheres em países capitalistas e regimes penais sob o socialismo. Embora nosso estudo sobre detentas nos Estados Unidos tenha começado com a premissa de que a raça desempenhou um papel fundamental na determinação de quem vai para a prisão e por quanto tempo uma mulher condenada permanece atrás das grades, nos propusemos a descobrir a importância da raça também nos outros dois contextos nacionais.

É importante apontar que a história de Angela Y. Davis como presa política durante o início dos 1970 e como ativista internacionalmente conhecida tanto obstruiu quanto facilitou a nossa investigação. Atribuímos o fato de não termos conseguido acesso à Instituição da Califórnia para Mulheres (CIW) à reputação de Angela como ex-presidiária e ativista antiprisional. Como indicamos a seguir, mudamos o local de nossas entrevistas nos Estados Unidos para a Cadeia do Condado de San Francisco porque o diretor da CIW nunca nos deu permissão para entrar ali. Contudo, a diretora da prisão feminina na Holanda era ela mesma ativista antiprisional e estava ciente da história de Angela como ex-presa política e de seu trabalho sobre os direitos de pessoas encarceradas. Isso facilitou nitidamente a nossa possibilidade de realizar pesquisa na prisão que ela supervisionava. O nosso acesso a prisões femininas em Cuba foi diretamente relacionado às ligações históricas de Angela com a Associação de Mulheres Cubanas, entidade que desempenhou um papel importante na organização da campanha cubana por sua liberdade.

Embora tenha facilitado nosso acesso às prisões na Holanda e em Cuba, as experiências e a história de Angela como antiga presa política também levaram por vezes a uma tendência por parte do pessoal das instituições carcerárias de tratá-la como a pesquisadora principal, o que contradiz a forma igualitária como estruturamos nossa relação de pesquisa. Elucidamos que, em nosso projeto colaborativo, nós duas reivindicamos status igualitário, como copesquisadoras. Mas, apesar de lembretes corteses, o nome de Kum-Kum era com frequência escrito incorretamente e, em documentos oficiais, vinha listado depois do nome de Angela, embora a nossa prática fosse listar os nossos sobrenomes em ordem alfabética. As mulheres presas que entrevistamos pareciam muito mais sofisticadas que as equipes de custódia. Embora muitas delas conhecessem Angela — uma delas até tinha uma filha com o nome em homenagem a ela —, sempre nos trataram como iguais e nunca indicaram preferência por serem entrevistadas por uma de nós em detrimento da outra. As relações de pesquisa colaborativa raramente se desenrolam sem complicações. No nosso caso, a pressuposição de uma relação hierárquica por parte das administrações penitenciárias poderia ter afetado de forma negativa nossa conexão de pesquisa. No entanto, falamos abertamente sobre o impacto que esse comportamento poderia ter no nosso trabalho, lutando assim para preservar o espírito colaborativo.

Explicações para a escassez de literatura sobre detentas em geral apontam para a porcentagem relativamente pequena de mulheres presas em comparação com os homens presos. É verdade que na maioria dos países elas constituem entre 5% e 10% das populações encarceradas.

> Em média, apenas uma a cada vinte pessoas presas é mulher. Mulheres constituem cerca de 50% da população de qualquer país, mas formam apenas 5% de suas populações carcerárias. [...] Isso não é específico de nenhum país ou região, mas se reflete em todo o mundo. Há variações. Na Espanha, a proporção de mulheres na prisão é de 10%, nos Estados Unidos, mais de 6%, na França 4%, na Rússia 3% e no Marrocos é de 2%. Mas em nenhum lugar do mundo as mulheres representam mais de uma a cada dez na população [prisional].[4]

O que raramente é levado em consideração, no entanto, é o fato de que os modos de punição são racializados e generizados de maneiras que indicam um continuum histórico que conecta o encarceramento de mulheres na prisão ao seu encarceramento em instituições psiquiátricas e a formas punitivas privadas, como a violência doméstica.[5] No contexto de um complexo industrial prisional global em desenvolvimento, as porcentagens relativamente pequenas de detentas estão começando a aumentar. Nos Estados Unidos, essa taxa de aumento ultrapassou a de acréscimo no encarceramento de homens.[6] Conforme movimentos internacionais de mulheres contestam as estruturas e ideologias patriarcais, uma nova consciência dos direitos femininos em ambientes "privados" começa a subverter antigas atitudes de aquiescência à violência misógina. No entanto, mesmo enquanto a punição privada de mulheres se torna menos oculta e naturalizada, a punição infligida pelo Estado permanece relativamente invisível. Nos Estados Unidos e na Europa, bem como nos países onde pessoas de ascendência europeia são predominantes, mulheres de cor são alvo desproporcional dos modos contemporâneos de punição pública. Assim, a hiperinvisibilidade de prisões femininas reflete uma tendência contemporânea mais abrangente de encarcerar estruturas de racismo no interior de instituições que funcionam no discurso público como locais onde populações e problemas descartáveis são depositados e escondidos.

De acordo com Mary Helen Washington: "As políticas de classe, gênero e raça das prisões deste país conspiram para fazer com que a maioria de nós se sinta não apenas apartada do mundo da prisão, mas indiferente a ele, intocada e desinteressada por ele".[7] Padrões socioeconômicos racializados são camuflados por práticas de representação que criminalizam pessoas de cor pobres, justificando assim que sejam enclausuradas e permitindo que as estruturas racistas que afetam o acesso delas a emprego, cuidados de saúde, educação e habitação passem desapercebidas. Talvez não seja totalmente por acaso que a Califórnia, o primeiro estado a abolir as ações afirmativas, também tenha a maior população carcerária do país. É importante, assim, encarar as prisões como locais produtivos para a pesquisa sobre racismo e como oportunidade fundamental para contestar declarações conservadoras sobre o "fim do racismo".

Nos Estados Unidos, a atual mudança de um Estado de bem-estar social para um Estado que prioriza o controle social[8] ajudou a criar condições para um complexo industrial prisional emergente e fez com que o número de mulheres presas aumentasse de forma ainda mais impressionante do que o de homens presos.[9] À medida que políticas governamentais no Canadá, em muitas partes da Europa e em alguns países de África e da América do Sul revelam mudança semelhante rumo a sistemas penais mais amplos, a prática da prisão afeta desproporcionalmente as pessoas de cor — não apenas nos Estados Unidos, mas no âmbito internacional.[10] Na Holanda, por exemplo, a população carcerária começou a aumentar significativamente pela primeira vez na história do país, em grande parte pelo influxo de populações negras e imigrantes que podem ser encontradas de forma desproporcional nas prisões. Embora nossa pesquisa sobre e com mulheres presas nos Estados Unidos, na Holanda e em Cuba esteja bastante interessada nas formas como prisioneiras pensam sobre alternativas ao encarceramento, ela também tenta destacar a generização do racismo nas práticas de encarceramento e, de maneira geral, abordar as interseções entre classe, raça, gênero e sexualidade conforme percebidas e teorizadas pelas mulheres com quem falamos e como nós mesmas tentamos teorizar essas interseções. Nesse sentido, o nosso projeto tenta abordar questões que vão além das agendas de pesquisa convencionais e das estratégias ativistas que tratam pessoas presas — e, especialmente, mulheres presas — como objetos de conhecimento ou como apenas as beneficiárias de movimentos de libertação.

COLABORAÇÃO E ACESSO

Após nos conhecermos anteriormente por meio do trabalho político e intelectual, no início da década de 1990 começamos a explorar a possibilidade de pesquisa colaborativa a longo prazo que nos permitiria aproveitar de maneira produtiva nossas respectivas formações em humanidades e ciências sociais. Em 1993, recebemos bolsas de pesquisa do Instituto de Pesquisa em Humanidades da Universidade da Califórnia em conexão com a Minority Discourse Initiative, que naquele ano convocou bolsistas a pensarem criticamente sobre a normalização de certos discursos das ciências sociais em relação a políticas públicas. Foi nesse contexto que decidimos realizar uma série de entrevistas com mulheres presas na Califórnia. Como o instituto de pesquisa está localizado no campus de Irvine, no sul do estado, planejamos entrevistar presas da Instituição da Califórnia para Mulheres, localizada em Frontera, a uma distância relativamente curta de lá.

Como ativistas, tínhamos consciência das dificuldades gerais de acesso às prisões. No entanto, presumimos que um projeto acadêmico legítimo e convincente seria aceito pelo Departamento de Correções da Califórnia. Nossos instintos como acadêmicas, porém, não refletiram adequadamente nossa sofisticação como ativistas políticas, pois, apesar da pronta apresentação de nosso requerimento, o departamento nunca nos concedeu permissão para entrar na penitenciária. Depois de submeter todos os documentos necessários às autoridades departamentais responsáveis pela aprovação de propostas de pesquisa, fomos levadas a acreditar que a aprovação de nosso projeto pela diretora da Instituição da Califórnia para Mulheres era simplesmente uma formalidade. Enquanto fazíamos os preparativos finais da nossa mudança para Irvine e das visitas à instituição, esperávamos notícias da diretora. Em comunicações posteriores com o departamento de correções, fomos aconselhadas a ser pacientes com a sua lenta burocracia. No entanto, assim que chegamos a Irvine e considerando que ainda não tínhamos recebido notícias da Instituição da Califórnia para Mulheres, ficou óbvio para nós que poderia haver mais em questão do que apenas a lentidão burocrática. Depois de inúmeras mensagens deixadas no gabinete da diretora da prisão terem ficado sem resposta, o diretor do instituto de pesquisa interveio por nós, pressupondo que suas mensagens não seriam tão facilmente ignoradas. Embora ele nunca tenha sido autorizado a falar com a diretora, um oficial não identificado lhe disse em uma comunicação extraoficial que "Angela Davis nunca teria permissão para entrar na Instituição da Califórnia para Mulheres". A diretora, alegou o oficial, sentia que tinha as coisas sob controle na prisão e não permitiria que Angela Y. Davis "perturbasse o ambiente". Recebemos o indeferimento oficial de nosso requerimento após o período de pesquisa proposto já ter começado.

Como estávamos determinadas a seguir no nosso projeto com mulheres presas, decidimos investigar a possibilidade de outro local de entrevista. Como Angela já havia lecionado na Cadeia do Condado de San Francisco, decidimos submeter nossa proposta de pesquisa a Michael Morcum, diretor da unidade de programas dessa prisão, que já tinha cumprido pena em San Quentin e sido ativo durante a década de 1970 na formação do Sindicato de Prisioneiros da Califórnia. O fato de uma autorização de acesso ter sido obtida em alguns dias nos levou a pensar de maneiras mais complexas sobre as formas como os administradores individuais estão inseridos no sistema correcional. Ironicamente, solicitamos a bolsa do Instituto de Pesquisa em Humanidades da Universidade da Califórnia, em Irvine, porque a Instituição da Califórnia para Mulheres estava nas proximidades, e ambas nos mudamos para a cidade a fim de realizar as entrevistas. Agora seríamos obrigadas a fazer inúmeras viagens de pesquisa à área da baía de San Francisco durante nossa residência no sul da Califórnia. Apesar das dificuldades iniciais, rapidamente reconhecemos que, dados os esforços pioneiros da unidade de programas para minimizar o racismo dentro da prisão, que discutiremos mais adiante, as entrevistas seriam extremamente produtivas.

Entrevistamos 35 das cerca de cem mulheres na Unidade de Programas da Cadeia do Condado de San Francisco. Nessa seção da prisão do condado, localizada em San Bruno, Califórnia, exigia-se que detentos e detentas participassem de "programas" — isto é, aulas educativas, iniciativas culturais, sessões de alcoólicos ou narcóticos anônimos e aulas de jardinagem orgânica. Homens eram alojados em quatro dos dormitórios e mulheres nos dois restantes. Nosso grupo de entrevistas era composto de detentas que se voluntariaram para participar depois de assistirem a uma sessão durante a qual descrevemos o projeto. Nas nossas declarações introdutórias, nos descrevemos como ativistas e pesquisadoras, falamos sobre nosso desejo de utilizar uma abordagem de "teoria fundamentada" e métodos de pesquisa democráticos de maneira geral, bem como nossas esperanças de que o trabalho acabaria por ajudar a transformar discursos públicos e políticas em torno de mulheres encarceradas. Explicamos que não estávamos interessadas nos casos jurídicos e, portanto, não pediríamos que nos explicassem por que estavam na prisão. Em vez disso, queríamos que oferecessem suas próprias perspectivas sobre o encarceramento de mulheres e sobre alternativas a ele.

Assim como aconteceu com os outros dois locais de nosso estudo, primeiro pedimos que voluntárias participassem de grupos focais, para nos ajudar a pensar sobre que tipos de perguntas seriam mais produtivas. O fato de muito mais mulheres terem se voluntariado do que estávamos esperando pode ter sido *resultado* da nossa decisão de não as colocar como sujeitos de pesquisa cujos antecedentes criminais queríamos esmiuçar. Assim como nos outros dois locais, quem inicialmente não tinha se voluntariado mais tarde tentou se juntar ao projeto à medida que as notícias sobre as entrevistas se espalhavam. Apesar de termos conseguido incluir algumas delas, jamais conseguimos falar com todas as mulheres que se ofereceram para depor. Em San Francisco, o nosso grupo de entrevistadas, assim como a população carcerária em geral, era composto de uma maioria negra, mas também de latinas, mulheres brancas e uma asiática norte-americana. No entanto, nas entrevistas individuais, não fizemos perguntas diferentes com base nas supostas identidades raciais dessas mulheres.

Embora o componente estadunidense da pesquisa tenha apresentado grandes problemas de acesso, conseguimos entrar na Prisão Feminina de Amerswiel, na Holanda, com relativa facilidade. A diretora, Bernadette van Dam, era ela mesma uma conhecida defensora dos direitos de mulheres encarceradas e, ao contrário da diretora da Instituição da Califórnia para Mulheres, acolheu favoravelmente o trabalho acadêmico pensado para fazer uma diferença na vida das detentas. Angela tinha visitado a prisão holandesa no ano anterior e entrevistado a diretora, bem como várias presas. Quando apresentamos formalmente um pedido ao Ministério da Justiça holandês para realizar entrevistas em Amerswiel, tanto a diretora da prisão quanto o Ministério aprovaram de imediato a proposta. Embora tenhamos passado a maior parte da nossa visita de 1996 à Holanda em Amerswiel, tivemos a oportunidade de visitar outras duas prisões femininas — em Breda e Sevenum —, bem como a prisão para homens em Breda.

A penitenciária de Amerswiel está localizada na cidade de Heerhugowaard, a cinquenta quilômetros de Amsterdam. No momento de nossas entrevistas, a prisão consistia em quatro unidades residenciais — as Unidades de Curta Permanência, de Longa Permanência, de Orientação Individual e de Reabilitação de Drogas —, alojando um total de 79 mulheres. Com apenas uma exceção, todas as nossas entrevistadas eram das Unidades de Curta e Longa Permanência, que abrigavam respectivamente 27 e 26 mulheres. Cerca de metade das presas era de cor — de ascendência surinamesa, sul-americana e asiática. Nosso grupo de entrevistas, composto de voluntárias, compreendia aproximadamente a mesma porcentagem de mulheres de cor.

Embora nossas próprias origens raciais e nacionais tenham sido por vezes observadas pelas entrevistadas, foi nosso status de pesquisadoras e ativistas prisionais que mais interessou aquelas que fizeram perguntas sobre o projeto de pesquisa. Praticamente todas estavam cientes da defesa internacional da diretora da prisão em nome das encarceradas, principalmente em relação aos direitos de mães presas. Na verdade, algumas delas criticaram Bernadette van Dam por dedicar mais tempo a campanhas públicas em torno das mulheres presas do que àquelas sob sua supervisão direta. Elas ressaltaram que a viam mais na televisão do que em pessoa. Em geral, porém, a maioria delas expressou apreço pela defesa pública. Por conta do conhecimento que tinham sobre o trabalho da diretora como ativista antiprisional, as detentas tendiam a situar nosso trabalho num enquadramento político semelhante. Contudo, quando apresentamos nossa atuação aos dois conjuntos dos quais foi selecionado o grupo de voluntárias, não tentamos esconder nossas próprias inclinações para o abolicionismo prisional. Embora tenhamos sido explícitas acerca do interesse na racialização do regime prisional em geral e na consciência sobre racismo demonstrada pelas presas, não fizemos perguntas específicas sobre grupos raciais em particular. Nas nossas próprias discussões sobre estratégias de entrevista, a "identificação racial" nunca foi realmente um problema.

Portanto, nós duas realizamos entrevistas com presas negras, asiáticas, sul-americanas e holandesas brancas. Como quase todas eram fluentes em inglês, com exceção das entrevistadas da Colômbia, as entrevistas foram realizadas nessa língua. Conversamos com as mulheres colombianas com a ajuda de uma tradutora espanhol-inglês.

A organização do componente cubano da nossa investigação foi muito mais complicada, não só pelas dificuldades gerais de comunicação relacionadas com o embargo dos Estados Unidos a Cuba, mas também porque exigiu-se que obtivéssemos uma licença de pesquisa do Departamento de Estado dos Estados Unidos a fim de podermos legitimamente viajar para aquele país. Nossa patrocinadora cubana, a Association of Cuban Women, agiu como intermediária para nos permitir ter autorização para visitar as prisões femininas.

A princípio, nós duas tínhamos planejado fazer a viagem para Cuba. No entanto, no momento em que havíamos agendado a ida, Kum-Kum, que já vinha tentando adotar uma criança há algum tempo, foi informada de que havia um bebê disponível para adoção. Consequentemente, ela enfrentou o dilema, a exemplo de muitas mulheres (e alguns homens), de negociar o equilíbrio entre seus desejos domésticos e suas paixões de pesquisa. Por fim, decidiu que não queria se separar do bebê numa fase tão crítica de desenvolvimento e renunciou à viagem. Decidimos que Angela deveria continuar o projeto, acompanhada por uma de suas alunas, Isabel Velez, cujas habilidades bilíngues lhe permitiriam atuar como tradutora. Como já havíamos utilizado uma tradutora na prisão holandesa, para entrevistas com mulheres da América do Sul, acreditamos que uma tradutora poderia nos ajudar mais uma vez.

Angela e Isabel realizaram 45 entrevistas em prisões femininas em três províncias cubanas — Pinar del Rio, Havana e Camagüey. No momento das entrevistas, havia setenta mulheres na prisão de Pinar del Rio, seiscentas em Havana e 163 em Camagüey. De acordo com a conceitualização geral de nosso projeto, nossos interesses estavam concentrados menos nas identidades raciais de nossas entrevistadas do que na maneira como elas percebiam e caracterizavam a dinâmica racial dos regimes prisionais. No entanto, era inevitável que surgissem questões sobre identificação racial, principalmente porque categorias raciais em Cuba são muito mais fluidas do que nos Estados Unidos. Algumas pessoas com quem conversamos indicaram que seus documentos de identidade oficiais as registravam como "brancas", mas elas se descreviam como *mulatta* ou *jabao*. Na verdade, muitas que se contavam como "brancas" pelos padrões cubanos seriam caracterizadas como "mulheres de cor" pelos padrões dos Estados Unidos. Portanto, nossas perguntas em relação à proporção de mulheres de cor na prisão e ao tratamento diferenciado com base em raça nunca poderiam ser respondidas de maneira simples. Como resultado, o componente cubano de nosso projeto levantou questões muito mais complicadas em relação à raça.

DILEMAS ÉTICOS

Nos três conjuntos de entrevistas que realizamos, muitas das mulheres expressaram seu apreço pelo que consideravam melhores condições de encarceramento do que imaginavam existir em outros lugares. Ao mesmo tempo, foram enfáticas ao dizer que, embora tivessem diversas oportunidades educacionais e profissionalizantes, ainda estavam na prisão e tinham sido privadas do bem mais precioso: a liberdade. O fato de um número significativo de entrevistadas ter feito comentários positivos sobre as condições de confinamento, em conjunto com as críticas que propuseram, estava em parte relacionado à forma como escolhemos os locais de nossa pesquisa. Em cada caso, desenvolvemos relações com as autoridades diretamente responsáveis pela prisão ou, como em Cuba, tínhamos relações pregressas com organizações que intervieram por nós. Esses contatos eram baseados no nosso próprio respeito pelos métodos penais comparativamente progressistas utilizados em cada um dos locais. No entanto, nossa própria política em relação à prisão é mais bem descrita como abolicionista, e em nenhum momento tentamos esconder nossas tendências políticas das autoridades. Como resultado, o espaço que negociamos para nossa pesquisa estava repleto de contradições. Uma vez que as detentas apontavam o tempo todo — na Holanda, por exemplo — que, apesar do certo conforto material de que desfrutavam, ainda estavam na prisão, ou — na Califórnia — que, independentemente da política antirracista ou anti-homofóbica da penitenciária, ainda estavam na prisão, ou — em Cuba — que, não importassem quais fossem suas perspectivas de reintegração na sociedade, ainda estavam na prisão, nós também nos lembrávamos continuamente de que o objetivo de nossa pesquisa era apontar para a possibilidade de lidar com muitos comportamentos legalmente construídos como "crimes" sem recorrer à prisão.

À medida que refletíamos sobre a pesquisa, nosso único grande dilema a respeito de suas dimensões metodológicas e éticas foi precisamente este: de que maneira podemos balancear nossa perspectiva abolicionista com nosso papel como acadêmicas e como seres humanos que reconhecem as prisões em que trabalhamos como de fato proporcionadoras de condições relativamente vivíveis para as mulheres que as habitavam? Conforme conduzimos nossa pesquisa de campo, conversamos bastante sobre a melhor forma de aproveitar os aspectos progressistas dos contextos e regimes penais que estávamos estudando e, ao mesmo tempo, negociar uma relação entre nossos objetivos políticos finais e a necessidade de afirmar a importância de condições humanas de confinamento para mulheres e homens detidos. Um tema constante de nossas discussões foi como poderíamos elaborar uma pesquisa produtiva e uma agenda de ativismo a partir da tensão entre nosso objetivo final de abolição das prisões e nosso reconhecimento de que a reforma penal também é essencial, nem que seja apenas para melhorar a vida cotidiana das milhões de pessoas que foram retirados do mundo livre. Dada a tendência histórica de movimentos de reforma de fortalecer instituições e discursos prisionais,[11] estávamos especialmente preocupadas em entender como situar nosso trabalho num projeto político mais amplo e de longo prazo de oposição ao complexo industrial prisional e de obstáculo à proliferação de prisões.

Mesmo reconhecendo os circuitos de poder que fluíam pelo processo de pesquisa e pelos sistemas prisionais que estávamos estudando, tentamos estabelecer relações de colaboração em nossas conversas com as mulheres presas. Ao não reter informações sobre nossos motivos e objetivos políticos e ao não as tratar como indivíduos dos quais esperávamos uma geração de conhecimento sobre si mesmas que posteriormente seria coletivizado pelas pesquisadoras, tínhamos a intenção de demonstrar a possibilidade de abordagens mais democráticas para a pesquisa. Do mesmo modo que não queríamos abordá-las como representantes de seus respectivos grupos raciais, também não queríamos tratá-las como representantes, de alguma forma, de uma classe de presas que poderiam se beneficiar de um projeto político emancipatório, mas não atuar, como agentes, em um projeto desse tipo. Quando se mostrou difícil para nossas entrevistadas imaginar cenários sociais em que as prisões não fossem elementos proeminentes, não presumimos que seria mais fácil para nós, apesar de nossa adesão ao abolicionismo. Como pesquisadoras e como presas, estávamos batalhando com as mesmas restrições ideológicas severas.

Dilema correlato era entrevistar os funcionários da administração e de custódia nas prisões que estudamos. Como não queríamos passar a nossas principais informantes a impressão de que as estávamos abordando com preconceitos e opiniões enviesadas adquiridos do pessoal da administração e de guardas, decidimos não os entrevistar a princípio. Apesar de não termos assumido ingenuamente que era possível obter ideias "puras" e não mediadas

das presas, sentimos que essa era a melhor forma de atingir nosso objetivo de envolver mulheres encarceradas numa conversa mais ampla sobre a transformação radical de sistemas de punição. No entanto, logo no início do processo de entrevista, percebemos que precisávamos de certas informações que só poderiam ser fornecidas pelos funcionários da administração e por guardas. Como resultado, decidimos que, mesmo que fôssemos conversar com agentes penitenciários, essas entrevistas só aconteceriam depois de termos concluído as entrevistas com as presas.

Não tratamos essa decisão metodológica como uma solução satisfatória para o nosso dilema, mas reconhecemos que as resoluções práticas por vezes destacam a artificialidade e a abstração de modelos teóricos de pesquisa. Decisões que parecem contraditórias tomadas no campo podem abrir novos caminhos de investigação. Além disso, a deliberação nos levou a reconhecer que, assim como tínhamos tentado evitar essencializar as entrevistadas em relação a suas origens raciais e a seu status de prisioneiras, os funcionários civis e fardados das prisões também eram mais que meros representantes do Estado. Ironicamente, essa decisão específica de entrevistar agentes penitenciários produziu alguns resultados interessantes, principalmente no que diz respeito ao contrato oficial que presos e presas da Unidade de Programas da Cadeia do Condado de San Francisco eram obrigados a assinar, concordando em aderir às anunciadas políticas antirracistas, antissexistas e anti-homofóbicas da cadeia.

PESQUISANDO RACISMO

De modo previsível, no mundo todo, prisões são os lugares mais consistentemente multirraciais e multiculturais,[12] o que as torna não apenas locais importantes de escuta, mas também locais produtivos para a construção positiva de alianças multiculturais e multirraciais. Sem dúvidas a raça é entendida de forma diferente em diversos contextos nacionais. Com base na longa história de movimentos sociais antirracistas nos Estados Unidos, o racismo neste país é com frequência entendido como referente à discriminação institucional e individual contra pessoas negras, latinxs, nativas norte-americanas e asiáticas norte-americanas. Na Europa, o *racismo* é visto como sinônimo de *xenofobia*. Assim, na Holanda, que muitas vezes se orgulha — embora nem sempre de forma justificada — de ser o país menos racista da Europa, as respostas a nossas perguntas sobre racismo tenderam a se concentrar em atitudes relacionadas a pessoas estrangeiras, e não no racismo por parte de holandeses brancos contra cidadãos holandeses não brancos.

Na Unidade de Programas da Cadeia do Condado de San Francisco, foram empreendidas iniciativas específicas para minimizar o racismo, o sexismo e a homofobia na operação da penitenciária. Na verdade, de acordo com o diretor, ao serem alojados na unidade de programas, cada presa e cada preso foram obrigados a assinar o seguinte contrato no qual concordavam em não se envolver em comportamentos racistas, sexistas ou homofóbicos:

> Compreendo que é exigido que eu trate os outros e a mim mesmo com respeito e dignidade. Compreendo que racismo, sexismo, comentários antigays/lésbicas, glorificação do abuso de substâncias ou comportamento criminoso e qualquer outra forma de comportamento antissocial resultarão em perda de privilégios, trabalho extra ou remoção da unidade de programas.[13]

Essa cláusula no contrato proporcionou aos agentes penitenciários a oportunidade de evitar uma discussão mais complicada sobre racismo, uma vez que as regras proibiam presos e presas de exibirem comportamentos perceptivelmente racistas. Ao ser construído como uma regra implementada por guardas e pelo pessoal da administração, o antirracismo nesse caso foi vinculado a regimes de poder e vigilância, e atribuído a presas e presos como sujeitos da autoridade penitenciária. As discussões com os funcionários da cadeia que se consideravam progressistas revelaram que sentiam orgulho de seu papel pioneiro como supervisores encarregados de identificar potenciais violações das regras antirracistas, antissexistas e anti-homofóbicas. Num certo sentido, esse padrão foi um reflexo microcósmico da tendência contemporânea mais ampla de relegar o processo de minimização do racismo à esfera jurídica estadunidense — que constitui o sujeito como um *indivíduo* racional e livre — e de usar proibições legais como evidência do declínio do racismo na sociedade civil.[14]

No entanto, muitas das presas que entrevistamos — tanto mulheres de cor quanto brancas — notaram uma disparidade entre as diretrizes oficiais e o tratamento que receberam, propondo assim análises políticas agudas sobre a persistência do racismo dentro de uma estrutura supostamente antirracista. Uma mulher disse que alguns guardas tratavam detentas de forma diferente com base nas origens raciais delas. Suas observações sobre o racismo de oficiais contestaram a atribuição de comportamento racista a presas e presos.[15] Ela descreveu incidentes em que ela e outras mulheres negras tiveram seus tempos de telefone severamente limitados, ao passo que oficiais permitiram que uma detenta branca permanecesse em ligação por várias horas. Disse ainda que ela e um grupo de amigas negras monitoraram conscientemente as práticas de certos oficiais de permitir que presas brancas passassem muito mais tempo no telefone do que presas de cor. Esse foi um exemplo óbvio de estratégias cotidianas de resistência ao racismo dentro da cadeia.

Dadas as definições variadas de racismo às quais já nos referimos, não ficamos totalmente surpresas pelo fato de as perguntas que fizemos às mulheres presas sobre o impacto do racismo no ambiente prisional nem sempre transitarem bem de um local de pesquisa para outro. Já que nossas perguntas foram informadas por discursos populares e acadêmicos sobre raça nos Estados Unidos, elas foram mais facilmente compreendidas e respondidas de forma mais direta por presas, guardas e funcionários da administração na cadeia de San Francisco. Uma entrevistada da Holanda indicou que havia pouca discussão aberta sobre racismo na prisão, mas que planejava levantar a questão com as autoridades prisionais num futuro próximo.[16] As respostas de um grande número de nossas entrevistadas na Holanda nos ajudaram a compreender a xenofobia implícita que baseou atitudes e comportamentos em relação a presas da América do Sul. Uma mulher colombiana disse: "Existe muito racismo aqui. Se você é colombiana, negra ou de outro país, eles não te dão nada. […] Não há nada pras pessoas [holandesas] […] na prisão, menos ainda se forem colombianas".[17] Outra mulher sul-americana também criticou as atitudes xenofóbicas dos funcionários de custódia quando nos contou sobre sua irritação cutânea que não foi tratada: "Não é normal que a minha pele esteja assim, tô com uma irritação na pele. Já tem vinte dias [que estou] pedindo o médico. Se eu fosse holandesa, o médico ia aparecer na hora".[18]

Uma holandesa branca criticou a tendência geral por parte de seus compatriotas de se apresentarem como igualitários:

Sempre me senti atraída por outras culturas. Mas não peguei de nascença, porque minha mãe e meu pai são totalmente brancos e eram muito […] é, acho que meu pai era racista, de um jeito que ele não diz nada em voz alta, e sim no pensamento, como já vi acontecer com muitos holandeses, eles dizem: "eu não sou racista", mas se você observa o comportamento deles, percebe que seu comportamento tem elementos racistas.[19]

Ela também apontou para o padrão entre guardas prisionais e funcionários da administração de infantilizar presas da América do Sul: "Então quando lidam com as mulheres que falam espanhol, tratam elas como se não fossem pessoas adultas. Como se estivessem lidando com crianças, sabe? E fico muito irritada com esse tipo de abordagem. Odeio isso. Odeio mesmo".[20] Também indicou que havia um padrão de diminuir quem não fala holandês, principalmente mulheres cujas práticas culturais e linguísticas envolviam gesticular com as mãos. As nossas entrevistas na prisão na Holanda revelaram, portanto, que mulheres de cor não eram as únicas presas que tinham pensado sobre o modo como o racismo opera. Na verdade, uma mulher branca holandesa, expressando sua solidariedade para com as mulheres da América do Sul, indicou que estava tentando aprender espanhol para se comunicar com suas colegas de cárcere.[21]

Em Cuba, a relutância de mulheres presas em se envolverem em discussões sobre raça parecia estar conectada à maneira como discursos populares sobre raça e racismo são sobredeterminados pela história particular do racismo nos Estados Unidos e pela solidariedade cubana com ativistas antirracistas de movimentos negros, porto-riquenhos e nativos norte-americanos. Elas falavam com facilidade sobre figuras como Martin Luther King Jr. e Malcolm X e, embora a maioria das detentas fosse jovem demais para ter vivenciado a campanha de solidariedade cubana que se desenvolveu em torno do caso de Angela durante o início da década de 1970, muitas tinham aprendido sobre a história dela também. Considerando que nossas perguntas sobre raça e racismo eram geralmente entendidas em um contexto estadunidense, todas as entrevistadas insistiram em que o racismo não era um problema na prisão nem na sociedade em geral. Quando perguntamos a uma mulher se ela achava que havia uma forma de falar sobre raça que fosse elucidadora e não indicativa de discriminação, ela respondeu: "Sim, você pode falar sobre isso para unificar em vez de separar ou discriminar. Quanto mais unidade houver entre pessoas, brancas e negras, existirá um mundo melhor, mais unificado".[22] Ela também sentia que as pessoas nos Estados Unidos poderiam aprender lições importantes com Cuba na busca pela igualdade racial.

As observações dos funcionários da administração sobre o papel da raça no contexto prisional refletiram e divergiram dos comentários das presas. Em Cuba, por exemplo, a direção e guardas prisionais, assim como as próprias reclusas, tendiam a interpretar questões referentes à raça como questões sobre discriminação racial. Em San Francisco, questões sobre raça e racismo levaram os funcionários da administração a nos encaminharem o contrato que cada presa e preso era obrigado a assinar ao entrar na unidade de programas. No entanto, o xerife de San Francisco, responsável pelo sistema prisional do condado, iniciou uma discussão sobre o número desproporcionalmente elevado de pessoas de pele escura em suas prisões. Ele apontou que sua responsabilidade como xerife exigia uma sensibilidade especial para com presas e presos de cor quando instituía programas sociais para detentas e detentos.

Assim como funcionários da administração da unidade de programas em San Francisco tendiam a interpretar questões sobre racismo como a mesma coisa que relações raciais entre pessoas presas, também na Holanda a diretora da prisão de Amerswiel respondeu a nossas perguntas concentrando-se nas relações entre presas, em especial entre mulheres brancas holandesas e mulheres da América do Sul. Além disso, seus comentários nos sugeriram que a igualdade imposta na prisão — onde cada pessoa é igualmente privada de certos direitos e liberdades, independentemente da raça — a torna um teste interessante dos limites do pensamento liberal acerca de racismo.

CONCLUSÃO

Muitas das contradições que enfrentamos — nosso conhecimento de que presas eram sujeitos de pesquisa ubíquos, as discrepâncias entre as políticas oficiais e a prática cotidiana, o fato de as negações de entrada terem chegado tarde demais para terem importância, de que garantias de igualdade poderiam proliferar e de que a igualdade era imaginada como a ação moralmente correta de cada indivíduo livre em relação a outro apoiada pela força de um Estado que nunca seria analisado como sujeito — tinham a ver com a natureza de um sistema liberal e os limites de uma metodologia de pesquisa que falharia em abordar seu próprio contexto hegemônico no início e no fim. A detenta da Holanda que nos disse que estava aprendendo espanhol para se comunicar com suas companheiras de cárcere é um exemplo muito melhor de como criar uma sociedade justa do que um estado como a Califórnia, que acaba com ações afirmativas e a educação bilíngue, ao passo que constrói mais prisões para encarcerar as populações que não deixam de ser infinitamente mal compreendidas pelo sistema. Assim, os "resultados" de nossa pesquisa excedem o escopo da maioria das agendas de pesquisa que se pode imaginar em torno de presos e presas, inclusive das que podem ser significativas, como a coleta de informações sobre cuidados de saúde na prisão, relações familiares, bem-estar social e até mesmo racismo.

A prisão foi o nosso melhor local de pesquisa, não porque suas condições sejam tão ruins, mas porque a segmentação do sistema prisional que resulta em seu afastamento de nossa consciência permite que o Estado liberal administre sua população. Tentar resolver o problema do racismo sem considerar os mais prejudicados de seus sujeitos seria desfavorável para qualquer agenda analítica. Ainda assim, a informação obtida nesse processo também acabou por superar os usos pretendidos, uma vez que aprender a língua das pessoas com quem se busca construir uma comunidade é um meio não só para melhorar as condições na prisão, mas para a melhoria das pessoas no mundo livre lá fora.

11. Mulheres encarceradas

*Estratégias de transformação**

com *Kum-Kum Bhavnani*

Na sociedade capitalista, a prisão desempenha um papel central no policiamento de indivíduos; portanto, prestar atenção nas diferentes formas de opressão, reproduzidas através da sobreposição de sexo e raça e exploração de classe nessa instituição, deve constituir uma parte importante da agenda de psicólogas e psicólogos marxistas. O desenvolvimento de prisões femininas nos Estados Unidos e na Grã-Bretanha ao longo dos últimos 150 anos informa — e é informado por — um histórico de atitudes sociais em relação a mulheres e um histórico adjacente de práticas de

---

* Publicado originalmente em Ian Parker e Russell Spears (Orgs.), *Psychology and Society: Radical Theory and Practice*. Londres: Pluto Press, 1996, pp. 173-83. As autoras foram auxiliadas por Dana Collins e Stefanie Kelly em diversos estágios da produção deste capítulo. Realizamos a pesquisa que o fundamenta com o auxílio de uma bolsa de residência do University of California Humanities Research Institute, na UC Irvine. Gostaríamos de agradecer ao diretor do Instituto, Mark Rose, bem como à equipe de apoio (Sauni Hayes, Deborah Massey, Chris Aschan e Mia Larson), pessoas que foram além de seus deveres para tornar nossa estadia no instituto tão produtiva e agradável quanto possível.

punição generizadas e racializadas. Prisões masculinas e prisões femininas recorrem à disciplina física e vigilância, bem como a estratégias psicológicas de controle e autovigilância.[1] Estratégias psicológicas com ênfase em autoestima e domesticação são especialmente centrais na conceitualização de programas de reabilitação para mulheres encarceradas. Discursos de autoajuda e aconselhamento permeiam grande parte da literatura sobre o encarceramento feminino. Ainda assim, apesar da implementação de técnicas psicológicas de controle e reabilitação que com frequência se contradizem mutuamente, psicólogas e psicólogos feministas e marxistas não produziram um corpo de trabalho significativo sobre o encarceramento de mulheres. Portanto, esperamos que este capítulo — por mais provisório que seja — estimule a ampliação da discussão entre psicólogas feministas. Conduzimos colaborativamente a pesquisa que informa este texto no intuito de provocar o debate público acerca de perspectivas futuras da abolição de cadeias e prisões como punição regular para mulheres.

Mesmo que o encarceramento seja ideologicamente representado como o modo mais certeiro de "manter marginais longe das ruas" e, portanto, de mitigar o medo do crime socialmente construído, a reclusão de um grande número de pessoas nunca resultou na diminuição da contagem de presas e presos em potencial. Pelo contrário, os próprios esforços de apelar à prisão como solução para o crime sempre acarretaram na expansão de instituições carcerárias e das populações que elas contêm. A soma de indivíduos encarcerados aumentou de maneira consistente nos Estados Unidos: entre 1980 e 1992, a população de homens na prisão cresceu 160%; no mesmo período, a população de mulheres na prisão aumentou 275%. Mesmo que elas constituam uma pequena minoria entre todas as pessoas encarceradas — em 1991, havia 87 mil detentas em prisões estaduais e federais —,[2] a taxa de crescimento de mulheres encarceradas é proporcionalmente maior que a de homens. Em vez de reconhecer essa tendência alarmante de ampliação das populações carcerárias como uma séria crise doméstica nos Estados Unidos, oficiais eleitos — sejam democratas ou republicanos — manipulam as figuras de "marginal", "mãe que vive de auxílio do governo" e "imigrante" para personificar profundos receios sociais. A figura de "marginal", com todas as implicações raciais subentendidas, agora serve como uma das maiores figuras de contraste para a maneira como a nação imagina sua própria identidade. Enquanto isso, pessoas encarceradas nos Estados Unidos — um grupo desproporcionalmente constituído por pessoas de cor — compõem o que muitas pessoas presas chamam de população descartável, e há apelos nacionais contínuos para que haja sentenças ainda mais severas. No estado da Califórnia, por exemplo, a legislação do tipo "três faltas, tá fora" se impôs profundamente com a recente aprovação da Proposta 184, que impede a interferência legislativa sobre a lei das "três faltas", a qual determina uma sentença perpétua para qualquer indivíduo que seja condenado por pelo menos três crimes.

Apesar de existir um corpo bibliográfico substancial, no campo da criminologia e de disciplinas correlacionadas, sobre a ineficácia da prisão como local de reabilitação, há uma escassez relativa de investigações a respeito das implicações políticas da pesquisa sobre o encarceramento de mulheres. Há exceções notáveis,[3] mas, de maneira geral, é consenso que as mulheres foram marginalizadas no desenvolvimento de políticas prisionais.[4] Estudos recentes sobre prisões, pessoas encarceradas e movimentos de pessoas encarceradas,[5] por exemplo, concentram-se exclusivamente em homens. Exceto por William L. Selke, em *Prisons in Crisis* [Prisões em crise], nenhum desses autores sequer reconhece o caráter generizado de suas próprias análises.

Ainda que simpatizemos com os argumentos de Jeffrey Reiman em *The Rich Get Richer and the Poor Get Prison* [Os ricos ficam mais ricos e os pobres vão para a prisão], de que o crime é produzido pela política legislativa, por políticas de sentenciamento e por aquelas que governam a polícia e o trabalho da promotoria, a análise de classe simplista e mecânica do autor ignora momentos críticos da produção do crime.[6] De maneira mais específica, a investigação dele não dispõe de noções acerca das maneiras como gênero, raça e sexualidade atuam como influências transversais sobre a construção de políticas de justiça criminal. Embora nos classifiquemos como marxistas, também achamos que abordagens marxistas não devem se ater somente à classe, mas buscar entender e modificar as práticas que reforçam as muitas formas de opressão sistemática sob o capitalismo.

No caso de trabalhos com ou sobre mulheres encarceradas,[7] vigora a tendência a enfatizar a passividade delas. Apesar de serem sistematicamente infantilizadas, isso não significa que não tenham agência. (Ver "Community of Women Organize Themselves to Cope with the Aids Crisis" [Comunidade de mulheres se organiza para lidar com a crise da aids], de Judy Clark e Kathy Boudin, para uma importante exceção envolvendo a autorrepresentação de mulheres encarceradas como pesquisadoras, teóricas, educadoras e profissionais da saúde.) Nesse sentido, há paralelos entre o encarceramento e o sistema histórico de escravidão nos Estados Unidos. Assim como escravas e escravos encontraram maneiras de resistir e ao mesmo tempo camuflar seus atos de resistência, frequentemente as presas também desenvolvem maneiras criativas de enfrentar a desumanização do sistema prisional.[8] No entanto, na maior parte dos casos, um conjunto implícito — mas com frequência também explícito — de discursos organiza concepções de mulheres detidas como incapazes de interpretar e muito menos de exercer qualquer controle sobre sua situação.[9]

Women Prisoners: A Forgotten Population [Mulheres presas: Uma população esquecida], de Beverly Fletcher et al., é uma compilação recente de estudos organizada por um grupo de cientistas sociais autodenominadas multiétnicas que desenvolveram o Project for Recidivism Research and Female Inmate Training [Projeto de pesquisa sobre reincidência e treinamento de mulheres presas] em Oklahoma. As pesquisadoras escolheram o estado porque ele tem a maior taxa de encarceramento de mulheres do país, 3,8 a cada mil. O estudo consistiu num questionário de 142 perguntas aplicado a mais de 80% de todas as detentas nas prisões de Oklahoma em março de 1991 — 557 mulheres no total. Além disso, as pesquisadoras entrevistaram 60% dos 163 indivíduos que compõem o quadro de funcionários misto da prisão. O objetivo central do projeto era estudar as taxas de reincidência entre essas mulheres. Apreciamos muito o compromisso das pesquisadoras com as detentas, a vontade de abordar questões de raça e suas interseções com gênero e classe e seus esforços acadêmicos para buscar estratégias libertadoras para aquelas mulheres. No entanto, a articulação da "reincidência" como um problema que emana principalmente das histórias individuais de cada uma desvia o olhar analítico das pesquisadoras das forças institucionais e estruturais que servem de ímã, atraindo inevitavelmente ex-presidiárias de volta ao sistema. Além disso, embora o objetivo central das investigadoras de Oklahoma fosse apresentar um estudo abrangente e triangulado, considerando a raça como tão importante quanto o gênero para o processo de teorização da população de mulheres encarceradas no estado, elas acabam por situar essas mulheres principalmente como vítimas sociais. Outra reserva que temos sobre essa abordagem específica é que as organizadoras se baseiam em "A National Profile of the Woman Prisoner" [Um perfil nacional da mulher presa], produzido em 1990 pela American Correctional Association. Esse perfil fornece uma descrição normativa de mulheres encarceradas como mulheres de cor solteiras, com vinte e tantos anos, que foram agredidas fisicamente, abandonaram o ensino médio, com filhos e que já tinham sido presas pelo menos duas vezes até os quinze anos.[10] Sem aprofundar a questão, as descrições criam noções estereotipadas das encarceradas, não problematizam representações discursivas das criminalizadas com base em médias estatísticas e, portanto, negam qualquer agência às mulheres.

No entanto, há exceções ao tipo de trabalho que leva a essas conclusões limitadas. Russell P. Dobash et al. visam evitar a construção de mulheres encarceradas como seres humanos passivos ou meras vítimas de suas circunstâncias sociais.[11] Em vez disso, os autores se baseiam numa perspectiva foucaultiana, ao mesmo tempo que criticam a recusa de Foucault em abordar o gênero como categoria de desigualdade. O trabalho de Foucault é útil juntamente com a literatura marxista sobre crime e punição no capitalismo, mas também é necessário ser crítico em relação a ele.[12] Dobash et al. examinam discursos oficiais sobre a criminalidade e o encarceramento de mulheres e questionam como eles se traduzem em práticas governamentais, tanto do passado como do presente. Os autores também passaram quatro meses realizando uma observação intensiva numa prisão feminina na Escócia, em meados da década de 1980; eles entrevistaram um total de 59 detentas.

A prisão onde trabalharam, Cornton Vale, foi construída especificamente para mulheres e é descrita nos registros oficiais como uma comunidade terapêutica.[13] A sugestão de que as presas são mais "difíceis" do que os presos deriva de uma visão do século XIX sobre mulheres encarceradas, um pressuposto que permanece relativamente inalterado no discurso contemporâneo. Dobash et al. também demonstram que a maternidade é um conceito ideológico controlador invocado em julgamentos sobre detentas. A atitude comum a sentenciantes seniores é: "Se uma mulher é boa mãe, então não quero colocá-la na prisão, e se ela não for, não importa".[14]

Como está nítido, nós consideramos esse estudo muito útil para nos permitir desenvolver nosso próprio trabalho com as detentas. No entanto, os autores não discutem questões de raça e racismo para mulheres encarceradas — o que significa que a dinâmica racializada do encarceramento feminino fica fora de vista. Como resultado, um processo fundamental da reclusão das mulheres não é analisado no trabalho deles. Ao mesmo tempo, achamos que é importante considerar seriamente o estudo de Dobash et al. sobre o encarceramento feminino — e, de fato, esse trabalho tem sido extremamente influente em contextos como a política oficial escocesa em relação a cadeias. No entanto, os argumentos dos autores limitam-se a ideias sobre a reforma prisional e apenas vez ou outra levantam a possibilidade da abolição de prisões. À luz de nosso próprio interesse em estimular a discussão sobre perspectivas de estratégias e instituições que não dependam fundamentalmente do encarceramento, esse é de fato um silêncio significativo.

Um trabalho que foge a esse padrão é *Alternatives to Women's Imprisonment* [Alternativas ao encarceramento de mulheres], de Pat Carlen.[15] Ela destaca a dificuldade de conceitualizar um sistema penal em que o encarceramento não sirva necessariamente como punição de último recurso. Também defende o reconhecimento de mulheres presas como seres humanos autônomos, não apenas como vítimas sociais. Estamos especialmente impressionadas com sua proposta dramática de um período experimental de cinco anos na Grã-Bretanha, em que apenas um pequeno número de celas seria disponibilizado para mulheres que juízes desejam condenar à prisão. Assim, em vez de presumir que as prisões constituem o local definitivo onde a reabilitação social pode ocorrer, Carlen contextualiza suas análises e seus apelos pela reforma no escopo de uma estratégia abrangente para a redução e abolição de cadeias e prisões. Mais uma vez, consideramos valorosos os argumentos de seu trabalho, porém gostaríamos, mais uma vez, de salientar seu silêncio a respeito de raça e racismo como um aspecto sobre o qual temos reservas.

Nosso trabalho foi conceitualizado à luz do silêncio de e sobre mulheres presas e do silêncio sobre as formas como raça e racismo estão implicados no processo de encarceramento feminino. Além disso, pretende se afastar da ênfase atual da bibliografia acadêmica sobre as presas como vítimas e sobre prisões como instituições a serem reformadas em vez de abolidas. Descreveremos brevemente nosso trabalho numa prisão para ilustrar a forma como essas questões aparecem na prática e para puxar alguns dos fios de um conjunto complexo de estruturas de opressão que não são redutíveis a nenhuma das classes nem a qualquer outra categoria única.

A PRISÃO

Detentos da Cadeia n. 7 do condado de San Francisco em San Bruno são contraventores condenados a menos de um ano ou estão aguardando julgamento e/ou possível transferência para uma das penitenciárias estaduais. Na época do nosso trabalho ali, os dormitórios, separados por gênero e status, abrigavam aproximadamente duzentos homens e cem mulheres. A n. 7 é uma "unidade de programas", o que significa que todos os prisioneiros sentenciados devem participar de programas educativos obrigatórios. Nesse sentido, é uma alternativa carcerária às prisões tradicionais. E busca recrutar oficiais racialmente diversos que simpatizem com a ideia de que a instituição não deve significar apenas controle e punição, mas proporcionar uma vasta gama de oportunidades educativas multiculturais para detentos. A unidade de programas é uma "cadeia de nova geração", definida na teoria penitenciária como um avanço significativo em relação à organização predominante. A n. 7 incorpora, assim, as mais recentes inovações na arquitetura penitenciária e nas práticas de gestão de detentos, que são informadas por uma série de suposições teóricas acerca das razões pelas quais cadeias não funcionaram no passado. Embora a nova geração tenha descartado o modelo de celas ao longo de corredores e a utilização de múltiplos conjuntos de grades, sua arquitetura aberta, complementada por práticas de supervisão direta por parte de oficiais, necessita de uma forma mais total de vigilância.

A Cadeia n. 7 tem seis dormitórios — dois para mulheres e quatro para homens —, cada um com capacidade para sessenta pessoas. Dispostos em um arranjo circular em torno de uma torre de controle elevada de acrílico, praticamente cada centímetro quadrado dos dormitórios pode ser monitorado. A vigilância também é feita por meio de câmeras remotas instaladas dentro de cada dormitório, e as imagens gravadas são transmitidas para monitores de vídeo na torre de controle. Oficiais ficam presentes na torre de controle 24 horas por dia e podem recorrer a qualquer câmera para ver mais de perto qualquer parte de qualquer dormitório. Esse sistema é uma versão do século xx do panóptico de Jeremy Bentham.

Os dormitórios têm formato de cunhas; a parte larga da cunha tem uma passagem para um pequeno pátio na parte de trás do prédio e a parte estreita forma o ponto de entrada principal da ala. O teto tem pelo menos doze metros de altura. Beliches se alinham nas paredes de trás, e há camas de solteiro próximas umas das outras no meio da área delimitada pelos beliches. Na frente do dormitório fica a mesa de guarda, com quadros de avisos exibindo as regras da cadeia, quatro telefones e um quadro-branco com os nomes das mulheres que realizarão as tarefas cotidianas, como servir comida e limpar. Além disso, na frente, perto da mesa de guarda, há cinco mesas de metal retangulares, cada uma com doze banquinhos ao redor. A mobília é aparafusada ao chão. Há também alguns equipamentos para exercício em um canto da ala, com banheiros comunitários e cabines de chuveiro (com cortinas transparentes) no lado oposto do recinto. Muitas mulheres se referiram aos dormitórios como "armazéns".

As práticas de gestão dessa cadeia exigem a presença de um oficial 24 horas por dia dentro do dormitório. Essa é uma estratégia de controle muito diferente daquela das prisões onde detentas são trancadas em celas com quatro a oito mulheres, que oficiais averiguam periodicamente através das grades para garantir que não estão se "comportando mal". Assim, o princípio organizador fundamental de todas as cadeias de nova geração é a vigilância generalizada. O que é representado como "progressivo" no novo processo é tornar obsoletas as antigas relações detentas/guardas, que recorriam exclusivamente a grades e armas. O novo arranjo visa promover um ambiente educativo em vez de punitivo. Inclusive, ambos os dormitórios femininos exibiam uma citação atribuída a Malcolm X, impressa em inglês e espanhol num grande cartaz que dizia: "Uma prisioneira tem um tempo que pode aproveitar muito bem. Eu colocaria a prisão em segundo lugar, atrás da faculdade, como o melhor lugar para a mulher ir se ela estiver precisando pensar um pouco. Se está motivada na prisão, está motivada a mudar de vida".

Os dois dormitórios eram compostos em sua maioria de mulheres de cor, sobretudo negras. Apesar do aumento drástico nas taxas de encarceramento de mulheres latinas na última década, havia uma população relativamente pequena desse grupo. Um número muito pequeno podia ser identificado como "asiáticas norte-americanas", embora na cadeia municipal de San Francisco, na Bryant Street, n. 850, das quarenta mulheres que vimos no sexto andar no final de outubro de 1993, pelo menos seis eram asiáticas. Uma das entrevistadas nos disse que era de origem indígena norte-americana. As mulheres brancas eram poucas.

Os uniformes das detentas consistem em camiseta, calça de moletom e suéter. Os três itens devem ser da mesma cor — azul, amarelo ou alaranjado. As roupas azuis são usadas por mulheres já sentenciadas e elegíveis para "acesso externo" — em outras palavras, que não representam um "risco de fuga". Esse grupo pode trabalhar no jardim da prisão, bem como eventualmente frequentar aulas de informática, ministradas num pequeno edifício vizinho (a antiga cadeia feminina). Roupas amarelas são usadas por mulheres que foram sentenciadas e roupas cor de laranja pelas que ainda não foram sentenciadas. Este último grupo, conforme nos explicaram, raramente é autorizado a sair do edifício, pois elas são consideradas muito mais voláteis que o resto da população. No entanto, pela escassez de uniformes de todas as cores, muitas mulheres usam uma combinação de amarelo e laranja. Curiosamente, algumas detentas interpretaram as cores das roupas como símbolo de uma hierarquia racial.

Existe ainda outro meio pelo qual a classificação da mulher pode ser identificada. Cada presa é obrigada a usar uma pulseira em que consta seu número na prisão. Pulseiras brancas representam sentenciadas, alaranjadas, não sentenciadas, e azuis, sentenciadas que têm acesso externo. Assim, a pulseira é uma forma visível e exata de identificar a classificação de uma mulher no sistema carcerário. E, de novo, muitas das entrevistadas fizeram comentários interessantes sobre a construção da identidade com base na classificação institucional.

CORPOS DE MULHERES — CONTROLE, VIGILÂNCIA E RESISTÊNCIA

Muitas das mulheres com quem falamos reconheceram implicitamente o caráter complexo e contraditório do encarceramento e, em particular, seu objetivo ao mesmo tempo disciplinar e reabilitador de indivíduos que são, portanto, construídos como "criminosos". Um número impressionante de detentas fez comentários perspicazes sobre as influências persistentes do racismo, mesmo no contexto de uma instituição explicitamente dedicada à sua eliminação. Estávamos especialmente interessadas em saber como as mulheres da Cadeia n. 7 discutiam controle e vigilância, e se encontravam formas de resistir ao poder da prisão.

Muitas delas estavam deveras conscientes da ênfase estrutural no desenvolvimento de qualidades de acomodação e obediência nos programas educativos e profissionalizantes como prova de reabilitação individual. A filosofia correcional destinada a mulheres concentrou-se nitidamente na transformação da "criminosa" numa mãe e esposa domesticada — ou seja, passiva e obediente. Prisões visam transformar as transgressoras — ou seja, transformá-las para que adquiram hábitos de passividade e obediência.[16] Considerando o quanto mulheres negras são representadas no discurso como anormalmente agressivas, esse processo com frequência adquire implicações raciais. Como observa Carol Smart em *Women, Crime and Criminology* [Mulheres, crime e criminologia], comportamentos criminosos são identificados como masculinos, e, portanto, um dos objetivos do encarceramento de mulheres é torná-las "mais femininas", infundindo-lhes passividade e obediência.[17] No entanto, como apontaram criminologistas feministas, esses dois atributos no mundo exterior não são qualidades que ajudam as mulheres — e, acrescentaríamos, principalmente as de cor — a levar vidas autônomas e produtivas após a libertação.

Os corpos e as mentes das detentas são controlados por meio de certas rotinas inerentes a cadeias de supervisão direta. Contudo, as mulheres resistem, e muitas vezes com sucesso: uma importante arma de resistência é o riso; outra é conceber meios coletivos de proteger umas às outras das incursões dos guardas, e outra, ainda, são expressões e atos de solidariedade. Muitas vezes, estratégias individuais de respeito pelo desejo de privacidade de outra mulher desempenham um papel importante na afirmação de possibilidades de resistência nesse mundo onde corpos, pensamentos e emoções são tornados públicos e sujeitos a vigilância generalizada.

Apesar de as concepções acadêmicas e políticas predominantes considerarem a custódia e o acolhimento os dois princípios centrais de organização de prisões femininas,[18] esses pontos de vista diferem das opiniões de nossas entrevistadas. Estas raramente descreveram ou discutiram princípios de acolhimento como prática institucional. Além disso, o conceito de acolhimento está repleto de contradições, em particular em relação ao encarceramento de mulheres. Assim, muitas argumentaram que prisões femininas são concebidas para proporcionar um ambiente "pseudomaternal",[19] o que faz com que as detentas sejam tratadas como crianças.

SEXUALIDADE

A sexualidade sempre desempenhou um papel fundamental em ideologias das transgressões femininas. O programa se apresenta como uma instituição progressista e tenta explicitamente promover uma consciência antirracista, antissexista e anti-homofóbica. Todas as mulheres que chegam recebem um manual de orientação que afirma: "Racismo, sexismo, comentários anti-gays/lésbicas ou qualquer outro desrespeito ou desvalorização de seres humanos são inaceitáveis nesta unidade".[20] As sanções podem ser severas — uma mulher nos contou que tinha sido transferida para uma unidade menos desejável quando surgiram alegações de que ela havia feito comentários homofóbicos sobre docentes e sobre o pessoal da cadeia. No programa de educação e aconselhamento, a sexualidade é invocada de diversas maneiras, tanto como objeto de estudo quanto como locus de tratamento. Por exemplo, há workshops sobre violência sexual, aids e estilos de vida não heterossexuais. Ao mesmo tempo, a sexualidade — sua expressão e o comportamento correlacionado — é estritamente policiada pelas autoridades prisionais.

Por exemplo, o contato heterossexual é proibido. Até recentemente, havia aulas mistas para o programa de horticultura; agora, no entanto, a maioria das aulas é segregada de acordo com o gênero e existem regras rigorosas sobre mulheres até mesmo olharem para — quanto mais falarem com — detentos dos dormitórios masculinos quando se cruzam nos corredores da prisão. Em outras palavras, as relações entre mulheres e homens são, por definição, vistas como sexuais. Elas também estão proibidas de beijar qualquer visitante na boca, pois as autoridades argumentam que o contrabando de drogas pode ocorrer dessa forma. As Regras e os Regulamentos do Diretor de Correções declaram: "Detentos não podem participar de atos sexuais ilegais. Detentos são especificamente excluídos pelas leis que suspendem restrições legais de atos consentidos entre adultos. Detentos devem evitar se colocar deliberadamente em situações e se comportar de maneira concebida para encorajar atos sexuais ilegais".[21]

Embora os programas de reabilitação de drogas, para os quais mulheres são por vezes desviadas como alternativa às sentenças de cadeia ou prisão, não estejam sob a jurisdição do Departamento de Correções, eles também exigem que participantes se abstenham de atividades sexuais por longos períodos após a entrada.

Muitas entrevistadas apontaram para a legitimação ideológica da homossexualidade — por exemplo, diversos oficiais e docentes são abertamente lésbicas ou gays — e a concomitante proibição severa de expressão homossexual por parte de detentas — *homosecting*, como é chamada na linguagem prisional. As mulheres sentiam que a homossexualidade levava a um monitoramento mais vigoroso por parte das autoridades penitenciárias. Com certeza a ameaça constante de vigilância é uma arma psicológica eficaz na aplicação de regras que proíbem qualquer comportamento interpretável como sexual. Se a proibição do contato físico entre mulheres e homens tende a sexualizar as relações entre detentos, as regras contra a homossexualidade têm efeito semelhante nas relações entre mulheres. É proibida a "visitação" nas áreas dos leitos, apesar de as camas estarem separadas por cerca de meio metro e cada uma delas ser rodeada por outras três. Não é permitido que duas detentas sentem na mesma cama ao mesmo tempo.

Os únicos outros assentos disponíveis são bancos de metal fixados no piso de concreto ao redor das mesas de metal na frente do dormitório. Esses bancos geralmente ficam ao alcance da escuta do oficial, portanto, não há nenhum lugar no dormitório onde mulheres possam ter contato físico comum. Espera-se que elas permaneçam cada uma em seu lugar, mesmo que o espaço seja extremamente apertado. Assim, nesses dormitórios fechados, o espaço em si é sexualizado e a sexualidade, por sua vez, é criminalizada.

CONCLUSÃO

Este esboço preliminar de nosso trabalho começa a mapear algumas das estruturas do encarceramento. Também sugere pontos de colisão e interseção das preocupações das mulheres com os debates oficiais/públicos acerca do encarceramento feminino. Não incluímos aqui algumas questões que sabemos serem centrais para a prisão de mulheres na Grã-Bretanha e nos Estados Unidos — por exemplo, as maneiras como comunidades terapêuticas são utilizadas para perpetuar uma mentalidade de punição, apesar de suas origens muitas vezes inicialmente radicais. Também não abordamos com profundidade a imensa dificuldade que muitas pessoas têm em imaginar uma sociedade sem prisões e com noções muito diferentes de criminalidade que não sejam construídas de acordo com raça e classe, uma sociedade em que haveria uma ênfase estratégica na educação em vez do encarceramento. A citação acima da porta da primeira prisão feminina construída especificamente para esse fim, inaugurada em 1645 em Amsterdam, dizia: "Não temas! Eu não busco vingança pelo mal, mas te obrigo a ser boa. Minha mão é rigorosa, mas meu coração é gentil".[22]

Tal lógica para o encarceramento feminino pode parecer coercitiva para as sensibilidades atuais. No entanto, o discurso sobre prisões e encarceramento mudou surpreendentemente pouco desde o século XIX, e diríamos que apenas as abordagens abolicionistas e antipenais proporcionam possibilidades viáveis para contestar a atual tendência ideológica de "prender bem e jogar fora a chave". O foco em estruturas de regulação na prisão deveria ser uma preocupação de marxistas no campo da psicologia. Para compreender e mudar esse mundo carcerário, cumpre que os marxistas compreendam as diferentes formas de opressão e as maneiras como estas são policiadas na sociedade de classes.

12. Lutando pelo futuro dela

Reflexões sobre direitos humanos e prisões para mulheres na Holanda*

com *Kum-Kum Bhavnani*

Assistência social, imigração e criminalidade são questões populares no discurso político estadunidense atual. Durante as campanhas eleitorais de 1996, tanto democratas quanto republicanos utilizaram os discursos simbióticos sobre a "mãe que vive de auxílio governamental", o "imigrante" e o "marginal" na construção de uma política racial retrógrada, que é uma grande ameaça às possibilidades democráticas para o futuro.[1] Com algumas exceções notáveis, a maioria das autoridades eleitas — independentemente da filiação partidária — identificou uma suposta onda de crimes como a mais nova ameaça à "segurança nacional", promovendo assim o encarceramento a longo prazo e a expansão de um já gigantesco sistema prisional como única resposta imaginável

---

* Publicado originalmente em *Social Identities*, v. 3, n. 1, pp. 7-32, 1997. Gostaríamos de agradecer às mulheres na prisão de Amerswiel, cujos nomes foram aqui alterados, ao Ministério da Justiça da Holanda, a Bernadette van Dam, diretora de Amerswiel, e a Ria Wolleswinkel, que partilhou sua pesquisa conosco. Agradecemos também a Hoelje Lowenthal pela tradução do espanhol para o inglês e a Stefanie Kelly e Mary Jo Poole pela ajuda com as transcrições.

para o crime. A oposição política ao que é construído como delito, associada a exigências de penas de prisão mais longas, condições mais repressivas e expansão do espaço prisional — reservado para um "criminoso" implicitamente racializado —, é em geral acompanhada por semelhante oposição à assistência governamental e à imigração advinda de países do Terceiro Mundo. Nesse contexto, a proliferação de prisões e as consequentes justificativas ideológicas para uma população encarcerada que cresce rapidamente criam a base para uma espécie de racismo camuflado que fortalece o poder repressivo do Estado. Assim, é meio irônico e profundamente perturbador que poucas organizações progressistas tenham integrado em suas agendas uma oposição explícita a um complexo industrial prisional tão racializado e em rápido desenvolvimento.

Como prelúdio à nossa análise de gênero, punição e direitos humanos na Holanda, sugerimos que o medo do "crime" deva ser contestado por uma estratégia política que trabalhe para reduzir e, em última instância, abolir o uso da prisão como meio-chave de (não) abordar problemas sociais enraizados no racismo e na pobreza. Prisões nunca alcançaram seu objetivo anunciado de livrar a sociedade do "crime".[2] E também nunca auxiliaram a eliminar as condições materiais nas comunidades pobres e de cor que podem criar trajetórias que levam seus membros ao sistema de justiça criminal.[3] Por esses motivos, teorias e práticas antirracistas devem visar contestar os pressupostos generalizados de que elas vieram para ficar e de que não temos poder de afetar e evitar que consumam recursos sociais que seriam mais bem direcionados para educação, saúde, moradia e iniciativas antipobreza.

Embora defendamos a redução estratégica e a eventual abolição do encarceramento como a principal resposta aos problemas sociais que atualmente levam pessoas de cor pobres para o sistema de justiça criminal,[4] reconhecemos que os sistemas prisionais não estão todos igualmente implicados no processo de criminalização racializada de pessoas pobres. Ou seja, nossa política de abolicionismo envolve uma determinação em examinar sistemas que não participam dos atuais padrões de cadeias e prisões em constante expansão e que tendem a reproduzir precisamente os problemas que o encarceramento presume resolver. Argumentamos que um desses sistemas pode ser encontrado na Holanda. Isso não significa descartar as análises críticas escritas por intelectuais desse país, que salientam que o sistema prisional local se deteriorou ao longo da última década, em especial se comparado a outros países europeus.[*5] Além disso, nessa comparação, a Holanda tem um dos níveis mais baixos de participação das mulheres na força de trabalho, e relativamente poucas delas são ativas na arena política.[**] No entanto, quando se equiparam prisões femininas na Holanda com a rede em expansão de penitenciárias femininas nos Estados Unidos, fica nítido que, apesar dos padrões de deterioração, o sistema holandês ainda apresenta muito menos violações flagrantes dos direitos humanos.

Nosso estudo sobre o encarceramento feminino num contexto transnacional concentra-se nas interseções muitas vezes não reconhecidas de raça e gênero nas políticas de reclusão prisional. Os Estados Unidos atualmente apresentam a maior taxa de detenção do mundo.[6] O que muitas vezes se ignora, no entanto, mesmo por parte daqueles que reconhecem os perigos de enviar grande número de jovens de comunidades de cor para cadeias e prisões, é que as populações de mulheres presas estão crescendo a uma taxa que ultrapassa bastante a de aumento da população de homens encarcerados. Essa dimensão de gênero da punição infligida pelo Es-

---

* Houve, por exemplo, um aumento de 40% nas sentenças de prisão para mulheres entre 1992 e 1994.

** Agradecemos a Jan Nederveen Pieterse por enfatizar esse fato.

tado é com frequência desprezada pela porcentagem comparativamente pequena de mulheres atrás das grades. As cerca de 87 mil detentas nos Estados Unidos representam apenas 7,4% do total da população carcerária do país. Mas o que nos convenceu da importância contemporânea do trabalho teórico e prático sobre mulheres na prisão foi o fato de que, desde 1980, a população de detentas aumentou 275%, enquanto a população de homens presos aumentou 160%.[7] Além disso, durante a década de 1980, 34 novas prisões femininas foram construídas ou criadas, em comparação com dezessete na década de 1970 e sete na década de 1960.[8]

Uma das contradições mais reveladoras inerentes aos sistemas de punição que se sustentam principalmente no encarceramento é o quanto induzem a dependência e promovem formas de institucionalização — as quais tendem a garantir que, uma vez libertada, a ex-detenta muito provavelmente acabe voltando à prisão. No contexto do debate público contemporâneo sobre o papel dos presídios na sociedade estadunidense, representações generalizadas do crime na mídia encorajam uma confluência entre "criminosos violentos de carreira" e aqueles que têm várias condenações por crimes não violentos (muitas vezes relacionados a drogas). Essas discussões públicas raramente associam a "reincidência" à tendência do sistema prisional de se reproduzir e de, no processo, promover condições que levam ao crime. Na verdade, aquilo que se chama no discurso criminológico de "reincidência" pode ser explicado por patologias que são atribuídas a comunidades criminalizadas. A profusão de leis das "três faltas" nos níveis nacional e estadual indica a rapidez com que ideologias de patologia de raça e de classe infectaram o processo legislativo.[9]

A promoção da dependência e da institucionalização — uma negação de agência — na qual se baseiam as filosofias de encarceramento é prejudicial em particular para as mulheres, cuja agência é negada nos sistemas sociais patriarcais que subordinam as necessidades delas às dos homens e das crianças. Historicamente, prisões femininas, mesmo em suas manifestações mais progressistas, não só negaram a agência a detentas, como também as infantilizaram.[10] Esse padrão enraizado de infantilização cria a base para uma série de violações generizadas de direitos humanos. Nos seus esforços para domesticar detentas, prisões têm barrado gravemente tentativas de mulheres de se capacitarem e, assim, escaparem da porta giratória que leva tantas presas libertadas de volta ao sistema de justiça criminal.

Neste artigo, nos concentramos especificamente em um conjunto de entrevistas que realizamos (em inglês, com a ajuda de uma tradutora de espanhol) com 39 mulheres que estavam encarceradas na primavera de 1996 na Prisão Feminina Amerswiel, localizada em Heerhugowaard, Holanda. Tendo entrevistado anteriormente mulheres na Cadeia do Condado de San Francisco, optamos por dialogar com detentas na Holanda como forma de pensar criticamente sobre as prisões femininas nos Estados Unidos, num contexto comparativo e transnacional. Em comum com nossas descobertas sobre o cárcere feminino na Califórnia, observamos que há um número igualmente desproporcional de mulheres de cor (de ascendência surinamesa, sul-americana e asiática) alojadas nas prisões holandesas — cerca de metade de todas as presas na Holanda são mulheres de cor. Além disso, noções de criminalidade racializadas de maneira semelhante constroem o cenário discursivo no país europeu. No entanto, depois de entrevistar detentas, a diretora da Amerswiel e representantes do Ministério da Justiça, chegamos à conclusão de que, em muitos aspectos importantes, em relação às práticas prisionais estadunidenses, as holandesas constituem uma grande melhoria. Ainda assim, não propomos o sistema prisional holandês como um modelo a ser imitado pelos Estados Unidos e outros países com regimes repressivos de encarceramento. Em vez disso, argumentamos que os aspectos do sistema holandês que o tornam superior ao estadunidense são aqueles que visam — às vezes com sucesso, outras vezes não — desafiar, a partir de dentro, os próprios limites da detenção. A base para esse desafio é um respeito anunciado pelos direitos humanos daquelas que estão encarceradas.

ENCARCERAMENTO NA HOLANDA

O sistema de justiça criminal da Holanda tem sido caracterizado por tentativas de transformar a natureza e o local do encarceramento no interior da sociedade e, portanto, aderir a uma noção mínima de direitos humanos para todas as pessoas presas. Alguns exemplos são: descriminalização do uso de drogas e da prostituição; penas relativamente curtas (embora na última década — e em especial por posse de drogas — elas tenham se tornado significativamente mais longas) e suspensão geral de um terço da pena; sistema de registro que permite que pessoas condenadas residentes no país permaneçam em liberdade até que haja espaço disponível, momento em que são obrigadas a se apresentar para cumprir a pena no cárcere; e um sistema escalonado de prisões fechadas, semiabertas e abertas disponível para muitas pessoas presas que receberam sentenças longas como punição. Existe também um sistema de detenção diurna que permite que detentas se apresentem na prisão durante o dia — geralmente para receber formação em áreas como habilidades sociais e assertividade — e permaneçam em suas casas à noite. Desde 1995, está em vigor um sistema de monitoramento eletrônico, apesar de, até onde sabemos, nenhuma mulher ter sido incluída nele. Portanto, há movimentos distintos rumo à institucionalização de alternativas ao encarceramento. O ponto interessante no sistema holandês é que, embora não tenha cessado de maneira eficaz a expansão das prisões, ele abriu possibilidades para imaginar novas formas de abordar comportamentos que são socialmente construídos como crime. Ainda que a consciência a respeito da conexão estrutural do racismo com o sistema de justiça criminal na Holanda pareça ser pouco mais que embrionária, as medidas tomadas para impedir a geração de uma indústria punitiva em grande escala podem inibir o desenvolvimento do tipo de racismo encoberto que é tão firmemente ancorado no complexo industrial prisional estadunidense.[11]

Em relação a sistemas prisionais, o holandês é muito diferente do estadunidense. O que talvez seja mais impressionante no primeiro é sua tentativa séria de seguir as Regras Mínimas das Nações Unidas para o Tratamento de Reclusos.* O Ministério da Justiça da Holanda ajudou recentemente a Penal Reform International a produzir um manual intitulado *Making Standards Work: An International Handbook on Good Prison Practice* [Fazendo as normas funcionarem: Manual internacional de boas práticas prisionais]. O manual estabelece os direitos de pessoas presas a partir dos direitos humanos universais, assim como formulado em convenções, tratados, pactos e regras das Nações Unidas. Num momento em

---

* Exemplos das Regras Mínimas da ONU são: prisões devem ser comunidades bem ordenadas, ou seja, locais onde não haja perigo à vida, à saúde e à integridade pessoal; devem ser locais onde não se demonstre qualquer discriminação no tratamento de reclusos; quando um tribunal condena um infrator à prisão, impõe uma punição que, de forma inerente, é extremamente aflitiva. As condições da prisão não deverão procurar agravar essa aflição inerente; as atividades prisionais devem se concentrar, tanto quanto possível, em ajudar reclusos a se reinserirem na comunidade depois de cumprida a pena. Por isso, as regras e os regimes prisionais não devem limitar as liberdades de reclusos, os contatos sociais externos e as possibilidades de desenvolvimento pessoal mais do que o absolutamente necessário. As regras e os regimes prisionais devem conduzir ao ajuste e à integração na vida comunitária normal (*Making Standards Work: An International Handbook on Good Prison Practice*. Haia: Penal Reform International, 1995, p. 19).

que políticos estadunidenses argumentam que presos têm direitos demais — e os programas educativos, profissionalizantes e recreativos nas cadeias e prisões estão sendo desmantelados —, faz sentido levar em conta tais direitos, que podem funcionar como princípios fundamentais no desafio aos regimes repressivos de encarceramento. Dos direitos humanos enumerados no manual, estamos particularmente preocupadas com os seguintes:

- o direito à vida e à integridade da pessoa;
- o direito à saúde;
- o direito ao respeito pela dignidade humana;
- o direito à liberdade da escravidão;
- o direito à liberdade da discriminação de qualquer tipo;
- o direito à liberdade de consciência e de pensamento;
- o direito ao respeito pela vida familiar;
- o direito ao autodesenvolvimento.[12]

Embora nosso objetivo final seja ajudar a legitimar estratégias de abolição de prisões com base nos argumentos de que a punição não precisa necessariamente envolver a perda de liberdade, percebemos que, ao examinarmos condições prisionais, estamos olhando para sistemas que presumem que o direito à liberdade pode ser confiscado. Nesse contexto, o manual citado destaca um ponto extremamente importante: "Muitas pessoas na prisão estão cumprindo penas. Estão na prisão como punição, e não para punição. A pena consiste na perda da liberdade. As circunstâncias do encarceramento não devem, portanto, ser utilizadas como punições adicionais".[13] Dessa forma, "as condições de vida numa prisão", de acordo com *Making Standards Work*,

estão entre os principais fatores que determinam o senso de autoestima e dignidade de uma pessoa reclusa. Onde ele ou ela dorme, o que pode vestir, o que e onde come, se tem uma cama com lençóis e cobertores ou se dorme no chão, coberto ou coberta apenas com trapos, se tem permissão ou não para se lavar e com que frequência, se tem acesso constante a um banheiro ou se deve pedir (ou às vezes implorar) a um guarda toda vez, tudo isso tem uma influência tremenda sobre o bem-estar físico e mental da pessoa reclusa.[14]

A PRISÃO FEMININA DE AMERSWIEL

Como não existe um padrão único que rege as condições físicas em cadeias e prisões estadunidenses, a arquitetura prisional e as condições materiais variam de acordo com os condados, os estados e o sistema federal, e mesmo dentro deles. Como a rede carcerária tem se expandido por todo o país, unidades específicas, construídas como resposta direta à superlotação, muitas vezes são lotadas para além de sua capacidade antes de serem efetivamente abertas. Não é raro duplicar ou até triplicar a capacidade de celas destinadas a alojar apenas uma pessoa. Pela falta de padrões governamentais, até as piores condições materiais podem não estar sujeitas a melhorias, a menos ou até que uma ação judicial seja movida com sucesso contra a instituição. A "solução" mais frequente para a superlotação é a construção de novas prisões.

Na Holanda, há regras estritas que regem o direito humano de pessoas presas de serem alojadas em condições justas que respeitem a privacidade de cada uma. Em Amerswiel, onde realizamos a maioria das nossas entrevistas, cada mulher tem seu próprio quarto privado, bem como um banheiro. Amerswiel é designada como prisão fechada: no sistema holandês, depois de cumprirem dois terços da pena, detentos podem ser transferidos de uma prisão fechada para uma semiaberta, o que permite visitas domiciliares regulares nos fins de semana. Durante os seis meses anteriores à libertação, presos podem mudar para uma prisão aberta, em que trabalham nas comunidades vizinhas durante a semana e passam fins de semana em casa com as famílias.*

A prisão de Amerswiel está localizada em Heerhugowaard, uma pequena cidade a 45 minutos de Amsterdam. Fica em um prédio que também abriga um presídio distinto para homens. No momento de nossas entrevistas, havia 79 detentas alojadas em quatro unidades. A Unidade de Curta Permanência alojava 26 detentas cumprindo menos de um ano de pena, bem como as que aguardavam julgamento. Como não existe um sistema de fiança no país, mulheres consideradas em risco de reincidência ou de fuga (principalmente oriundas de outras nações e acusadas de tráfico de drogas) são mantidas em unidades de curta permanência com detentas sentenciadas. A Unidade de Longa Permanência abrigava 27 mulheres com penas superiores a um ano. A sentença mais longa na época de nossas entrevistas era de doze anos. Das outras duas unidades, uma é chamada de Unidade de Orientação Individual, um ambiente especial para as categorizadas como pessoas com transtornos mentais, mas que não possuem problemas com drogas. A outra é a Unidade de Reabilitação de Drogas. Cada uma dessas duas unidades abrigava treze detentas e estava organizada em torno de rotinas muito mais rigorosas que as duas anteriores. Na Unidade de Reabilitação de Drogas, por exemplo, as prisioneiras tinham sessões de grupo regulares, às vezes diárias, entre si, durante as quais discutiam fatores que poderiam mantê-las fora

---

* A transferência para regime semiaberto ou aberto funciona caso a caso, dependendo do cumprimento de certos critérios por parte da prisioneira. Ela deve ter endereço residencial na Holanda, não pode usar drogas, não pode ser considerada um "perigo para a sociedade" e deve ter demonstrado "bom comportamento" no regime anterior.

da prisão e longe das drogas, bem como seus próprios comportamentos dentro do grupo. O objetivo anunciado dessa unidade era motivá-las a entrar voluntariamente em clínicas de reabilitação após serem libertadas.

Tendo visitado diversas cadeias e prisões nos Estados Unidos, ficamos imediatamente impressionadas com as condições de vida em Amerswiel. Todas as mulheres estão alojadas em celas individuais, com onze metros quadrados, cada uma com uma janela (que não abre) voltada para o campo de esportes ou para o pátio de exercícios. A mobília-padrão em cada cela consiste em cama, escrivaninha, cômoda, armário, cadeira móvel e mesa de centro, quadro de avisos e prateleiras para livros, alimentos e outros pertences. Além disso, anexa a cada cela há uma pequena alcova que abriga um banheiro privativo contendo não apenas um vaso sanitário e uma pia, mas também um chuveiro. Mulheres com crianças pequenas ficam alojadas em quartos um pouco maiores, com uma área extra onde a criança pode ser banhada e alimentada.

Também se possibilita que as mulheres aluguem das autoridades penitenciárias — e a maioria delas escolhe fazer isso — um aparelho de televisão, sem censura de programação (incluindo uma abundância de filmes eróticos intensos), uma pequena geladeira, um aparelho de CD/fita cassete/rádio e uma máquina de café, tudo a um custo de 11,5 florins holandeses por semana. A maioria das celas trazia a marca da individualidade de suas ocupantes, decoradas com fotografias, cartões-postais, colchas, cortinas e capas de almofadas coloridas. Várias mulheres mantinham pássaros — calopsitas, periquitos ou agapórnis — em seus quartos. Não há uniforme de prisão: todas elas usam suas próprias roupas.

Nas unidades de curta e longa permanência, no meio de cada corredor em que estão situadas as celas, existe uma sala de estar para detentas com sofás, mesas e cadeiras. No final de cada corredor há duas salas comunitárias, cada qual provida de equipamentos de cozinha, mesas de jantar, televisão, cadeiras confortáveis e mesas de centro. Fora desses recintos há dois telefones públicos.

As salas de estar comunitárias são elementos-padrão da arquitetura da maioria das cadeias e prisões dos Estados Unidos. O significado especial delas em Amerswiel reside no papel que desempenham na promoção da construção de comunidades autônomas entre reclusas. Na maioria das prisões femininas estadunidenses, há uma cultura tradicional de estruturas familiares substitutas clandestinas* que as mulheres criam como forma de construir mundos que parecem não ser afetados pelos regimes prisionais.[15] Em Amerswiel, as detentas construíram comunidades entre si por meio de coletivos para cozinhar e comer. Nas salas comunitárias, os utensílios de cozinha estão à disposição de todas, de acordo com o horário que elas mesmas criam. Além disso, os alimentos vendidos na loja da prisão consistem não somente em produtos enlatados e secos, mas também frutas frescas, vegetais e carne. É verdade que a necessidade força as mulheres a estabelecer essas relações coletivas de cozinhar/comer — sem exceções, a comida preparada na prisão foi descrita como "horrível" ou "comida de cachorro" —, mas também é nítido que os coletivos alimentares criam espaço para práticas não reguladas e laços muitas vezes duradouros entre as presas de Amerswiel.

Considerando que muitas das comodidades da vida na prisão — televisões, aparelhos de CD/fita cassete, geladeiras etc. — custam dinheiro, questionamos imediatamente se a situação não privilegiava detentas com acesso a recursos financeiros externos. Acontece que é exigido que todas as detentas trabalhem (ou estudem), ganhando até 27 florins holandeses por semana, se não fo-

---

* Com frequência chamadas de pseudofamílias, essas estruturas são muitas vezes bastante complicadas, incluindo mães, pais, filhos e filhas, assim como avós, tios, tias e primos.

rem sentenciadas, e até 53 florins por semana se forem. A jornada de trabalho é de quatro horas; elas podem dedicar o resto do dia a atividades voluntárias, como visitas ao pátio de exercícios, quadra (para vôlei, futebol ou aeróbica), academia (sala com pesos livres, aparelhos de musculação e aparelhos aeróbicos), aulas de artesanato e de informática e biblioteca. O trabalho remunerado era em geral caracterizado como chato — elas fabricam tapetes para carros e pequenos brinquedos, além de embalar produtos de limpeza. Apenas as que estavam estudando ou cujo trabalho como zeladoras lhes permitia circular livremente pela prisão pareciam realmente gostar do que faziam.

O fato de o livro mais emprestado da biblioteca ser *Handbook for Prisoners' Rights* [Manual dos Direitos dos Prisioneiros] (que contava com diversas cópias disponíveis) foi mais uma indicação do quanto as presas eram encorajadas a afirmar e defender seus direitos. A biblioteca também possui uma série de fichários grandes contendo artigos de jornal de cada mês sobre questões jurídicas, circulares do Ministério da Justiça sobre políticas e procedimentos e informações sobre todas as reclamações e queixas recentes apresentadas por pessoas presas na Holanda, bem como os resultados dessas reivindicações. Na verdade, ficamos constantemente impressionadas com a profundidade do conhecimento da maioria de nossas entrevistadas em relação a seus direitos como detentas. Elas também compõem uma comissão que com frequência apresenta queixas à administração. A comissão também tem poder para apresentar reclamações a um órgão civil designado para esse fim.

Em comparação com nosso trabalho com detentas na Califórnia, essas mulheres nos impressionaram pelo senso de agência em circunstâncias inerentemente concebidas para roubar a liberdade delas. Pareciam estar muito mais conscientes de seus "direitos humanos" como presas. Talvez seja por isso que relataram níveis tão baixos de tensão entre elas, o que contrastava com a tensão constante e os frequentes confrontos físicos entre as detidas em San Francisco. Nenhuma das entrevistadas conseguia se lembrar de uma briga entre elas em Amerswiel. Pelo contrário, parece ter se desenvolvido nessa prisão uma cultura de partilha muito expressiva. Uma mulher de outro país europeu, presa sob acusação de atuar como mula do tráfico de drogas, que não tinha amizades ou parentes na Holanda, contou que outras mulheres de sua unidade lhe deram comida, cigarros e conforto enquanto ela estabelecia uma base financeira e superava sua profunda desorientação.

MULHERES ENCARCERADAS E SEUS FILHOS E FILHAS

A configuração mais óbvia de problemas enfrentados por muitas mulheres presas emerge das diversas formas como seus filhos e suas filhas sofrem com as circunstâncias do encarceramento. Na verdade, essa é muitas vezes a única questão específica de gênero reconhecida por dirigentes envolvidos na elaboração de políticas que se atêm a condições prisionais. Por mais importante que o manual *Making Standards Work* seja, ele também é fraco por conta de sua tendência a confundir a condição de mulher e a maternidade, o que resulta na pressuposição de que se interessar pelo gênero no desenvolvimento de boas práticas prisionais é a mesma coisa que atentar para as necessidades das crianças de mulheres encarceradas. Por exemplo:

> O dilema de manter ou não [os bebês com suas mães] é real. *Os interesses da criança são soberanos*. Os vínculos com a mãe são de grande importância nessa fase inicial. Quando crianças pequenas são detidas com suas mães, não são presas no sentido mais comum, e o tratamento dispensado a elas deve refletir esse fato.[16]

No âmbito de um discurso de direitos, a implementação abstrata dos direitos das crianças pode potencialmente justificar a usurpação dos direitos da mãe de formas que, infelizmente, podem fazer coro à construção contemporânea da ideia de "direitos fetais" nos debates políticos dos Estados Unidos. No entanto, ao argumentar contra a priorização acrítica dos interesses da criança, não pretendemos minimizar a importância de contestar as maneiras como o encarceramento rompe as relações entre mãe (e pai) e filhos. Inclusive, nossas entrevistas revelaram que esta era uma preocupação central — e não apenas entre mulheres com crianças pequenas. Na verdade, trata-se meramente de sugerir que os direitos humanos que as presas possuem não devem ser considerados concorrentes ou hierárquicos entre si. Em outras palavras, o direito ao respeito pela vida familiar não precisa, por exemplo, prevalecer sobre — ou competir com — o direito da mulher ao autodesenvolvimento.

A Prisão Femina Amerswiel é única porque sua diretora, Bernadette van Dam, é uma defensora feminista internacionalmente reconhecida dos direitos de mães encarceradas e de suas crianças. Muitas de nossas entrevistadas expressaram admiração por suas campanhas públicas para tornar as condições prisionais menos violadoras das relações familiares. Embora ainda deixe muito a desejar, o sistema holandês é consideravelmente mais avançado do que o estadunidense no que diz respeito à vida familiar.* Em um

---

* Jan Nederveen Pieterse apontou que a "orientação familiar que contribui para regimes prisionais humanos também [tem servido] para manter as mulheres no lar". Nesse sentido, o "direito à vida familiar", como princípio dos direitos humanos, tem sido invocado em muitos contextos de maneira a perpetuar a subordinação de mulheres. O desenvolvimento do Estado de bem-estar social na Grã-Bretanha, por exemplo, revela tal abordagem ideológica (ver Fiona Williams, *Social Policy*). Na nossa discussão sobre o direito à vida familiar, tentamos, portanto, desarticular a preocupação de mulheres presas com seus filhos e filhas da retórica familiar patriarcal e heterossexista predominante.

plano mais básico, mulheres têm o direito de serem visitadas por filhos e filhas. Em prisões fechadas, como Amerswiel, as visitas são realizadas em salas de visitas formais, nas celas das mulheres, em salas reservadas para visitas não supervisionadas (onde parceiros e parceiras sexuais também podem se encontrar) e nas festas infantis realizadas nos feriados cristãos (participamos de uma dessas, já que a Páscoa caiu no meio do nosso período de entrevistas). Além disso, presas que tenham um endereço adequado segundo as autoridades — e isso geralmente exclui mulheres "estrangeiras" —, por meio de solicitação e a critério da diretora, podem ir para casa e passar um fim de semana a cada dois meses com os filhos e parentes/amigos durante o último ano de uma sentença longa.

Visitamos também uma prisão semiaberta localizada em Sevenum, onde filhos de até os quatro anos de idade podem morar com as mães. Esse é um avanço recente, ocorrido nos últimos três anos. Na tentativa de diminuir os efeitos óbvios do encarceramento sobre as crianças, todas elas frequentam uma creche na comunidade local.* Além de unidades onde as mães podiam assistir a aulas de educação parental e visitar um parquinho, havia também um jardim infantil com cabras e outros animais de pequeno porte. A maioria das mulheres encarceradas em Sevenum é classificada como de baixo risco de fuga ou já cumpriu dois terços de sua pena em instituições como Amerswiel. Se seus endereços forem adequados para as autoridades, elas também poderão passar fins de semana em casa a cada quatro semanas.

A terceira forma de encarceramento na Holanda é a prisão aberta, em que detentas trabalham na comunidade próxima ou

---

* A escolha está alinhada com a recomendação de que, "a não ser que um bebê ou uma criança pequena seja retirada do ambiente prisional toda semana para ver o mundo exterior, a aprendizagem e o desenvolvimento emocional podem ser retardados e a adaptação à sociedade pode ser comprometida" (Penal Reform International, *Making Standards Work*, p. 130).

participam de um programa de formação durante o dia, passam as noites dos dias úteis na prisão e vão para casa nos finais de semana. As prisões abertas, aliás, fecham todo fim de semana. Às vezes, mulheres que estão na prisão há muito tempo se mudam para uma instituição aberta a fim de começarem a restabelecer relações com os filhos. Assim, os três principais tipos de prisões — as fechadas, as semiabertas e as abertas — permitem que presas mantenham ou renovem relações com seus filhos.

Isso não quer dizer que o processo de criar ambientes prisionais habitáveis para mães e crianças seja inequívoco. Fleur, cuja filha de quatro anos estava sob os cuidados dos avós de setenta anos, argumentou que, embora as instalações de Sevenum fossem "boas", a rotina era muito pesada tanto para a mãe quanto para a criança.

De manhã elas têm a mesma rotina que a nossa, então, dentro de uma hora devem vestir suas crianças, tomar banho, comer e levar os filhos lá para baixo [para o grupo de recreação da prisão ou da comunidade]. Você fica maluca! Elas [as crianças] não têm autorização para circular pelo prédio. Às vezes podem ir ver os animais daqui, mas são muito rigorosos.

O fato de a rotina não precisar ser tão rigorosa foi demonstrado pela descrição que Rosa fez do tempo que passou em Breda, outra prisão fechada, antes de vir para Amerswiel.

Me colocaram em um quarto duplo, lá o bebê vem em primeiro lugar. Eles oferecem horários flexíveis para você ter oportunidade de fazer a comida. Você pode tomar sol com o bebê. Como não tem chuveiro na cela [ao contrário de Amerswiel], quando a mulher vai se lavar, guardas tomam conta do bebê.

No entanto, quando a criança tinha oito meses, ela decidiu que "estava exausta, não aguentava mais", e agora seus filhos estão em Amsterdam, aos cuidados de seu companheiro, que não está mais encarcerado.

Anna também decidiu que não queria o bebê com ela na prisão. "Aí eu decidi, bom, tinha uma mulher aqui, e ela ainda está aqui com o bebê dela, mas eu percebi que acabam sendo várias mães, sabe. [...] Não quero isso para [meu bebê] também." Na verdade, outra mulher da unidade de Anna comentou numa reunião de grupo que esse bebê tinha 27 mães — e que não havia a possibilidade de ela submeter uma criança a cuidados tão intensos. Esse não era o principal sentimento entre as mulheres que entrevistamos — é difícil dizer se houve um sentimento principal —, mas ficou nítido que o encarceramento de crianças com as suas mães não está livre de complicações.[17]

Entre as nossas entrevistadas, todas as mulheres que eram mães viam e/ou conversavam com filhos com a maior frequência possível. As que optaram conscientemente por renunciar às visitas de crianças explicaram que estavam relutantes em sujeitá-las às condições repressivas sob as quais viviam, mesmo que pelo tempo relativamente breve de uma visita. Quando Claudia, cuja família vive na Colômbia, descreveu sua detenção, ela expressou profunda preocupação com o impacto que isso teve na filha de oito anos e contou sua própria experiência do ponto de vista da criança, que estava com ela na hora.

[M]inha filha gritou pra mim: "Mamãe, mamãe, estou com tanto medo". E eu disse para a minha menina: "Se acalme, não tem nada acontecendo". Aí a polícia encostou a pistola na lateral do meu corpo. E disse "cale a boca", mas continuei falando com ela. Eu disse: "Não, não, não tem nada acontecendo". E imediatamente a polícia colocou um pano preto na minha cabeça e me algemou. E eu ouvi minha menina gritando: "Mamãe, mamãe, isso não é possível. O que está acontecendo?". [...] E eu continuei falando com minha filha, aí o policial colocou a mão na minha boca para me calar e eu mordi a mão dele.

Claudia continuou a explicar como a polícia se recusou a deixá-la falar com a filha na delegacia e as dificuldades para encontrar alguém que cuidasse de seus filhos (ela também tinha um menino de dezesseis meses).* Mais ou menos uma semana depois, a irmã dela, Victoria, chegou da Colômbia para cuidar da menina. Finalmente foi tomada a decisão — "quando minha filha viu que eu estava presa, ela ficou muito traumatizada" — de mandar a criança de volta para a Colômbia. No dia em que a filha foi colocada no avião, a irmã de Claudia, Victoria, também foi presa.

As relações com as crianças muitas vezes dão origem a complexas questões de ética. A preocupação das mulheres com seus filhos ficava evidente não só pela maneira como menções às crianças evocavam grande ternura e amor, mas também por suas difíceis decisões em relação à honestidade para com seus filhos. Por exemplo, embora todas as mulheres estivessem conscientes, sem exceção, de "que as crianças [...] sofrem discriminação, estigmatização e outras dificuldades após o encarceramento da mãe ou do pai",[18] a maioria não escondeu o fato dos filhos. Dawn, uma prisioneira de longa permanência, preferia Amerswiel (para onde tinha sido transferida recentemente) porque podia ver suas crianças duas vezes por mês para uma visita de duas horas. Embora gostasse das festas vespertinas que aconteciam nos feriados cristãos como Natal e Páscoa, ficava claro que ela preferia as visitas "regulares" das crianças em sua própria cela.

---

* Imediatamente após a prisão da irmã de Claudia, o filho de dezesseis meses passou a ficar sob os cuidados dos sogros dela, de quem o bebê era neto biológico. Eles não sentiam que tinham como cuidar da menina, filha de um casamento anterior.

Mas aqui eles podem vir, dá para fazer um doce [...] como se fosse em casa. E eu gosto disso. É a única coisa que eu gosto. [...] É importante. Eu me importo que meus filhos possam entrar, que possam ver onde a mãe deles fica, sabe, que possam ver onde eu durmo, como é meu quarto, com as fotos deles aqui.

Maureen, que estava na prisão por matar o marido abusivo (ele tinha um histórico de violência física contra ela e o enteado, de 12 anos), tinha dois filhos morando em lares adotivos separados. Como representante de sua unidade na comissão de presas (Codego), ela frequentemente atua como defensora dos direitos de suas associadas e expressou preocupação

com os filhos delas. Vejo mulheres que não querem mais brigar pelos filhos, óbvio que elas se sentem muito culpadas, estão no erro há muito tempo, como tem muita gente aqui que foi viciada em drogas lá fora e quando entra para de usar, o lado emocional da vida delas começa a vir à tona. Na maioria das vezes se sentem culpadas demais pra tentar brigar para que as crianças possam visitar.

Enquanto refletia sobre as maneiras como incentivou outras mulheres a fortalecer laços com seus filhos, Maureen também descreveu sua própria situação:

Uma das formas é a licença social, ou licença para ver os filhos, e é isso que ando tentando fazer. Ficar dois dias lá fora, em um dia ver minha filha no lar adotivo, porque quero ver onde ela está. E ela quer me mostrar onde mora. A escola em que ela estuda, as coisas que faz, o quarto, os professores, tudo. Ela quer me mostrar, e em primeiro lugar é muito importante para eles que eu vá lá, e em segundo lugar é importante para mim ver onde estão morando.

Outro tema que surgiu das entrevistas foi a maneira como as crianças muitas vezes suportam o fardo de um processo de criminalização que tem mais a ver com o mero fato do encarceramento de suas mães do que com a culpa ou inocência delas. Amina, cujo julgamento ainda não tinha ocorrido, fez observações astutas sobre o impacto criminalizante de sua detenção e os efeitos que teve sobre seus filhos:

> Me deram um papel — "criminosa". Agora tem criminosa escrito nas minhas costas. [...] É ruim para meus filhos. [...] Para mim não é um problema [tão] grande. Mas para as crianças. [...] Quando eu voltar lá pra fora, vou contar o que aconteceu. [...] Porque talvez fiquem sabendo pela boca de outras pessoas.

Amina não contou aos filhos que estava na prisão ("meus filhos acham que estou num hospital, doente"). No dia seguinte à entrevista, ela e a cunhada foram a julgamento, com outros membros da família e, segundo outras mulheres de sua unidade, as duas foram absolvidas.

À luz do reconhecido direito humano de prisioneiras serem livres de tortura e outros maus-tratos, pode ser produtivo considerar mais do que uma metáfora as declarações das mulheres de que a preocupação com seus filhos foi usada como uma forma de "tortura". Segundo Victoria (irmã de Claudia),

> Quando você é presa, a polícia tortura você com o problema das crianças. [...] Aquela ali não vai poder ver os filhos de novo. O que as crianças vão sentir quando souberem que a mãe está na prisão? [...] E eu disse que não era problema deles, era problema meu resolver o que eu ia dizer para minha filha e quando, como eu ia contar para minha filha que eu estava na prisão.

Rosa estava grávida de quatro meses quando foi presa em novembro de 1994 e mantida em Breda, a prisão mais antiga da Holanda.

Breda é uma prisão muito antiga. Então eu só via um pedacinho do céu. Mas as guardas têm o coração gentil. Quando cheguei, eu estava chorando muito e pedi para não me mandarem para cá. Quando eu estava grávida deixavam a porta (da minha cela) aberta o tempo todo. A guarda me ajudou a limpar o quarto em Breda. Porque eu estava tão... eu estava com uma barriga tão grande que não conseguia colocar a meia-calça, e a guarda veio, secou meus pés e colocou minha meia-calça.

Rosa descreveu então a sua experiência de dar à luz na prisão.[19]

Quando eu estava prestes a dar à luz, disse ao médico: "Só me dê uma injeção e eu vou ter o bebê bem rápido para poder voltar pra prisão". [O trabalho de parto começou às] nove horas da manhã, e ao meio-dia Angela já tinha nascido, e uma da tarde eu estava de volta àquele hospital horrível. Com fome, com sede, perguntei ao guarda: "Você poderia me dar uma limonada?". Ele disse: "Beba água". Eles não me davam nada. [...] Passei mais dez dias lá. Um dia fiquei com raiva porque Angela estava chorando sem parar com a barriga doendo e ninguém apareceu. Então peguei uma cadeira e quebrei a janela, e aí veio todo mundo. E eu disse: "Ninguém entra. É só chamar um carro e me levar de volta para a prisão ou vou quebrar tudo aqui". [...] No dia seguinte voltei para a prisão. Mas primeiro apareceu uma mulher com papéis ameaçando botar Angela para adoção. Eu queria matar ela [a mulher] [...], ela ia dar o bebê para adoção porque eu não poderia passar muitos anos com ela na prisão. "Só um momento", eu disse. Coloquei o bebê na cama, peguei um jarro de flor e bati na mulher, aí ela fugiu.

Essa longa citação nos permite ver como o racismo (Rosa é colombiana), o encarceramento e o gênero convergiram no caso do nascimento de Angela. A quebra da janela e do vaso de flores por parte de Rosa, fato que não teve repercussões graves na duração de sua pena ou nas condições de seu encarceramento, demonstrou que mesmo quando os imperativos institucionais trabalham contra as mulheres presas, elas próprias, nas condições predominantes no sistema da Holanda, podem desafiar esses imperativos de maneira criativa.

Assim, o sistema holandês permite, de maneira limitada, que bebês e crianças pequenas permaneçam com suas mães. No entanto, como já apontamos, também é evidente que existe aqui um dilema. Na maioria das vezes argumenta-se que os interesses da criança são soberanos. Ainda assim, não há como separar os interesses de uma mãe encarcerada e de suas crianças.[20] A preocupação óbvia das mulheres com seus filhos não se traduz num argumento inequívoco a favor de manter as crianças na prisão com as mães. Isso se dá não apenas porque manter uma criança sob custódia pode encobrir o fato de esta não estar sendo punida pelo Estado, mas também por conta do potencial de controle do comportamento da mãe por meio de seus filhos. Não vimos evidências de tal tipo de intimidação em Amerswiel, apesar de termos ouvido falar de comportamentos alarmantes da polícia no ato da detenção.

Num momento em que os direitos humanos de pessoas presas são sistematicamente transgredidos em todo o mundo, o argumento fácil de que seria de grande benefício para mães e crianças permanecerem juntas, mesmo sob as circunstâncias do encarceramento, equivale a impor uma obrigação moral às mulheres presas de sujeitar seus filhos às mesmas formas de repressão que elas vivenciam. Segundo Fleur:

> Se você fala de mulheres, mães com seus filhos na prisão, você tem que distinguir duas coisas: o benefício da mãe e o benefício do

filho. Assim, às vezes... [a criança] constrói uma relação com a pessoa que está criando ela, sabe? Então, se você tira a criança da mãe... aos nove meses pode haver alguns problemas mentais, porque a criança é muito conectada com a pessoa que via o tempo todo. Mas, por outro lado, uma criança também precisa viver experiências, e se tem tão pouco ao redor dela, e se a mãe da criança está tão tensa...

Ela continua:

Mas também tenho que ser sincera. Tem umas mulheres aqui que a criança está melhor aqui do que lá fora. Porque tem umas mulheres... elas dizem que não são usuárias de drogas, mas tinha uma que deixou o filho no carro enquanto estava [transando com um cliente]... e umas mulheres não sabem cuidar de si mesmas. Então como é que vão cuidar da criança?

Existe, portanto, outro nível de complexidade que muitas vezes não tem sido abordado na bibliografia sobre filhos e filhas de mães encarceradas.[21] Na nossa discussão anterior acerca da questão, salientamos que um foco acrítico no papel de mulheres como mães promove noções patriarcais de que o dever e a responsabilidade primárias delas é para com seus filhos. Além disso, tais argumentos reinscrevem abordagens biologistas de família nuclear para mães e crianças, e não abordagens feministas que se referenciam em direitos humanos.[22] É esta última que informa nosso trabalho.

Uma perspectiva voltada para os direitos humanos também permite que definamos o discurso de infantilização que tem sido historicamente produzido por sistemas generizados de encarceramento como base para toda uma série de violações desses direitos. Nas palavras de Cecilia: "Você não pode falar porque aqui você não pode fazer nada, porque eles que mandam, você é a criança. Enxergam você como uma criança".

Nancy concordou: "Me sinto como uma criança. [...] [Eles] mandam você ir para o seu quarto, fecham a porta, é como se você não tivesse direito nenhum, sabe?". Ser tratada como criança nega às mulheres qualquer tipo de agência ou qualquer tipo humanidade. Embora não se devesse também definir crianças somente como dependentes e, portanto, como menos que humanas, também é verdade que infantilizar pessoas adultas reforça as hierarquias inerentes aos regimes prisionais. Crianças também são, quase sempre, financeiramente dependentes de outras pessoas, e esse também costuma ser o caso de mulheres encarceradas.

> Kum-Kum: O que você mais odeia sobre estar na prisão?
> Carol: Ser dependente financeiramente — da minha família. Antes de ser presa, eu tinha minha própria casa.

Tratar mulheres como crianças significa que elas não são vistas como agentes independentes. Dawn disse que o "ruim (da prisão) é que todas as pessoas, guardas, quer dizer, a justiça, o juiz, você está sozinha aqui e depende de outras pessoas. Você não tem como fazer nada sozinha". Acontece também, argumentou uma mulher, que, em geral, os guardas podem ter mentalidades fechadas, principalmente se vierem de uma região da Holanda que ela associou a atitudes provincianas.

> Fleur: Eles não são abertos. Então, quando lidam com as mulheres que falam espanhol, tratam elas como se não fossem pessoas adultas. Como se estivessem lidando com crianças, sabe? E fico muito irritada com esse tipo de abordagem. *Odeio* isso.

Esse tipo de racismo também fica evidente em relação a mulheres cuja residência oficial é fora da Holanda, bem como a mulheres privadas de moradia dentro do país. O fato de elas só poderem visitar familiares se o endereço for aceitável para as autoridades significa que quem não têm residência permanente no país — com frequência, mas não exclusivamente, mulheres de outras nacionalidades — nunca pode sair da prisão para uma viagem de final de semana, mesmo que a pessoa seja elegível para uma licença desse tipo. O desequilíbrio, que é consequência do fato de uma mulher ser "estrangeira" (e geralmente de cor), significa que, apesar da reputação da Holanda de ser um país com níveis muito baixos de tensão racial pelas políticas governamentais progressistas, o racismo institucional faz parte do sistema prisional. Mulheres não residentes estão, portanto, sujeitas às mais óbvias violações dos direitos humanos.

Prisões femininas, contudo, não precisam induzir apenas dependência, domesticidade e obediência, e descobrimos que as mulheres com quem falamos em Amerswiel eram quase todas capazes de expressar sentimentos e esperanças que dificilmente poderíamos imaginar articuladas por encarceradas na Califórnia. Frances tinha acabado de voltar de uma visita não supervisionada ao namorado, que estava detido na prisão para homens localizada no mesmo prédio.

Quero ter um filho com ele. Mas isso representa anos frustrantes, porque já tenho 44 anos. Engravidar, dar à luz um bebê saudável... mas ter mais problemas e estar aqui, é meio ano de atraso. E já estou atrasada. É isso que me preocupa. Às vezes me dá uma sensação de que não consigo respirar porque não tenho mais tempo.

Também ficamos impressionadas quando as mulheres falaram com grande admiração sobre Bernadette van Dam, a diretora da prisão. Anna, por exemplo, ao discutir o apoio institucional a mulheres com filhos em Amerswiel, observou: "Acho que ela (a diretora) é muito positiva. Uma boa mulher. Realmente faz muito pelas crianças". Na mesma perspectiva, Myrna disse sobre Van Dam: "Acho que ela é uma lutadora. Pelos direitos das mulheres e por um tipo diferente de prisão".

AGÊNCIA E EMPODERAMENTO

Ao entrevistar mulheres encarceradas na Holanda, tentamos averiguar até que ponto as práticas prisionais desse país encorajavam estratégias pessoais voltadas para o futuro e até que ponto nossas entrevistadas se sentiam capacitadas para fazer observações críticas sobre suas experiências na prisão, bem como para exercer o direito de escolher como moldar sua própria vida dentro e fora de suas experiências de reclusão. Será que elas conseguiam imaginar vidas significativas e criativas para além do tempo que passaram presas, e será que as condições permitiam que se empenhassem em esforços significativos para adquirir conhecimentos e desenvolver habilidades que pudessem utilizar quando fossem libertadas? Ao formular essas questões não estamos entrando no antigo debate sobre o papel do encarceramento como reabilitação. Em vez disso, estamos especialmente interessadas nas maneiras como nossas entrevistadas forjaram suas autorrepresentações como mulheres empoderadas e com um senso de agência. Assim, relacionamos as perguntas ao direito ao autodesenvolvimento tal como formulado pela Penal Reform International.

Certo número de mulheres parecia ter muita paixão por seus esforços para adquirir habilidades profissionais. Anna, que já mencionamos, é uma das integrantes do Codego, a comissão de presas que apresenta queixas à administração e ao órgão externo que trata das reclamações contra os funcionários fardados e não fardados da prisão. Ela indicou que conseguiu usar seu tempo de cárcere para se fortalecer e sente que vai querer continuar com o trabalho para melhorar as condições prisionais das mulheres quando for libertada. Está estudando tecnologia da computação e tentando aprimorar suas habilidades em idiomas. De ascendência caribenho-holandesa, ela é fluente em holandês, inglês e espanhol. Em vista do número significativo de detentas que falam espanhol e inglês, seu conhecimento dessas línguas provavelmente desempenhou um papel importante na eleição de Anna para a comissão.

As respostas dela às nossas perguntas sobre a importância de seus estudos nos ajudam a complexificar a questão de como o encarceramento rompe laços entre mãe e filhos. Assim como indicado antes, uma das práticas prisionais inovadoras que está sendo explorada pelo Ministério da Justiça holandês é o estabelecimento de condições que permitam que as crianças permaneçam com as mães encarceradas até os quatro anos de idade. Anna foi incentivada a se transferir para Sevenum, onde poderia ficar com seu bebê. No entanto, ao saber que as condições ali não seriam tão favoráveis aos seus estudos quanto em Amerswiel, decidiu não fazer o pedido de transferência.

> [Então] me recusei a ir, porque estudar aqui é muito melhor, os professores realmente te ajudam mais e… percebo que isso é mais importante para mim agora. Porque meus filhos estão bem, meus pais estão cuidando deles, e o que é importante para mim é me desenvolver, sabe. Porque quando eu sair, vou poder fazer alguma coisa.

A decisão foi tomada apesar de Anna, muito provavelmente, ter recebido críticas de pessoas que sentem que, ao colocar os próprios interesses de autodesenvolvimento acima dos interesses da criança, ela não está sendo uma boa mãe. Talvez sua oposição ao arranjo de Sevenum — ela afirma que sua criança teria "muitas mães" ali — seja no sentido de contestar tais críticas.

Exemplo igualmente interessante de uma mulher que criticou oportunidades institucionais foi a decisão de Linda de recusar a possibilidade de ter relações sexuais com o marido durante as visitas mensais não supervisionadas permitidas pela prisão. Ela disse que não suportava a ideia de fazer sexo na mesma cama que outros detentos e seus parceiros. Embora na verdade haja dois quartos e duas camas, para os homens e as mulheres presos em Heerhugowaard, Linda disse: "Não gosto disso. Não, não. Todo mundo na mesma cama. Só tem uma, não tem quatro ou cinco. Uma. E um quarto".

Em vez de "sexo de verdade", ela apontou que prefere assistir a filmes eróticos, que são transmitidos diariamente nas televisões que quase todas as detentas têm em seus quartos. Além disso, instruiu o marido a explorar outras possibilidades sexuais, mas que praticasse sexo seguro. Após sua libertação, e antes de retomar uma relação sexual com ele, ela vai insistir que ele faça um teste de HIV.

Ficamos particularmente impressionadas com a maneira como o esforço de uma presa para se educar foi elogiado por suas colegas. Durante o período em que conduzimos as entrevistas, em abril de 1996, Andrea estava se preparando para seu primeiro dia de trabalho externo. Inclusive, um dia, enquanto esperávamos o trem para Amsterdam na estação ferroviária de Heerhugowaard, a vimos desembarcar e se preparar para voltar de bicicleta para a prisão. Como ela foi a primeira mulher na história do presídio a ter permissão para trabalhar fora, seus feitos se tornaram lendários entre suas colegas, bem como entre guardas e os funcionários da administração. Myrna, que tem 64 anos e disse: "Me sinto perto do fim", insistiu que "deveria haver mais possibilidades para estudar". "Você lembra de Andrea, uma linda moça de cor? Hoje é o primeiro dia de aula dela ensinando assuntos de informática. Estou muito orgulhosa. É incrível, com o tempinho que ela teve, conseguiu o diploma e agora está dando aula."

Quando perguntamos se Jean considerava possível combater a discriminação generalizada contra ex-presidiárias, ela respondeu afirmativamente em relação aos casos em que a detenta consegue estudar e obter um diploma: "Andrea está fazendo isso, por exemplo".

Aos 27 anos, Andrea é a caçula em uma família com dez filhos, não tem planos de se casar e não fez referência ao desejo de ter filhos. Ela tem pouco contato com a própria família, embora tenha expressado um profundo senso de responsabilidade pelo cuidado com sua mãe doente. Em vez de receber visitas dos irmãos, prefere que lhe mandem o dinheiro que poderiam usar para a passagem de trem. Assim como Anna, ela recusou a oportunidade de ser transferida para Sevenum, que não apenas aloja mães com seus filhos, mas também é a única prisão semiaberta para mulheres no país. Apesar de muitas das entrevistadas ficarem ansiosas em relação ao último período da pena, durante o qual são elegíveis para se transferir para Sevenum, assim como Anna, Andrea optou conscientemente por não solicitar a entrada na prisão semiaberta — a estrutura para estudo lá não é tão estável quanto a de Amerswiel. Em resposta a uma pergunta sobre por que ela não queria ser transferida, ela disse:

> Porque lá é sinistro. O lugar é… as pessoas são diferentes de como são aqui. E a estrutura para estudo de lá é ruim. E não quero trabalhar o dia inteiro, das oito às cinco, e não fazer nada. Só quero estudar e pegar meus papéis antes de sair. E a unidade que eles têm para isso não é tão boa quanto a daqui. Não tenho ajuda, ninguém para me ajudar lá, e aqui tenho muita ajuda dos professores.

Andrea também tem uma noção realista de suas próprias limitações e teme que, se fosse para Sevenum, acabasse não voltando depois de um fim de semana em casa. "Se eu for para lá e me deixarem em liberdade condicional, vou ficar longe. Não vou voltar. Não vou terminar de cumprir pena, não. Então esse é um dos motivos por que não quero ir." No entanto, ela é a primeira presa em Amerswiel a ser autorizada a deixar as dependências da prisão para trabalhar num escritório ensinando as pessoas a usar computadores.

As próprias autorrepresentações de Andrea complicam a ideia de que ela é um indivíduo extraordinário e apontam para sua consciência dos sérios obstáculos materiais que sem dúvida encontrará quando terminar de cumprir sua pena. Esse é um indicativo importante de que suas visões para o futuro são muito mais do que mera fantasia. Ela se recusou, por exemplo, a afirmar que nunca mais seria presa — principalmente se não conseguisse encontrar um emprego.

> Se eu não tiver emprego, não vou ter nada pra fazer. Eu ia tentar dançar de novo. E se isso não funcionar, acho que vou voltar à ativa. Como eu tenho uma casa, tenho que pagar meu aluguel. Se minha mãe ainda estiver viva quando eu sair, quero ajudar ela e meu irmão. Quero levar um dos meus irmãos para dentro de casa e ajudar ele. Então, preciso de dinheiro, sim.

Tendo cumprido quase três anos de uma sentença de cinco, Andrea continuou conseguindo, de forma surpreendente, pagar o aluguel de seu apartamento durante todo o período em que esteve encarcerada.

A caracterização mais poderosa do desempenho de Andrea veio de Maureen, que disse: "Acho isso ótimo. Ela está lutando pelo futuro dela". Embora fosse nitidamente considerada uma exceção entre a população prisional, tanto por suas colegas quanto pelos funcionários da prisão, seus feitos pioneiros podem muito bem abrir caminho para um programa regular de licenças de trabalho em Amerswiel. Ao lutar pelo futuro dela, Andrea e outras que estão travando batalhas semelhantes demonstram que, se noções de direitos humanos — e especificamente o direito ao autodesenvolvimento — podem prevalecer sobre concepções rígidas de encarceramento, as presas não precisam ser tratadas como membros de populações descartáveis.

CRITICAR O ENCARCERAMENTO, REVISAR A PUNIÇÃO

Como sugerimos ao longo deste artigo, ficamos constantemente impressionadas pelas diversas maneiras por meio das quais as mulheres com quem dialogamos em Amerswiel expressaram seus sensos de agência pessoal. Na verdade, uma das nossas transcritoras (que também trabalhou nas entrevistas na Califórnia) comentou que, em comparação com as falas das mulheres da Califórnia, que descreveu parecerem geralmente deprimidas, as da Holanda soavam muito mais engajadas e autoconfiantes. Como esperamos que tenha ficado evidente nas seções anteriores, elas fizeram observações penetrantes sobre a situação difícil de mães encarceradas e seus filhos e sobre seus próprios autodesenvolvimentos. Foram também honestas em suas críticas à vida na prisão e apresentaram, sem hesitação, ideias a respeito de alternativas ao encarceramento.

Muitas estavam cientes dos debates atuais sobre prisões holandesas e, especificamente, da opinião conservadora de que as novas prisões são locais de quase luxo, com um nível de conforto mais parecido com hotéis ou dormitórios universitários do que com prisões que alojam "criminosos". Desnecessário dizer que tais opiniões fazem coro a ideias conservadoras contemporâneas sobre a prisão nos Estados Unidos. Para recordar um dos princípios apresentados em *Making Standards Work*, as pessoas "estão na prisão como punição, mas não para punição. A pena consiste na perda da liberdade. As circunstâncias do encarceramento não devem, portanto, ser utilizadas como punições adicionais".[23]

Apesar das circunstâncias relativamente confortáveis de encarceramento — isto é, se o encarceramento puder de alguma maneira ser descrito como confortável —, todas as mulheres, exceto uma, se sentiam bastante punidas com a privação da liberdade. Yvonne, a única exceção, achava que cumprir pena em Amerswiel não era "punição de verdade".

> A maneira como vivemos aqui nesta prisão não é castigo. Aqui é um hotel. Eu sou traficante, sabe, e tenho um monte de clientes, talvez quarenta, talvez cinquenta. Quando chega o inverno, podem roubar umas coisas, assaltar lojas, esse tipo de coisa, para entrar na prisão no inverno... Não é mais punição ficar sentado aqui. Você pode cozinhar sua própria refeição, ter seu próprio banheiro, seu próprio chuveiro. [...] Eles mimam as presas.

As observações de Carol, contudo, refletiram a consciência de que não importa quão bem as presas sejam tratadas, a perda da liberdade em si é um castigo severo. "E sinto saudade, sinto saudade das roupas com cheiro de ar fresco e das pequenas coisas: você aprecia essas coisas quando está na prisão. Porque quando você está livre, não dá o devido valor a elas."

Muitas das mulheres, no entanto, ficaram bastante surpresas ao descobrir que a vida na prisão era bastante diferente das abundantes representações na cultura popular com as quais estavam familiarizadas. É importante apontar que muitas de suas noções sobre o encarceramento foram moldadas em grande parte por filmes produzidos nos Estados Unidos. Nona disse que tinha visto "muitos filmes e documentários sobre a prisão estadunidense". Apesar de Anna não ter se referido especificamente a filmes desse país, a primeira pergunta que fez a um guarda após sua detenção — "As mulheres aqui, tem muitas lésbicas?" — foi provavelmente consequência dos estereótipos presentes nas produções dos EUA. Victoria disse que

> vemos prisões nos filmes, e eu já vi prisões nos Estados Unidos, por exemplo, onde prendem, espancam e torturam as pessoas. E achei que ia ser assim, mas acho que os presídios lá (nos Estados Unidos) são piores que na Holanda; na Holanda não é assim. A única coisa ruim que vejo nas prisões holandesas é que fecham essa porta [apontando para a porta da cela].

Considerando o quão intransigente se tornou a própria ideia da prisão como a única punição legítima (exceto talvez pela pena de morte) para pessoas que aparentemente quebraram o contrato social, estávamos mais interessadas em saber se e como as mulheres que entrevistamos dariam o difícil passo de questionar a necessidade do encarceramento. Quando perguntamos a Frances se a prisão era uma forma eficaz de punir alguém, ela respondeu:

> Acho que [a prisão] não melhora as pessoas. Deixa elas piores, porque ficam amargas quando saem daqui, muito agressivas, muito frustradas. Eu não acredito que... ser colocada na prisão, principalmente para muitas das mulheres aqui. Ok, elas fizeram algo que não deviam ter feito, mas puna de outra forma [que] não deixe elas amargas, que não separe elas da vida normal, de suas famílias. Isso só cria problemas maiores quando você sai.

Embora as pressuposições sobre o papel da prisão nos Estados Unidos tenham mudado aos poucos de uma ênfase na reabilitação para uma ênfase na punição, o discurso prisional holandês preserva o objetivo reabilitador. A capacidade das detentas de pensar seriamente sobre as falhas do encarceramento reflete o lugar central da reabilitação no discurso prisional na Holanda. Poderíamos até ir mais longe e dizer que muitas das mulheres que entrevistamos percebiam a relação inerentemente contraditória entre reabilitação e encarceramento, como foi teorizada por Foucault.*

A ideia de que a reclusão gera profunda amargura e outras disfunções psicológicas foi ecoada por muitas das mulheres. Elas também discutiram as dificuldades que com certeza encontrariam ao serem libertadas, em decorrência do escasso contato com parentes e amigos enquanto estavam presas. No entanto, não foram apontadas apenas as condições psicológicas debilitantes que podem resultar do encarceramento. Muitas delas identificaram contradições estruturais que — como Foucault apontou — fazem com que a prisão produza as mesmas condições que presume erradicar. Anneke descreveu seus sentimentos em relação à porta giratória pela qual se sai e se volta à penitenciária:

> Ela (a prisão) às vezes não funciona. Não ajuda. Eu mesma vejo isso. Entrei cinco vezes e estou de volta. Então, o que a gente precisa é [saber] como sobreviver depois dela, quando termina... Você pode ter ideias maravilhosas lá dentro... mas se você não é nada nem ninguém... vai precisar de dinheiro... e você ganha tanto dinheiro na rua, e vê outras meninas, homens e mulheres, e todos eles usam. Você cheira uma vez só, ou algo do tipo, e ali já começa, e lá vai você de novo. Aí nada mais interessa você, e você volta para a prisão. Eu acho que é uma loucura.

---

* Segundo Michel Foucault, "em 1830 já se entendia que as prisões, em vez de transformar criminosos em cidadãos honestos, serviam apenas para fabricar novos criminosos e para fazer com que criminosos existentes se aprofundem ainda mais na criminalidade". Ver J. J. Brochier, "Prison Talk: An Interview with Michel Foucault". In: Colin Gordon (Org.), *Power/Knowledge: Selected Interviews and Other Writings*. Nova York: Pantheon, 1980, p. 40.

Existe de fato uma "loucura" na suposição de que o encarceramento livrará a sociedade do crime, uma vez que ela raramente é capaz de abordar as condições que levam as pessoas aos sistemas de justiça criminal. Considerando que as condições materiais exteriores — como a pobreza, o desemprego e as consequentes economias do sexo e da droga — permanecem inalteradas, e considerando que a própria prisão constitui uma espécie de espaço abstrato em relação a condições sociais reais, ela aumenta a probabilidade de volta de um ex-detento.

Embora o consumo de drogas tenha sido descriminalizado na Holanda, o número crescente de sentenças de prisão para mulheres pode ser atribuído ao crescente tráfico e ao envolvimento delas nisso — especialmente as que vieram de países do Terceiro Mundo.

> Acho que a prisão tinha que estar lá. Existem criminosos. Acho que mulheres deveriam pegar menos tempo de pena, mas essas com as drogas, não é bom. É melhor libertar. [...] Quando é verdade que as pessoas fizeram alguma coisa, quando você tem certeza, tem que punir... mas essas pobres mulheres — você ouviu as histórias delas, as necessidades delas — é melhor libertar e mandar elas de volta para seus próprios países.

Essa opinião foi defendida por muitas, se não pela maioria das entrevistadas. Victoria argumentou que o encarceramento era uma sanção apropriada para homicídio ("Acho que tem que existir prisão... essas pessoas que cometem crimes... que matam alguém"), e Rosa considerou que o abuso sexual de crianças deveria ser motivo para prisão:

> Quando uma pessoa comete um crime real e muito grave, como matar alguém ou violar crianças, então tem que ir para a cadeia.

Mas para drogas. [...] Por que colocam pessoas na prisão por causa de cocaína? [...] tinham que colocar aquela coisa em volta do tornozelo que nem nos Estados Unidos. E para estrangeiros, é só mandar de volta para casa.

Embora existisse um consenso em relação à pena de prisão por homicídio, algumas entrevistadas foram sensíveis ao fato de que o que por vezes é classificado por sistemas judiciais como homicídio — principalmente no caso de mulheres — é muitas vezes legítima defesa, uma resposta mais ou menos racional ao abuso de um parceiro. Segundo Teresa:

> Pessoas que estão presas por homicídio não podem ter prisão domiciliar, isso não é possível. A menos que, como algumas mulheres aqui, tenha sido mais uma legítima defesa. Isso é outra coisa. Porque não posso mais chamar de assassinato. É legítima defesa. Quer dizer, que nem uma menina daqui, se um homem pega meu filho, bate a cabeça dele — "pá!"— em um prato, o prato quebra... e o rosto do menino fica todo ensanguentado, me desculpe, eu também ia matar.

A crítica de Teresa à imposição do encarceramento por atos que são respostas compreensíveis à violência doméstica revela uma sofisticação de sua parte, o que também é evidente nos seus comentários a respeito de pesquisas das ciências sociais sobre os efeitos do encarceramento em geral:

> Principalmente para mulheres, bem, até mesmo cientistas disseram, toda punição que dura mais de dois anos não faz nenhum bem. Só deixa tudo pior que antes. E é verdade, porque não tenho nem dois anos lá dentro, e até eu sinto algo assim... porque se você me pedisse para fazer algo ilegal, por escolha própria, eu di-

ria: "De jeito nenhum!", porque eu era uma menina muito boazinha lá fora. Mas agora... depende de quanto dinheiro eu for ganhar com isso... [e] de quanto tempo tenho que ficar aqui. E se eu vir que, bom, é dinheiro suficiente para ficar aqui por talvez meio ano, um ano, sem problemas. Acho que faria agora mesmo.

A ideia de que alternativas são necessárias porque o encarceramento é ineficaz como reabilitação — pois é inadequado e prejudica as crianças — foi um tema presente na entrevista de Maureen. No entanto, ela também apresentou sugestões para mudanças no sistema prisional existente. Defendeu especificamente melhorias nas áreas de educação e trabalho, e argumentou que mais mulheres deveriam optar pela educação:

> Sobre as alternativas, acho muito necessário melhorar a educação dentro da prisão e arranjar algum tipo de espaço para você poder trabalhar lá fora. Tente construir sua liberdade. Tente nos dar uma chance de mostrar a eles que a punição não é boa por tanto tempo, por um tempo tão grande. Você tem que se preparar para voltar pro mundo lá fora e poder trabalhar de novo, para poder cuidar de seus filhos. Quando fica sempre sem fazer nada e de repente sai, você é uma estranha... Acho que a única maneira de estar aqui dentro é indo para a escola. Mostrar a eles o que tem dentro de você. Mostrar a eles que você não é... uma criminosa pelo resto da vida. [...] Então precisamos mostrar que podemos sair, que a punição por tanto tempo não presta.

Embora a maioria das mulheres concordasse de imediato que deveriam existir formas alternativas de resolver os problemas para os quais a prisão é a resposta mais comum, não foi tão fácil apresentar ideias concretas sobre formas de punição diferentes e mais apropriadas. No entanto, houve referências frequentes à pulseira eletrônica que está sendo considerada atualmente ("prisão domiciliar", como era chamada por algumas) e ao emprego em serviços comunitários fora da prisão.

Kristen disse que teria preferido oferecer seus serviços a uma organização comunitária em vez do encarceramento:

> Limpar algo lá fora. Tem uma escassez de trabalhadores em lares de idosos. [...] Digamos que eu saia, vá na casa de uma senhora idosa ou na casa de pessoas idosas e prepare algo especial, que eles [me] deem um pouco de dinheiro para comprar a comida e eu cozinhe de graça. Sabe como esses idosos vão ficar felizes? Aí tem as casas de animais, os canis. Para limpar. Pessoas que amam animais, [podem ir] limpar. [...] Não precisam pagar salários, então, olha só. Tem tantas coisas para fazer lá fora.

A experiência da prisão levou algumas das entrevistadas a fazer planos para, assim que forem libertadas, trabalhar em questões relacionadas ao encarceramento de mulheres. Frances, por exemplo, queria trabalhar num programa destinado a alertar a juventude "a respeito de atos criminosos. Gostaria de trabalhar em um programa como esse para alertar as crianças a pensar duas vezes". Outras queriam trabalhar em questões relacionadas a mulheres com histórico de encarceramento. Julia queria trabalhar no projeto Tussenfasehuis* em Amsterdam — projeto que fornecia

---

* Ela descreveu o projeto da seguinte maneira: "Quando você vai para o Tussenfasehuis, trabalha em um programa, você pode trabalhar em um programa, não existem regras difíceis lá. A única coisa que dizem é: 'Não queremos você viciada em drogas', e nesse caso tiram você, colocam você para fora. 'Mas se você quiser lutar, nós vamos lutar com você, vamos te ajudar a conseguir assistência social, a pegar seu dinheiro, seu subsídio, ir ao escritório de serviço social e receber seu dinheiro todo mês, vamos tentar te ajudar a encontrar sua própria casa, uma casa alugada.' Então, eles dão um recomeço".

alojamento para mulheres libertadas da custódia, mas que, no momento da nossa entrevista, só podia acomodar de seis a oito pessoas. Lillian, que é da América Latina, enfatizou que as mulheres que estiveram encarceradas têm um status muito baixo na maioria, se não em todas as sociedades ("O que nós somos? Nada"). "Quando eu for livre", disse ela, "quero trabalhar com mulheres, com mulheres pobres, dar empregos pra elas no México. Esse é meu sonho."

Um sonho semelhante ficou evidente na visão de Maureen sobre seu próprio futuro — e sobre o futuro do encarceramento:

> Não acredito que a prisão seja boa para ninguém. [...] Não faz bem para ninguém, principalmente para mães com filhos... Não acho certo afastar as pessoas de seus filhos por tanto tempo. [...] Quando eu sair, tenho certeza de que vou fazer algo pelas pessoas que ainda estiverem lá dentro. [...] Alguém tem que mostrar ao governo, ao presidente, à rainha, a qualquer pessoa, que não é certo isolar as pessoas da sociedade externa por tanto tempo. Não é bom.

CONCLUSÃO

Com certeza a tendência histórica de formular questões relativas à reforma da prisão feminina sob a perspectiva democrática burguesa da "igualdade de direitos" criou tantos problemas quanto resolveu. A primeira *chain gang* contemporânea para mulheres nos Estados Unidos, recentemente exibidas com as pernas acorrentadas nas ruas do centro de Phoenix, Arizona, foi justificada pelo xerife Joe Arpaio: "Não acredito em discriminação no meu sistema prisional".[24] Nesse sentido, um apelo à igualdade de direitos para mulheres presas apenas fortalecerá a indústria punitiva estadunidense. Sugerimos, portanto, uma perspectiva de direitos humanos na tradição da Petição Antigenocídio de 1951, apresentada às Nações Unidas por Paul Robeson e W. L. Patterson em nome da população negra dos Estados Unidos.[25]

Para desenvolver estratégias radicais de oposição em nome das mulheres encarceradas sob uma perspectiva de direitos humanos, é necessário reconhecer que a defesa dos direitos humanos de pessoas presas não pode por si só contestar a legitimidade do encarceramento. A Penal Reform International defende que, na resposta ao crime, "[s]empre que possível, sanções e medidas implementadas na comunidade devem ser utilizadas antes da privação de liberdade".[26] No entanto, o ponto de partida da agenda de direitos humanos da organização é precisamente a perda de liberdade sob a custódia do Estado. Pois, "[q]uando a privação de liberdade é utilizada, surgem questões de direitos humanos".

Estamos interessadas em encorajar uma discussão mais aprofundada em vários níveis — políticas públicas, pesquisa interdisciplinar, organização de base — sobre estratégias reducionistas e abolicionistas no que diz respeito a populações encarceradas. Acreditamos que tais intervenções são a nossa única esperança para interromper a expansão do complexo industrial prisional dos Estados Unidos. Portanto, a questão que tentamos debater é como estruturar uma abordagem radical de direitos humanos que vise não apenas aliviar o sofrimento para pessoas encarceradas, mas que também possa estar conectada ao abolicionismo prisional.

Como salienta Rose Johnston, embora as ideias subjacentes aos direitos humanos possam variar de acordo com contextos sociais, ainda existem alguns "parâmetros básicos necessários para a sobrevivência humana: manutenção da saúde corporal, segurança material, relações sociais e a oportunidade para o desenvolvimento de uma vida cultural e moral — todos os aspectos da vida que permitem que alguém seja humano".[27]

Embora o sistema prisional na Holanda não possa ser proposto como modelo — na verdade, de acordo com críticas holandesas, o sistema mostra sérios sinais de deterioração sob a pressão da economia das drogas —, ele é muito mais consistente que o estadunidense na utilização de princípios dos direitos humanos para estruturação das condições de custódia. Os aspectos mais progressistas do sistema holandês — especialmente os pontos em que tende a se contradizer, ao ir além do encarceramento — podem fornecer argumentos para criticar o complexo industrial prisional dos Estados Unidos. Talvez a abordagem de Marguerite Bouvard ao trabalho das Mães da Praça de Maio possa ser extrapolada de maneira a afirmar as possibilidades radicais das lutas por direitos humanos no que diz respeito ao trabalho prisional.[28] Ela sugere que as Mães da Praça de Maio construíram um novo modelo para a operação de direitos humanos — isto é, um modelo que envolve trabalhar abertamente com valores democráticos em ambientes que são explicitamente autoritários. Embora seu contexto seja o da Argentina durante a era da junta militar, tal abordagem pode ajudar a radicalizar o trabalho com prisões nos Estados Unidos.

Notas

PREFÁCIO [pp. 9-17]

1. Ver, por exemplo, Angela Y. Davis, Gina Dent, Erica R. Meiners, Beth E. Richie, *Abolicionismo. Feminismo. Já*. São Paulo: Companhia das Letras, 2023.

2. Essa delegação foi organizada por Rabab Abdulhadi e Barbara Ransby, e incluiu Ayoka Chenzira, Gina Dent, G. Melissa Garcia, Anna Romina Guevarra, Beverly Guy-Sheftall, Premilla Nadasen, Chandra Talpade Mohanty e Waziyatawin.

3. Nelson Mandela, "Address by President Nelson Mandela at the International Day of Solidarity with the Palestinian People". Pretória, África do Sul, 4 dez. 1997.

1. A PERMUTA DE PRISIONEIROS: A FACE INFERIOR DOS DIREITOS CIVIS [pp. 21-40]

1. Derrick A. Bell Jr., "The Space Traders". In: *Faces at the Bottom of the Well: The Permanence of Racism*. Nova York: Basic Books, 1992, pp. 159-60.

2. Ibid., p. 194.

3. Bell Jr., "After We're Gone: Prudent Speculations on America in a Post-Racial Epoch". In: Richard Delgado, Jean Stefanic (Orgs.), *Critical Race Theory: The Cutting Edge*. Filadélfia: Temple University Press, 1995, p. 3.

4. Michael A. Olivas, "The Chronicles, My Grandfather's Stories, and Immigration Law: The Slave Traders Chronicle as Racial History". In: Delgado e Stefanic, op. cit., p. 11.

5. Ibid.

6. Ver Bell Jr., "Serving Two Masters: Integration Ideals and Client Interests in School Desegregation Litigation" e "Brown v. Board of Education and the Interest Convergence Dilemma". In: Kimberlé Crenshaw et al., *Critical Race Theory: The Key Writings that Formed the Movement*. Nova York: New Press, 1995.

7. Bell Jr., "The Space Traders", op. cit., p. 192.

8. Cf. Lani Guinier, *The Tyranny of the Majority: Fundamental Fairness in Representative Democracy*. Nova York: Free Press, 1994.

9. Peguei o termo emprestado de David Theo Goldberg. Cf. artigo do autor: "Wedded to Dixie: Dinesh D'Souza and the New Segregationism". In: *Racial Subjects: Writing on Race in America*. Nova York: Routledge, 1997.

10. Darrell K. Gilliard (profissional de estatística do BJS), "Prison and Jail Inmates at Midyear 1998", mar. 1999, NCJ 173414.

11. De acordo com o Sentencing Project, em 1996, 49% dos prisioneiros estaduais e federais eram negros e 17%, hispânicos. Ver Sentencing Project, "Facts about Prisons and Prisoners", mar. 1999.

12. Jerome Miller, diretor do National Center on Institutions and Alternatives, analisou as estatísticas de março de 1999 do Departamento de Justiça e concluiu que no ano 2000 haveria 1 milhão de pessoas negras adultas atrás das grades. Aproximadamente um a cada dez homens negros estará na prisão. Ver Miller, "Number of Blacks in Jail Rising Toward One Million". *San Francisco Chronicle*, 8 mar. 1999.

13. Bell Jr., "After We're Gone", p. 307.

14. Ver artigo de Neil Gotanda, "A Critique of 'Our Constitution Is Color-Blind'", e outras contribuições de intelectuais como Kimberlé Crenshaw, Gary Peller, Cheryl Harris e Kendall Thomas. In: Crenshaw et al., *Critical Race Theory*.

15. Gilliard, op. cit.

16. O slogan aparece no texto da CCRI e pode ser encontrado em seu site.

17. Lea McDermid et al., *From Classrooms to Cellblocks: How Prison Building Affects Higher Education and African American Enrollment in California*. Washington, DC: Justice Policy Institute, out. 1996.

18. A California Civil Rights Initiative, proposta de emenda à Constituição do estado por iniciativa (autores e responsáveis: Glynn Custred e Thomas Wood), aprovada em 1996.

19. Albert G. Mosley e Nicholas Capaldi. *Affirmative Action: Social Justice or Unfair Preference*. Nova York: Rowman and Littlefield, 1996, p. 65.

20. Ibid., pp. 65-6.

21. Ruffin v. Commonwealth, 62 Va (21 Gratt.) 790, 796 (1871). Apud Leonard Orland, *Prisons: Houses of Darkness*. Nova York: Free Press, 1975, p. 81.

22. "Nem escravidão nem servidão involuntária, exceto como punição por um crime pelo qual a parte tenha sido devidamente condenada, deverão existir nos Estados Unidos ou em qualquer lugar sob sua jurisdição" (Seção 1 da 13ª Emenda da Constituição, ratificada em 6 dez. 1965).

23. Ver Angela Y. Davis, "From the Prison of Slavery to the Slavery of Prison: Frederick Douglass and the Convict Lease System". In: Joy James (Org.), *The Angela Y. Davis Reader*. Malden, MA: Blackwell, 1998.

24. Jamie Fellner e Marc Mauer, "Losing the Vote: The Impact of Felony Disenfranchisement Laws in the United States". Sentencing Project e Human Rights Watch, out. 1998, p. 2.

25. Ibid., p. 8.

26. Gustave de Beaumont e Alexis de Tocqueville, *On the Penitentiary System in the United States and Its Application in France*. Carbondale; Edwardsville: Southern Illinois University Press, 1964 [1833], p. 78.

27. Aparentemente Tocqueville contribuiu pouco para a escrita desse tratado. Mas o texto refletiu a colaboração com Beaumont. Ver introdução de Thorsten Sellin para a edição de 1964.

28. Alexis de Tocqueville, *Democracy in America*, v. 1. Nova York: Vintage Books, 1954, p. 268. [Ed. bras.: *A democracia na América: Leis e costumes*. São Paulo: Martins Fontes, 2005, p. 294.] Aqui ele provavelmente estava se referindo a duas prisões da Filadélfia: a Penitenciária Estadual do Leste, em Cherry Hill, e a Cadeia da Walnut Street.

29. Seymour Drescher (Org.), *Tocqueville and Beaumont on Social Reform*. Nova York: Harper Torchbooks, 1968, p. 73.

30. "Considere um sistema em que o detento é separado dos prazeres infames porém atraentes que encontra na companhia de outros criminosos, um sistema que o deixa sozinho em seu remorso. Considere se esse sistema, afinal, não é tão repressor quanto o que existe atualmente. Considere também se um sistema que separa absolutamente o detento da parte gangrenosa da sociedade e o coloca em contato total com sua porção mais honesta, que para sempre abre a porta rumo à esperança e à honestidade e fecha a porta que leva ao crime e ao desespero, se [...] tal sistema não seria muito mais moralizante do que o que observamos agora. Em outras palavras, nos perguntemos se esse sistema de células por si só, entre todos os outros, leva necessariamente a um grande efeito, o efeito de impedir todos os detentos de corromperem uns aos outros ainda mais do que já eram corrompidos antes, para que a prisão jamais possa devolver ao mundo homens mais maus do que os que recebeu." Ibid., pp. 88-9.

31. Charles Dickens, *The Works of Charles Dickens*, v. 27: *American Notes*. Nova York: Peter Fenelon Collier and Son, 1900, pp. 119-20.

32. Ibid., p. 131.

33. Sentencing Project, "Facts about Prisons and Prisoners", mar. 1999.

34. Angela Y. Davis, "Public Imprisonment and Private Violence: Reflections on the Hidden Punishment of Women". *New England Journal on Criminal and Civil Confinement*, v. 24, n. 2, verão 1998.

2. PRISÃO: UM SINAL DA DEMOCRACIA ESTADUNIDENSE? [pp. 41-54]

1. Michael Tonry (Org.). *The Future of Imprisonment*. Nova York: Oxford University Press, 2004, p. v.

2. Adam J. Hirsch, *The Rise of the Penitentiary: Prisons and Punishment in Early America*. New Haven; Londres: Yale University Press, 1992, p. 53.

3. Ibid., p. 51.

4. James S. Campbell, "Revival of the Eighth Amendment: Development of Cruel-Punishment Doctrine by the Supreme Court". *Stanford Law Review*, v. 16, n. 4, pp. 996-1015, jul. 1964.

5. Colin Dayan, *The Story of Cruel and Unusual*. Cambridge, MA: MIT Press, 2007, pp. 7-8.

6. John J. Gibbons e Nicholas de B. Katzenbach, "Confronting Confinement: A Report of the Commission on Safety and Abuse in America's Prisons". Vera Institute of Justice, jun. 2006. Disponível em: <https://www.vera.org/downloads/publications/Confronting_Confinement.pdf>.

7. Elizabeth A. Hull, *The Disenfranchisement of Ex-Felons*. Filadélfia: Temple University Press, 2006, p. 17.

8. Ibid., p. 18.

9. Ibid., p. 19.

10. Jeff Manza e Christopher Uggen, *Locked Out: Felon Disenfranchisement and American Democracy*. Nova York: Oxford University Press, 2006, p. 68.

11. Hull, op. cit., p. ix.

3. DA PRISÃO DA ESCRAVIDÃO À ESCRAVIDÃO DA PRISÃO: FREDERICK DOUGLASS E O SISTEMA DE ARRENDAMENTO DE CONDENADOS [pp. 57-89]

1. Frederick Douglass, "An Appeal to the British People". Discurso de recepção na Finsbury Chapel, Moorfields, Inglaterra, 12 maio 1846. In: Philip Foner

(Org.), *Life and Writings of Frederick Douglass*, v. 1. Nova York: International Publishers, 1950, p. 155.

2. "Frederick Douglass Discusses Slavery". In: Herbert Aptheker (Org.), *Documentary History of the Negro People*. Nova York: Citadel Press, 1969, p. 310.

3. Frederick Douglass, "The Condition of the Freedman". *Harper's Weekly*, 8 dez. 1883. In: Herbert Aptheker (Org.), *Documentary History of the Negro People*. Nova York: Citadel Press, 1969, p. 406.

4. Em seu discurso na ocasião do 24º aniversário da emancipação do Distrito de Columbia, ele disse: "Olhem para todos esses criminosos negros, quando forem trazidos a seus tribunais policiais; olhem e estudem suas faces, feições e características, como o fiz por anos como delegado deste distrito, e verá que os antecedentes deles estão escritos em seus corpos". In: Foner, op. cit., v. 4, p. 435.

5. Ibid., p. 434.

6. Ibid., p. 406.

7. Marc Mauer e Tracy Huling, *Young Black Men and the Criminal Justice System: Five Years Later*. Washington, DC: The Sentencing Project, 1995.

8. Ibid., p. 12.

9. John Hope Franklin, *From Slavery to Freedom*. Nova York: Vintage, 1969, p. 303.

10. Milfred Fierce, *Slavery Revisited: Blacks and the Southern Convict Lease System, 1865-1933*. Nova York: Brooklyn College, CUNY, Africana Studies Research Center, 1994, pp. 85-6.

11. Foner, op. cit., p. 109.

12. Ibid., p. 110.

13. Fierce, op. cit., p. 230.

14. W. E. B. Du Bois, "The Spawn of Slavery: The Convict-lease System of the South". *Missionary Review of the World*, v. 24, n. 10, New Series, out. 1901.

15. Fierce, op. cit., p. 240.

16. Mary Church Terrell, "Peonage in the United States: The Convict Lease System and the Chain Gangs". *The Nineteenth Century*, v. 62, ago. 1907.

17. Fierce, op. cit., p. 229.

18. David Oshinsky, *Worse Than Slavery: Parchman Farm and the Ordeal of Jim Crow Justice*. Nova York: Free Press, 1996, p. 47.

19. Ibid., p. 56.

20. E. Stagg Whitin, *Penal Servitude*. Nova York: National Committee on Prison Labor, 1912, p. 1.

21. Fierce, op. cit., p. 88.

22. Foner, op. cit., p. 101.

23. Frederick Douglass, "The Need for Continuing Anti-Slavery Work". Discurso no XXXII Encontro Anual da American Anti-Slavery Society, 9 maio 1865. In: Foner, op. cit., p. 166.

24. Douglass foi convidado para apresentar o trabalho junto com Richart T. Greener, o primeiro graduado negro de Harvard. Como não queria se envolver em um debate aberto sobre essa questão polêmica, decidiu não aparecer pessoalmente no encontro e, em vez disso, enviar seu trabalho para ser lido por outra pessoa. Greener, que tinha ensinado na Universidade da Carolina do Sul durante a Reconstrução, agora ensinava em Howard e era um organizador proeminente do apoio para emigrantes. Ver William S. McFeely, *Frederick Douglass*. Nova York: W. W. Norton, 1991, p. 301; Douglass, "The Negro Exodus from the Gulf States". Discurso antes da convenção da American Social Science Association. Saratoga Springs, 12 set. 1879. *Journal of Social Science,* n. 11, pp. 1-21, maio 1880. Reproduzido em Foner, op. cit., p. 327.

25. Foner, op. cit., p. 325.

26. Ibid., p. 327.

27. "Certamente o controle do trabalho negro foi uma motivação principal por trás de todos os esforços significativos para estabelecer e manter o sistema de aluguel de pessoas sentenciadas durante cinquenta anos. Também é muito nítida a semelhança entre os percalços brutais da vida de sentenciado e a opressão dos tempos de escravidão. Finalmente, o caráter racial do sistema de aluguel de pessoas sentenciadas reforçava conexões com o regime escravocrata." Matthew J. Mancini, *One Dies, Get Another: Convict Leasing in the American South, 1866-1928.* Columbia: University of South Carolina Press, 1996, p. 20.

28. D. E. Tobias, "A Negro on the Position of the Negro in America". *The Nineteenth Century*, v. 46, n. 274, pp. 960-1, dez. 1899.

29. W. E. B. Du Bois, *Black Reconstruction.* Nova York: Russell and Russell, 1963, p. 506.

30. Ibid.

31. Foner, op. cit., p. 332.

32. Ibid., p. 330.

33. Frederick Douglass, "The Color Line". *North American Review*, n. 132, jun. 1881. Reproduzido em Foner, op. cit., p. 344.

34. Foner, op. cit., p. 345.

35. Fierce, op. cit., pp. 128-9, nota 16. Matthew Mancini argumenta que, apesar de a Pig Law ter sido em parte responsável por um aumento imediato no número de sentenciados, em 1877 a população carcerária passou a diminuir — mas começou a subir de novo imediatamente após a revogação dessa lei em 1888. Ver ibid., pp. 135-6.

36. Mancini, op. cit., p. 120.

37. Leis do Mississippi, 1876, c. 110, seç. 1, 3, 194-5. Apud Oshinsky, op. cit., p. 41.

38. Ibid., p. 28.

39. Fierce, op. cit., p. 89.

40. *American Siberia* de J. C. Powell é citado em Oshinsky, op. cit., p. 71.

41. Frederick Douglass, "Address to the People of the United States". Discurso pronunciado na Convention of Colored Men. Louisville, Kentucky, 24 set. 1883. In: Foner, op. cit., p. 379.

42. Frederick Douglass, "The United States Cannot Remain Half-Slave and Half-Free". Discurso por ocasião do 21º aniversário da emancipação no Distrito de Columbia, abr. 1883. In: Foner, op. cit., p. 357. Vários meses depois, em uma Convention of Colored Men, ele disse: "Se aproveitando da disposição geral deste país a imputar crime à cor, homens brancos *colorem* seus rostos para cometer crimes e depois lavam a cor odiada para escapar da punição". Ver "Address to the People of the United States". Louisville, Kentucky, 24 set. 1883. In: Foner, op. cit., p. 379.

43. Foner, op. cit., p. 359.

44. Frederick Douglass "Southern Barbarism". Discurso por ocasião do 24º aniversário da emancipação no Distrito de Columbia. Washington, DC, 1886. In: Foner, op. cit., p. 434.

45. Cheryl Harris, "Whiteness As Property". In: Kimberlé Crenshaw et al. (Orgs.), *Critical Race Theory: The Key Writings That Formed the Movement*. Nova York: New Press, 1995, p. 285.

46. Oshinsky, op. cit., p. 41.

47. Mancini, op. cit., p. 92.

48. Ibid., p. 93. Mancini está citando os autos de 1886 da NPA.

49. Fierce, op. cit., p. 89.

50. Frederick Douglass, "Why Is the Negro Lynched?". In: Foner, op. cit., p. 492.

51. Oshinsky, *Worse Than Slavery*, p. 29.

52. Whitin, op. cit., pp. 1-2 (grifos nossos).

53. Foner, op. cit., p. 516.

54. Ibid.

55. Fierce, op. cit., p. 43.

56. Foner, op. cit., p. 78.

57. Mancini, op. cit., pp. 99-100.

58. Ibid., p. 22.

59. Ibid., p. 23.

60. Obtive referências para esses três ensaios em: Fierce, op. cit.

61. Fierce indica que "não se sabia muito sobre Tobias, exceto que o pai e a mãe dele eram ex-escravos analfabetos e que ele nasceu na Carolina do Sul por volta de 1870. Ele se descreveu como 'um membro da afetada raça africana' e indicou que foi educado no sul e no norte do país, uma educação que financiou por meio de sua mão de obra". Op. cit., p. 243.

62. Tobias, op. cit., p. 960.

63. Ibid., p. 959.

64. Ibid., p. 960.

65. Du Bois, op. cit., p. 743.

66. Ibid., p. 738.

67. Ibid.

68. Ibid., p. 740.

69. Ibid., p. 741.

70. Ibid., p. 698.

71. Ibid., pp. 744-5.

72. Terrell, op. cit., p. 303.

73. Fierce, op. cit., p. 231.

74. Terrell, op. cit., p. 306.

75. Ibid., p. 317.

76. Ibid., p. 311.

77. Ibid., p. 313.

78. Richard Barry, "Slavery in the South To-Day". *Cosmopolitan Magazine*, mar. 1907; reprod. in: Donald P. DeNevi e Doris A. Holmes (Orgs.), *Racism at the Turn of the Century: Documentary Perspectives, 1870-1910*. San Rafael, CA: Leswing Press, 1973, p. 131.

4. DO SISTEMA DE ARRENDAMENTO DE CONDENADOS À PRISÃO DE SEGURANÇA MÁXIMA [pp. 90-107]

1. Albert Wright Jr., "Young Inmates Need Help, From Inside and Out". *Emerge*, out. 1997, p. 80.

2. Ver Jerome G. Miller, *Search and Destroy: African American Males in the Criminal Justice System*. Cambridge: Cambridge University Press, 1996.

3. Steven Donziger (Org.), *The Real War on Crime: The Report of the National Criminal Justice Commission*. Nova York: Harper Perennial, 1996, p. 102.

4. Edgardo Rotman, *Beyond Punishment: A New View on the Rehabilitation of Notes 253 Criminal Offenders*. Nova York: Greenwood Press, 1990, p. 115.

5. De acordo com John Irwin e James Austin, "mulheres negras nos Estados Unidos vivenciaram o maior aumento na taxa de supervisão correcional, que cresceu 78% entre 1989 a 1994". Ver John Irwin e James Austin, *It's About Time: The Imprisonment Binge, 2nd ed.* Belmont, CA: Wadsworth Publishing, 1997, p. 4.

6. Donziger, op. cit., p. 99.

7. Richard Hawkins e Geoffrey Alpert apontam: "Neste momento, não há definição uniformemente aceita de reincidência. Em geral se refere a um retorno ao crime, mas, operacionalmente, se refere apenas àqueles detectados no crime. Considerando que muitos delitos passam indetectados (alguns dos quais são cometidos por ex-infratores), quase qualquer índice oficial de reincidência é uma estimativa da taxa de fracasso entre pessoas liberadas do tratamento. Um revisor de várias definições de reincidência aponta treze indicadores diferentes de 'fracasso', que vão desde um contato registrado com a polícia até o retorno à prisão". Ver Richard Hawkins e Geoffrey P. Alpert, *American Prison Systems: Punishment and Justice.* Englewood Cliffs, BJ: Prentice-Hall, 1989, pp. 198-9.

8. David Theo Goldberg, *Racist Culture: Philosophy and the Politics of Meaning.* Malden, MA: Blackwell, 1993, p. 23.

9. Hawkins e Alpert, op. cit., p. 30.

10. Angela Y. Davis, *Mulheres, raça e classe.* São Paulo: Boitempo, 2016, p. 25.

11. Ver James B. Jacobs, *Stateville: The Penitentiary in Mass Society.* Chicago: University of Chicago Press, 1977, pp. 15-6.

12. Jacobs, op. cit., p. 58.

13. Michel Foucault, *Vigiar e punir: Nascimento da prisão.* Petrópolis: Vozes, 1999, p. 166.

14. Ibid., p. 166.

15. Matthew Mancini, *One Dies, Get Another: Convict Leasing in the American South, 1866-1928.* Columbia: University of South Carolina Press, 1996, p. 75.

16. Ibid., p. 25.

17. David Oshinsky, *Worse Than Slavery: Parchman Farm and the Ordeal of Jim Crow Justice.* Nova York: Free Press, 1996, p. 45.

18. Donziger, op. cit., p. 87.

19. Kristin Bloomer, "Private Punishment". *San Francisco Chronicle*, 10 maio 1997, A3.

20. Sue Anne Pressley, "Texas County Sued by Missouri Over Alleged Abuse of Inmates". *The Washington Post*, 26 ago. 1997, A2.

21. Madeline Baro, "Video Prompts Prison Probe". *Philadelphia Daily News*, 20 ago. 1997.

22. Carl Manning, "Missouri Prisoners Say Beatings Worse Than Shown on Videotape". *Associated Press*, 27 ago. 1997, 19:40 EDT.

23. Human Rights Watch, *Cold Storage: Super-Maximum Security Confinement in 254 Abolition Indiana*. Nova York: Human Rights Watch, out. 1997, p. 13.

24. Ibid.

25. Ibid., p. 14. Apud Craig Haney, "Infamous Punishment: The Psychological Consequences of Isolation". *National Prison Project Journal*, v. 8, n. 2, ACLU, p. 3, primavera 1993.

26. Miller, op. cit., p. 227.

27. Ibid.

28. Minha utilização desse termo acompanha a sugestão de Terry Kuper de que populações inteiras estão sendo "desaparecidas" da sociedade estadunidense por meio do sistema prisional.

5. RAÇA E CRIMINALIZAÇÃO: PESSOAS NEGRAS DOS ESTADOS UNIDOS E A INDÚSTRIA DA PUNIÇÃO [pp. 111-29]

1. Ver, por exemplo, *Austin-American Statesman*, 17 out. 1995.

2. Charles S. Clark, "Prison Overcrowding". *Congressional Quarterly Researcher*, v. 4, n. 5, pp. 97-119, 4 fev. 1994.

3. Clark, op. cit.

4. Marc Mauer, *Young Black Men and the Criminal Justice System: A Growing National Problem*. Washington, DC: Sentencing Project, 1990.

5. Alexander Cockburn, *Philadelphia Inquirer*, 29 ago. 1994.

6. Marc Mauer e Tracy Huling, *Young Black Americans and the Criminal Justice System: Five Years Later*. Washington, DC: Sentencing Project, 1995.

7. Ibid., p. 18.

8. Ver Cockburn, op. cit.

9. Ver Wahneema Lubiano, "Black Ladies, Welfare Queens, and State Minstrels: Ideological War by Narrative Means". In: Toni Morrison (Org.), *Race-ing Justice, En-gendering Power: Essays on Anita Hill, Clarence Thomas, and the Construction of Social Reality*. Nova York: Pantheon, 1992, pp. 323-63.

10. Cornel West, *Race Matters*. Boston: Beacon Press, 1993.

11. Angela Y. Davis, "Modern Slavery American Style", 1995. Não publicado.

12. Quero reconhecer o trabalho de Julie Brown, que adquiriu a brochura do California Department of Corrections enquanto pesquisava o papel do trabalho forçado de condenados.

13. Paulette Thomas, "Making Crime Pay". *Wall Street Journal*, 12 maio 1994.

14. Lawrence A. Greenfield e Stephanie Minor-Harper, *Women in Prison*. Washington, DC: US Dep. of Justice, Office of Justice Programs, Bureau of Statistics, 1991.

15. Mauer e Huling, op. cit., p. 19.

16. Michel Foucault, *Vigiar e punir: Nascimento da prisão*. Petrópolis: Vozes, 1999, p. 223.

7. ENCARCERAMENTO PÚBLICO E VIOLÊNCIA PRIVADA: REFLEXÕES SOBRE A PUNIÇÃO OCULTA DE MULHERES [pp. 167-84]

1. Ver Lucia Zedner, "Wayward Sisters: The Prison for Women". In: Norval Morris e David J. Rothman (Orgs.), *The Oxford History of the Prison*. Nova York; Oxford: Oxford University Press, 1998, p. 295.

2. Zedner, op. cit.

3. Ver Russell P. Dobash et al., *The Imprisonment of Women*. Oxford: Basil Blackwell, 1986, pp. 19-20.

4. Dobash et al., op. cit.

5. Ver Joanne Belknap, *The Invisible Woman: Gender, Crime, and Justice*. Belmont, CA: Wadsworth Publishing, 1996.

6. Ver Belknap, op. cit.

7. Ver, de maneira geral, Belknap, op. cit.

8. Pat Carlen, *Women's Imprisonment: A Study in Social Control*. Londres: Routledge and Kegan Paul, 1983.

9. Ver Carlen, op. cit., p. 18.

10. Ibid.

11. Ibid., p. 86.

12. Beth E. Richie, *Compelled to Crime: The Gender Entrapment of Battered Black Women*. Nova York: Routledge, 1996, p. 2.

13. Ibid.

14. "Quando aplicado a mulheres negras agredidas que cometem crime, utilize aprisionamento de gênero para descrever o processo socialmente construído por meio do qual mulheres negras que estão vulneráveis à violência masculina em seu relacionamento íntimo são penalizadas por comportamentos que praticam mesmo quando os comportamentos são extensões legais de suas identidades de gênero racializadas, seus papéis de gênero culturalmente esperados e a violência em seu relacionamento íntimo. O modelo ilustra como gênero, raça/etnia e violência podem se intersecionar para criar um sistema sutil, porém bastante efetivo, de organização do comportamento de mulheres, que são encaixadas em padrões que as deixam vulneráveis a subordinações privadas e públicas, à violência em seus relacionamentos íntimos e, também, à participação em ati-

vidades ilegais. Dessa maneira, a teoria do aprisionamento de gênero nos ajuda a explicar de que forma algumas mulheres que participam em atividades ilegais o fazem em resposta à violência, à ameaça de violência ou à coerção de homens" (Richie, op. cit., p. 4).

15. Belknap, op. cit., p. 172.

16. Michel Foucault, *Vigiar e punir: Nascimento da prisão*. Petrópolis: Vozes, 1999.

17. Ibid., p. 197.

18. Ver Estelle B. Freedman, "Feminist of Feminine? The Establishment of Separate Women's Prisons, 1870-1900" e "The Women's Prison Environment", In: *Their Sisters' Keepers: Women's Prison Reform in America, 1830-1930*. Ann Arbor: University of Michigan Press, 1981, cap. 3 e 4, pp. 46-88.

19. Ver Belknap, op. cit., p. 95.

20. Richie, op. cit.

21. Zedner, op. cit., p. 318.

22. Ibid.

23. Ver Nicole Hahn Rafter, *Creating Born Criminals*. Urbana: University of Illinois Press, 1998, p. 50.

24. Elliott Currie, *Crime and Punishment in America*. Nova York: Metropolitan Books, 1998, p. 14.

25. Tekla Dennison Miller, *The Warden Wore Pink*. Brunswick, ME: Biddle Publishing, 1996, p. 97.

26. Miller, op. cit., pp. 97-8.

27. Ibid., p. 100.

28. Ibid.

29. Ibid., p. 121.

30. Ibid.

31. Ver Curtis Wilkie, "Weak Links Threaten Chain Gangs: Revised Prison Work Program Facing Voter Disapproval, Inmates' Legal Action". *The Boston Globe*, 18 maio 1996.

32. Ver *48 Hours*, "Arizona Sheriff Initiates Equal Opportunity by Starting First Chain Gang for Women". CBS Television Broadcast, 19 set. 1996.

33. Human Rights Watch, *All Too Familiar: Sexual Abuse of Women in U.S. State Prisons*. Nova York: Human Rights Watch, 1996. Disponível em: <https://www.hrw.org/reports/1996/Us1.htm>. Acesso em: 31 maio 1998.

34. Ibid., p. 2.

35. Ver ibid.

36. Linda Burnham, "Beijing and Beyond". *CrossRoads*, mar. 1996, p. 16.

9. RAÇA, GÊNERO E O COMPLEXO INDUSTRIAL PRISIONAL: NA CALIFÓRNIA E ALÉM [pp. 196-228]

1. Elliott Currie, *Crime and Punishment in America*. Nova York: Metropolitan Books, 1998.

2. Joel Dyer, *The Perpetual Prisoner Machine: How America Profits from Crime*. Boulder, CO: Westview Press, 2000.

3. Ibid.

4. Julia Sudbury, "Transatlantic Visions: Resisting the Globalization of Mass Incarceration". *Social Justice*, v. 27, n. 3, pp. 133-49, 2000.

5. Amanda George, "The New Prison Culture: Making Millions from Misery". In: Sandy Cook e Susanne Davies (Orgs.), *Harsh Punishment: International Experiences of Women's Imprisonment*. Boston: Northeastern University Press, 1999, p. 190.

6. Dyer, op. cit., p. 14.

7. Vivien Stern, *A Sin Against the Future: Imprisonment in the World*. Boston: Northeastern University Press, 1998.

8. Lawrence A. Greenfield e Tracy L. Snell, *Women Offenders, Bureau of Justice Statistics Special Report*.Washington, DC: US Department of Justice, 1999.

9. Ibid.

10. Department of Corrections Services Division, Offender Information Services Branch, *Characteristics of Population in California State Prisons by Institution*, 30 jun. 2000, Estimates and Statistical Analysis Section Data Analysis Unit, Sacramento, CA.

11. Luana Ross, *Inventing the Savage: The Social Construction of Native American Criminality*. Austin: University of Texas Press, 1998.

12. Greenfield e Snell, op. cit.

13. Entrevista com Cynthia Chandler, codiretora da Justice Now, 25 maio 2001; entrevista com Heidi Strupp, assistente jurídica da Legal Services for Prisoners with Children, 1 jun. 2001.

14. Melba Newsome, "Hard Time". *Essence Magazine*, v. 31, n. 5, pp. 146-50 e 210-4, 2000.

15. Stephanie R. Bush-Baskette, "The 'War on Drugs': A War Against Women?". In: Sandy Cook e Susanne Davies (Orgs.), *Harsh Punishment: International Experiences of Women's Imprisonment*. Boston: Northeastern University Press, 1999, pp. 211-29.

16. Bell Chevigny, *Doing Time: Twenty-Five Years of Prison Writing*. Nova York: Arcade Publishing, 1999.

17. *Making Standards Work: An International Handbook on Good Prison Practice.* Haia: Penal Reform International, 1995, pp. 95-6.

18. Terry Kupers, *Prison Madness: The Mental Health Crisis Behind Bars and What We Must Do About It.* San Francisco: Jossey-Bass, 2000.

19. Russell P. Dobash, R. Emerson Dobash e Sue Gutteridge, *The Imprisonment of Women.* Oxford: Basil Blackwell, 1986.

20. *Truth to Power: Women Testify at Legislative Hearings*, trechos de audiências legislativas de mulheres encarceradas na Prisão Estadual Valley para Mulheres, 11 out. 2000, e na Instituição da Califórnia para Mulheres, 12 out. 2000, produzidas pelo Women in Prison Emergency Network, 2000. Fita de vídeo, 40 min.

21. *Making Standards Work*, p. 71.

22. *Truth to Power.*

23. Ibid.

24. Ver discussão sobre o maquinário para queixas de presos e presas em *Making Standards Work*, pp. 37-40.

25. A. De Groot, T. Hammett e K. Scheib, "Barriers to Care of HIV-Infected Inmates: A Public Health Concern". In: *The Aids Reader*, maio/jun. 1996.

26. Susann Steinberg, vice-diretora da Divisão de Serviços de Saúde, California Department of Corrections, em reunião com defensores de pessoas presas. Sacramento: California Department of Corrections, 10 out. 2000.

27. Anistia Internacional, *"Not Part of My Sentence": Violations of the Human Rights of Women in Custody.* Nova York: Anistia Internacional, 1999.

28. Entrevista não publicada com Davara Campbell, arquivo da Justice Now. Central California Women's Facility, 16 jul. 1999.

29. Joanne Belknap, *The Invisible Woman: Gender, Crime, and Justice.* Belmont, CA: Wadsworth Publishing, 1996.

30. Relatora especial da ONU sobre Violência contra as Mulheres, *Report of the Mission to the United States of American on the Issue of Violence against Women in State and Federal Prisons.* Nova York: United Nations Economic and Social Council, 1999, pp. 12-4.

31. Human Rights Watch, *All Too Familiar: Sexual Abuse of Women in U.S. State Prisons.* Nova York: Human Rights Watch, 1996.

32. Nightline, *Crime & Punishment: Women in Prison. Medical Care*, 2 nov. 1999.

33. Entrevista jurídica Regina Johnson, 3 mar. 1998, Prisão Estadual Valley para Mulheres.

34. Live Jail-Cam, 23 maio 2001. Disponível em: <www.crime.com>.

35. American Bar Association e National Bar Association, *Justice by Gender:*

The Lack of Appropriate Prevention, Diversion and Treatment Alternatives for Girls in the Juvenile Justice System. Washington, DC: ABA e NBA, 2001.

36. Ibid.

37. Entrevista jurídica com Maria Garcia e Gina Mendoza, 20 out. 1998, Prisão Estadual Valley para Mulheres.

38. Michael Welch, "The Role of Immigration and Naturalization Service in the Prison-Industrial Complex". *Social Justice*, v. 27, n. 3, pp. 73-88, 2000.

39. American Civil Liberties Union Immigrant Rights Project, *Justice Detained: Conditions at the Varick Street Immigration Detention Center*. Nova York: ACLU, 1993; Human Rights Watch, *Letter to INS Commissioner Doris Meisner*. Nova York: Human Rights Watch, 2000.

40. Welch, op. cit.

41. Federal Bureau of Prisons, "Quick Facts: April 2001". Disponível em: <https://www.bop.gov/fact0598.html#Citizenship>. Acesso em: 1 jun. 2001.

10. MULHERES NA PRISÃO: PESQUISANDO RAÇA EM TRÊS CONTEXTOS NACIONAIS [pp. 231-54]

1. Ver Kum-Kum Bhavnani, *Talking Politics: A Psychological Framing for Views from Youth in Britain*. Cambridge: Cambridge University Press, 1991, principalmente cap. 3.

2. Elliott Currie, *Crime and Punishment in America*. Nova York: Metropolitan/Books, 1998, p. 16.

3. Willem de Haan, *The Politics of Redress, Crime, Punishment and Penal Abolition*. Londres: Unwin Hyman, 1990, p. 37. Ver também Willem de Haan, "Abolitionism and the Politics of 'Bad Conscience'". In: Herman Bianchi e Rene van Swaaningen (Orgs.), *Abolitionism: Toward a Non-Repressive Approach to Crime*. Amsterdam: Free University Press, 1986, p. 158.

4. Vivien Stern, *A Sin Against the Future: Imprisonment in the World*. Boston: Northeastern University Press, 1998, p. 138.

5. Conferir Angela Y. Davis, "Public Imprisonment and Private Violence: Reflections on the Hidden Punishment of Women". *New England Journal on Criminal and Civil Confinement*, v. 24, n. 2, pp. 339-49, verão 1998.

6. Desde 1980, a população de mulheres encarceradas dos Estados Unidos cresceu 275%, ao passo que a população de homens encarcerados cresceu 160%. Ver Marc Mauer e Tracy Huling, *Young Black Men and the Criminal Justice System: Five Years Later*. Washington, DC: The Sentencing Project, 1995.

7. Mary Helen Washington, "Prison Studies as Part of American Studies". *American Studies Newsletter*, v. 22, n. 1, p. 1, mar. 1999.

8. Ver Katherine Beckett, *Making Crime Pay: Law and Order in Contemporary American Politics*. Nova York: Oxford University Press, 1997.

9. Mauer e Huling, op cit.

10. "Em todo o mundo, pode-se ver o mesmo padrão. Prisões abrigam proporções maiores que o esperado de pessoas de grupos que sofrem racismo e discriminação. Como se dá a desproporção? Há muitos motivos, com frequência relacionados à flagrante discriminação da sociedade de maneira mais ampla e ao racismo grosseiro de agências de aplicação da lei. Por vezes, a desproporção advém de políticas que concentram minorias em áreas pobres e restringem suas oportunidades. Muitas vezes o sistema de justiça criminal tende a discriminar minorias, eventualmente de maneiras bastante sutis. [...] O efeito cumulativo de toda essa discriminação é o número desproporcional de minorias em prisões ao redor do mundo." Stern, op. cit., p. 117.

11. Ruth Wilson Gilmore, "Globalization and U.S. Prison Growth: From Military Keynesianism to Post-Keynesian Militarism". *Race and Class*, v. 40, n. 2/3, pp. 171-88, 1998. Ver também Michel Foucault, *Vigiar e punir: Nascimento da prisão*. Petrópolis: Vozes, 1999.

12. Na Austrália, por exemplo, apesar de pessoas aborígenes só constituírem 1% a 2% da população geral, elas são 30% da população encarcerada. Ver Stern, op. cit.

13. Do contrato elaborado pelo Departamento do xerife de San Francisco.

14. Ver Kimberlé Crenshaw et al. (Orgs.), *Critical Race Theory: The Key Writings That Formed the Movement*. Nova York: New Press, 1995.

15. Entrevista na San Francisco County Jail, unidade de programas, nov. 1993.

16. Entrevista na Prisão Feminina de Amerswiel, abr. 1996.

17. Ibid.

18. Ibid.

19. Entrevista na Sevenum Prison, abr. 1996.

20. Ibid.

21. Entrevista na Prisão Feminina de Amerswiel, abr. 1996.

22. Entrevista em prisão para mulheres em Havana, jun. 1977.

11. MULHERES ENCARCERADAS: ESTRATÉGIAS DE TRANSFORMAÇÃO [pp. 255-70]

1. Kathleen McDermott e Roy King, "Mind Games: Where the Action Is in Prisons". *British Journal of Criminology*, v. 28, n. 3, pp. 357-77, 1988.

2. Barbara Bloom e David Steinhart, *Why Punish the Children?* San Francisco: National Council on Crime and Delinquency, 1993.

3. Kathryn Burkhart, *Women in Prison.* Nova York: Doubleday, 1973. Pat Carlen (Org.), *Criminal Women.* Cambridge: Polity Press, 1985; *Women, Crime and Poverty.* Filadélfia: Open University Press, 1988; *Alternatives to Women's Imprisonment.* Milton Keynes: Open University Press, 1990. Russell P. Dobash, R. Emerson Dobashe e Sue Gutteridge, *The Imprisonment of Women.* Oxford: Basil Blackwell, 1986. Mary Eaton, *Women After Prison.* Buckingham: Open University Press, 1993.

4. Linda Hancock, "Economic Pragmatism and the Ideology of Sexism: Prison Policy and Women". *Women's Studies International Forum,* v. 9, n. l, pp. 101-7, 1986.

5. Ronald Berkman, *Opening the Gates: The Rise of the Prisoner's Movement.* Toronto: D.C. Heath, 1979; William Wilbanks, *The Myth of a Racist Criminal Justice System.* Monterey, CA: Brooks Cole, 1987; John Braithwaite, *Crime, Shame and Reintegration.* Cambridge: Cambridge University Press, 1989; William L. Selke, *Prisons in Crisis.* Bloomington: Indiana University Press, 1993.

6. Jeffrey Reiman, *The Rich Get Richer and the Poor Get Prison: Ideology, Crime and Criminal Justice.* 3 ed. Nova York: Macmillan, 1990.

7. Rose Giallombardo, *Society of Women: A Study of a Women's Prison.* Nova York: John Wiley, 1966.

8. Judy Clark e Kathy Boudin, "Community of Women Organize Themselves to Cope with the Aids Crisis: A Case Study from Bedford Hills Correctional Facility". *Social Justice,* v. 17, n. 2, pp. 90-109, 1990.

9. Ver, por exemplo, Thomas W. Foster, "Make-Believe Families: A Response of Women and Girls to the Deprivations of Imprisonment". *International Journal of Criminology and Penology,* v. 3, n. 1, pp. 71-8, 1975; Harriet Cookson, "A Survey of Self-Injury in a Closed Prison for Women". *British Journal of Criminology,* v. 17, n. 4, pp. 332-47, 1977; Candace Kruttschnitt, "Race Relations and the Female Inmate". *Crime and Delinquency,* v. 29, n. 4, pp. 588-9, out. 1983; Christina Jose Kampfner, "Coming to Terms with Existential Death: An Analysis of Women's Adaptation to Life in Prison". *Social Justice,* v. 17, n. 2, pp. 11-125, 1990; Beverly R. Fletcher, Linda Dixon Shaver e Dreama G. Moon (Orgs.), *Women Prisoners: A Forgotten Population.* Westport, CT: Praeger, 1993.

10. Fletcher et al., op. cit.

11. Dobash et al., op. cit.

12. Michel Foucault, op. cit.

13. Dobash et al., op. cit.

14. Ibid., p. 195.

15. Carlen, op. cit.

16. Barbara Brenzel, *Daughters of the State: A Social Portrait of The First Reform School for Girls in North America*. Cambridge, MA: MIT Press, 1983.

17. Carol Smart, *Women, Crime and Criminology: A Feminist Critique*. Londres: Routledge and Kegan Paul, 1976.

18. Adrian Howe, "Prologue to a History of Women's Imprisonment: In Search for a Feminist Perspective". *Social Justice*, v. 17, n. 2. pp. 4-22, 1990.

19. Kim Jackson, "Patriarchal Justice and the Control of Women". *New Studies on the Left*, pp. 153-71, primavera 1989.

20. *Orientation Manual*, p. 1.

21. Title 15, Crime Prevention and Corrections, artigo i, seção 3007 (Comportamento Sexual).

22. Apud Dobash et al., op. cit., p. 24.

12. LUTANDO PELO FUTURO DELA: REFLEXÕES SOBRE DIREITOS HUMANOS E PRISÕES PARA MULHERES NA HOLANDA [pp. 271-312]

1. Ver *The New York Times*, 17 set. 1996.

2. A observação de Foucault em relação ao sistema prisional da França do século XIX é igualmente aplicável aos Estados Unidos contemporâneos: "As prisões não diminuem a taxa de criminalidade: é possível aumentá-las, multiplicá-las ou transformá-las, a quantidade de crimes e de criminosos permanece estável, ou, ainda pior, aumenta". Michel Foucault, *Vigiar e punir: Nascimento da prisão*. Petrópolis: Vozes, 1999, p. 221.

3. Jeffrey Reiman, *The Rich Get Richer and the Poor Get Prison: Ideology, Crime and Criminal Justice*. 3 ed. Nova York: Macmillan, 1990.

4. Ver as ideias de Pat Carlen sobre tal processo em relação a prisões para mulheres na Grã-Bretanha: Pat Carlen, *Alternatives to Women's Imprisonment*. Milton Keynes: Open University Press, 1990.

5. Rene Van Swaaningen e Gerard de Jonge, "The Dutch Prison System and Penal Policy in the 1990s: From Humanitarian Paternalism to Penal Business Management". In: Vincenzo Ruggiero, Mick Ryan e Joe Sim (Orgs.), *Western European Penal Systems: A Critical Anatomy*. Londres: Sage Publications, 1995; Ria Wolleswinkel, comunicação pessoal, 1996.

6. Alexander C. Lichtenstein e Michael A. Kroll, "The Fortress Economy: The Economic Role of the US Prison System". In: Elihu Rosenblatt (Org.), *Criminal Injustice: Confronting the Prison Crisis*. Boston: South End Press, 1996, p. 16.

7. Marc Mauer e Tracy Huling, *Young Black Men and the Criminal Justice System: Five Years Later*. Washington, DC: The Sentencing Project, 1995.

8. Joanne Belknap, *The Invisible Woman: Gender, Crime, and Justice*. Belmont, CA: Wadsworth Publishing, 1996, p. 98.

9. Christopher Davis, Richard Estes e Vincent Schiraldi, "Three Strikes: The New Apartheid". San Francisco: Centre on Juvenile and Criminal Justice, 1996.

10. Russell P. Dobash, R. Emerson Dobash e Sue Gutteridge, *The Imprisonment of Women*. Oxford: Basil Blackwell, 1986.

11. Mike Davis, "A Prison-Industrial Complex: Hell Factories in the Field". *The Nation*, v. 260, n. 7, pp. 229-33, 1995.

12. *Making Standards Work: An International Handbook on Good Prison Practice*. Haia: Penal Reform International, 1995, p. 13.

13. Ibid., p. 14.

14. Ibid., p. 59.

15. Esther Heffernan, *Making It in Prison: The Square, the Cool, and the Life*. Nova York: Wiley-Interscience, 1972.

16. *Making Standards Work*, p. 130, grifo nosso.

17. E. Lloyd, *Prisoners and Their Children*. Londres: Save the Children Fund, 1995.

18. Ibid.

19. Ver a discussão de Ellen Barry sobre mulheres gestantes em prisões estadunidenses em "Pregnant Prisoners". *Harvard Women's Law Journal*, v. 12, 1989.

20. Penal Reform International, *Making Standards Work*, p. 136.

21. Ver capítulo 11 deste livro, p. 255, originalmente publicado em Kum-Kum Bhavnani e Angela Y. Davis, "Incarcerated Women: Transformative Strategies". In: Ian Parker e Russell Spears (Orgs.), *Psychology and Society: Radical Theory and Practice*. Londres: Pluto Press, 1996, pp. 173-83.

22. Charlotte Bunch, "Transforming Human Rights from a Feminist Perspective". In: Julie Peters e Andrea Wolper (Orgs.), *Women's Rights, Human Rights: International Feminist Perspectives*. Nova York: Routledge, 1995.

23. *Making Standards Work*, p. 14.

24. "Sheriff in Arizona Uses Female Chain Gang". *The Washington Post*, 20 set. 1996.

25. Ver William L. Patterson, *We Charge Genocide: The Crime of Government Against the Negro People*. Nova York: International Publishers, 1971.

26. *Making Standards Work*, p. 14.

27. Barbara Rose Johnston, "Environmental Degradation and Human Rights Abuse". *Who Pays the Price? The Sociocultural Context of Environmental Crisis*. Washington: Island Press, 1994.

28. Marguerite Guzman Bouvard, "A New Model in the Struggle for Human Rights". In: *Revolutionizing Motherhood: The Mothers of the Plaza de Mayo*. Wilmington, DE: Scholarly Resources, 1994.

Referências bibliográficas

ACE PROGRAM. *Breaking the Walls of Silence: Aids and Women in a New York State Maximum Security Prison*. Woodstock, NY: The Overlook Press, 1998.

AMERICAN BAR ASSOCIATION; NATIONAL BAR ASSOCIATION. *Justice by Gender: The Lack of Appropriate Prevention, Diversion and Treatment Alternatives for Girls in the Juvenile Justice System*. Washington, DC: ABA e NBA, 2001.

AMERICAN CIVIL LIBERTIES UNION IMMIGRANT RIGHTS PROJECT. *Justice Detained: Conditions at the Varick Street Immigration Detention Center*. Nova York: ACLU, 1993.

ANISTIA INTERNACIONAL. "Not Part of My Sentence". *Violations of the Human Rights of Women in Custody*. Nova York: Anistia Internacional, 1999.

APTHEKER, Herbert (Org.). "Frederick Douglass Discusses Slavery". *Documentary History of the Negro People*. Nova York: Citadel Press, 1969.

ARNOLD, Regina. "Processes of Victimization and Criminalization of Black Women". *Social Justice*, v. 17, n. 2, pp. 153-66, 1990.

BARRY, Ellen. "Pregnant Prisoners". *Harvard Women's Law Journal*, n.12, pp. 184-8, 1989.

BARRY, Richard. "Slavery in the South To-Day". *Cosmopolitan Magazine*, v. 42, n. 5, mar.1907, p. 481. Reprod. In: DENEVI, Donald P.; HOLMES, Doris A. (Orgs.). *Racism at the Turn of the Century: Documentary Perspectives, 1870-1910*. San Rafael, CA: Leswing Press, 1973.

BEAUMONT, Gustave de; TOCQUEVILLE, Alexis de. *On the Penitentiary System in the United States and Its Application in France*. Carbondale; Edwardsville: Southern Illinois University Press, 1964 [1833].

BECKETT, Katherine. *Making Crime Pay: Law and Order in Contemporary American Politics*. Nova York: Oxford University Press, 1997.

BELKNAP, Joanne. *The Invisible Woman: Gender, Crime, and Justice*. Belmont, CA: Wadsworth Publishing, 1996.

BELL JR., Derrick A. "The Space Traders". *Faces at the Bottom of the Well: The Permanence of Racism*. Nova York: Basic Books, 1992. pp. 158-94.

_____. "After We're Gone: Prudent Speculations on America in a Post-Racial Epoch". In: DELGADO, Richard; STEFANCIC, Jean (Orgs.). *Critical Race Theory: The Cutting Edge*. Filadélfia: Temple University Press, 1995.

_____. "Brown v. Board of Education and the Interest Convergence Dilemma". In: CRENSHAW, Kimberle et al. (Orgs.). *Critical Race Theory: The Key Writings that Formed the Movement*. Nova York: New Press, 1995.

_____. "Serving Two Masters: Integration Ideals and Client Interests in School Desegregation Litigation". In: CRENSHAW, Kimberle et al. (Orgs.). *Critical Race Theory: The Key Writings that Formed the Movement*. Nova York: New Press, 1995. pp. 5-8.

BERKMAN, Ronald. *Opening the Gates: The Rise of the Prisoner's Movement*. Lexington, MA: Lexington Books, 1979.

BHAVNANI, Kum-Kum. *Talking Politics: A Psychological Framing for Views from Youth in Britain*. Cambridge: Cambridge University Press, 1991.

BHAVNANI, Kum-Kum; DAVIS, Angela Y. "Incarcerated Women: Transformative Strategies". In: PARKER, Ian; SPEARS, Russell (Orgs.). *Psychology and Society: Radical Theory and Practice*. Londres: Pluto Press, 1996. pp. 173-83.

BLOOM, Barbara; STEINHART, David. *Why Punish the Children?* San Francisco: National Council on Crime and Delinquency, 1993.

BOUVARD, Marguerite Guzman. "A New Model in the Struggle for Human Rights". In: _____. *Revolutionizing Motherhood: The Mothers of the Plaza de Mayo*. Wilmington, DE: Scholarly Resources, 1994. pp. 219-40.

BRAITHWAITE, John. *Crime, Shame and Reintegration*. Cambridge: Cambridge University Press, 1989.

BRENZEL, Barbara. *Daughters of the State: A Social Portrait of the First Reform School for Girls in North America*. Cambridge, MA: MIT Press, 1983.

BROCHIER, J. J. "Prison Talk: An Interview with Michel Foucault". In: GORDON, Colin (Org.). *Power/Knowledge: Selected Interviews and Other Writings*. Nova York: Pantheon, 1980.

BUNCH, Charlotte. "Transforming Human Rights from a Feminist Perspective". In: PETERS, Julie; WOLPER, Julie (Orgs.). *Women's Rights, Human Rights: International Feminist Perspectives*. Nova York: Routledge, 1995. pp. 11-7.

BURKHART, Kathryn. *Women in Prison*. Nova York: Doubleday, 1973.

BUSH-BASKETTE, Stephanie R. "The 'War on Drugs': A War Against Women?". In: COOK, Sandy; DAVIES, Susanne. *Harsh Punishment: International Expe-*

riences of Women's Imprisonment. Boston: Northeastern University Press, 1999. pp. 211-29.

CALIFORNIA DEPARTMENT OF CORRECTIONS. *Monthly Ethnicity Population Report*, nov. 2000. Disponível em: <www.cdc.state.ea.us/reports/montheth.htm>.

CAMPBELL, Davara. Entrevista inédita para Justice Now. Prisão Feminina da Califórnia Central, 16 jul. 1999.

CAMPBELL, James. S. "Revival of the Eighth Amendment: Development of Cruel--Punishment Doctrine by the Supreme Court". *Stanford Law Review*, v. 16, n. 4, pp. 996-1015, jul. 1964.

CARLEN, Pat. Women's Imprisonment: *A Study in Social Control.* Londres: Routledge and Kegan Paul, 1983.

_____. (Org.). *Criminal Women.* Cambridge: Polity Press, 1985.

_____. (Org.). *Women, Crime and Poverty.* Filadélfia: Open University Press, 1988.

_____. *Alternatives to Women's Imprisonment.* Milton Keynes: Open University Press, 1990.

CHARACTERISTICS of Population in California State Prisons by Institution. Department of Corrections Services Division. Offender Information Services Branch. Estimates and Statistical Analysis Section Data Analysis Unit. Sacramento, CA, 30 jun. 2000.

CHEVIGNY, Bell (Org.). *Doing Time: Twenty-Five Years of Prison Writing.* Nova York: Arcade Publishing, 1999.

CLARK, Charles S. "Prison Overcrowding". *Congressional Quarterly Researcher*, v. 4, n. 5, pp. 97-119, 4 fev. 1994.

CLARK, Judy; Kathy BOUDIN. "Community of Women Organize Themselves to Cope with the Aids Crisis: A Case Study from Bedford Hills Correctional Facility". *Social Justice*, v. 17, n. 2, pp. 90-109, 1990.

COOK, Dee; HUDSON, Barbara (Orgs.). *Racism and Criminology.* Londres: Sage, 1993.

COOK, Sandy; DAVIES, Susanne (Orgs.). *Harsh Punishment: International Experiences of Women's Imprisonment.* Boston: Northeastern University Press, 1999.

COOKSON, Harriet. "A Survey of Self-Injury in a Closed Prison for Women". *British Journal of Criminology*, v. 17, n. 4, pp. 332-47, 1977.

CHURCHILL, Ward; WALL, Vander J. J. (Orgs.). *Cages of Steel: The Politics of Imprisonment in the United States.* Washington, DC: Maisonneuve Press, 1992.

CRENSHAW, Kimberlé. "Mapping the Margins: Intersectionality, Identity Politics, and Violence Against Women of Color". In: CRENSHAW, Kimberlé et al. (Orgs.). *Critical Race Theory: The Key Writings that Formed the Movement.* Nova York: New Press, 1995. pp. 357-83.

CRENSHAW, Kimberlé et al. (Orgs.). *Critical Race Theory: The Key Writings That Formed the Movement.* Nova York: New Press, 1995.

CURRIE, Elliott. *Crime and Punishment in America.* Nova York: Metropolitan Books, 1998.

DAVIS, Angela Y. *Women, Race and Class.* Nova York: Random House, 1981. [Ed. bras.: *Mulheres, raça e classe.* Trad. Heci Regina Candiani. São Paulo: Boitempo, 2016.]

_____. "From the Prison of Slavery to the Slavery of Prison: Frederick Douglass and the Convict Lease System". In: JAMES, Joy (Org.). *The Angela Y. Davis Reader.* Malden, Mass.: Blackwell, 1998. pp. 74-95.

_____. "Public Imprisonment and Private Violence: Reflections on the Hidden Punishment of Women". *New England Journal on Criminal and Civil Confinement*, v. 24, n. 2, verão 1998.

DAVIS, Christopher; ESTES, Richard; SCHIRALDI, Vincent. "Three Strikes: The New Apartheid". San Francisco: Centre on Juvenile and Criminal Justice, 1996.

DAVIS, Mike. "A Prison-Industrial Complex: Hell Factories in the Field". *Nation*, v. 260, n. 7, pp. 229-33, 1995.

DAYAN, Colin. *The Story of Cruel and Unusual.* Cambridge, MA: MIT Press, 2007.

DE GROOT, A.; HAMMET, T.; SCHEIB, K. "Barriers to Care of HIV-Infected Inmates: A Public Health Concern". *The Aids Reader*, maio/jun. 1996.

DE HAAN, Willem. "Abolitionism and the Politics of 'Bad Conscience'". In: BIANCHI, Herman; VAN SWAANINGEN, Rene (Orgs.). *Abolitionism: Toward a Non-Repressive Approach to Crime.* Amsterdam: Free University Press, 1986.

_____. *The Politics of Redress: Crime, Punishment and Penal Abolition.* Londres: Unwin Hyman, 1990.

DEL OLMO, Rosa. "The Economic Crisis and the Criminalization of Latin American Women". *Social Justice*, v. 17, n. 2, pp. 40-53, verão 1990.

DICKENS, Charles. *The Works of Charles Dickens.* V. 27: *American Notes.* Nova York: Peter Fenelon Collier and Son, 1900.

DOBASH, Russell P.; DOBASH, R. Emerson; GUTTERIDGE, Sue. *The Imprisonment of Women.* Oxford: Basil Blackwell, 1986.

DONZIGER, Steven R. (Org.). *The Real War on Crime: The Report of the National Criminal Justice Commission.* Nova York: Harper Perennial, 1996.

DOUGLASS, Frederick. "An Appeal to the British People". Discurso de recepção na Finsbury Chapel, Moorfields, Inglaterra, 12 maio 1846. In: FONER, Philip (Org.). *Life and Writings of Frederick Douglass.* V. 1. Nova York: International Publishers, 1950.

_____. "Address to the People of the United States". Discurso proferido na Convention of Colored Men, Louisville, Kentucky, 24 set. 1883. In: FONER, Philip (Org.). *Life and Writings of Frederick Douglass.* V. 4. Nova York: International Publishers, 1955.

DOUGLASS, Frederick. "Southern Barbarism". Discurso na ocasião do 24º aniversário da emancipação no Distrito de Columbia, Washington, DC, 1886. In: FONER, Philip (Org.). *Life and Writings of Frederick Douglass*. V. 4. Nova York: International Publishers, 1955.

_____. "The Color Line". *North American Review*, n. 132, jun. 1881. Reimpr. in: FONER, Philip (Org.). *Life and Writings of Frederick Douglass*. V. 4. Nova York: International Publishers, 1955.

_____. "The Condition of the Freedman". *Harper's Weekly*, 2 dez. 1883. In: FONER, Philip (Org.). *Life and Writings of Frederick Douglass*. V. 4. Nova York: International Publishers, 1955.

_____. "The Need for Continuing Anti-Slavery Work". Discurso no 32º Annual Meeting of the American Anti-Slavery Society, 9 maio 1865. In: FONER, Philip (Org.). *Life and Writings of Frederick Douglass*. V. 4. Nova York: International Publishers, 1955.

_____. "The Negro Exodus from the Gulf States". Discurso antes da convenção da American Social Science Association, Saratoga Springs, 12 set. 1879. *Journal of Social Science*, n. 11, pp. 1-21, maio 1880. Reimpr. in: FONER, Philip (Org.). *Life and Writings of Frederick Douglass*. V. 4. Nova York: International Publishers, 1955.

_____. "The United States Cannot Remain Half-Slave and Half-Free". Discurso por ocasião do 21º aniversário da emancipação no Distrito de Columbia, abr. 1883. In: FONER, Philip (Org.). *Life and Writings of Frederick Douglass*. V. 4. Nova York: International Publishers, 1955.

_____. "Why Is the Negro Lynched?". In: FONER, Philip (Org.). *Life and Writings of Frederick Douglass*. V. 4. Nova York: International Publishers, 1955.

DRESCHER, Seymour (Org.). *Tocqueville and Beaumont on Social Reform*. Nova York: Harper Torchbooks, 1968.

DU BOIS, W. E. B. *Black Reconstruction*. Nova York: Russell and Russell, 1963.

_____. "The Spawn of Slavery: The Convict-lease System of the South". *Missionary Review of The World*, v. 24, n. 10, pp. 737-45, s.d. New Series, v. xiv.

DYER, Joel. *The Perpetual Prisoner Machine: How America Profits from Crime*. Boulder, CO: Westview Press, 2000.

EATON, Mary. *Women After Prison*. Buckingham: Open University Press, 1993.

FEDERAL BUREAU OF PRISONS. "Quick Facts: April 2001". Disponível em: <http://www.bop.gov/fact0598.html#Citizenship>. Acesso em: 1 jun. 2001.

FELLNER, Jamie; MAUER, Marc. "Losing the Vote: The Impact of Felony Disenfranchisement Laws in the United States". The Sentencing Project and Human Rights Watch, 1998.

FIERCE, Milfred. *Slavery Revisited: Blacks and the Southern Convict Lease System, 1865-1933*. Nova York: Brooklyn College/CUNY, Africana Studies Research Center, 1994.

FLETCHER, Beverly R.; SHAVER, Lynda Dixon; MOON, Dreama G. *Women Prisoners: A Forgotten Population*. Westport, CT: Praeger, 1993.

FONER, Philip (Org.). *Life and Writings of Frederick Douglass*. V. 1/4. Nova York: International Publishers, 1955.

FOSTER, Thomas W. "Make-Believe Families: A Response of Women and Girls to the Deprivations of Imprisonment". *International Journal of Criminology and Penology*, v. 3, n. 1, pp. 71-8, 1975.

FOUCAULT, Michel. *Discipline and Punish: The Birth of the Prison*. Nova York: Vintage, 1979. [Ed. bras.: *Vigiar e punir: Nascimento da prisão*. Trad. Raquel Ramalhete. Petrópolis: Vozes, 1999.]

FRANKLIN, John Hope. *From Slavery to Freedom*. Nova York: Vintage, 1969.

FREEDMAN, Estelle B. *Their Sisters' Keepers: Women's Prison Reform in America, 1830-1930*. Ann Arbor: University of Michigan Press, 1991.

FRIEDMAN, Lawrence M. *Crime and Punishment in American History*. Nova York: Basic Books, 1993.

GARCIA, Maria; MENDOZA, Gina. Entrevista forense. 20 out. 1998. Prisão Estadual Valley para Mulheres.

GAUBATZ, Kathryn Taylor. *Crime in the Public Mind*. Ann Arbor: University of Michigan Press, 1995.

GEORGE, Amanda. "The New Prison Culture: Making Millions from Misery". In: COOK, Sandy; DAVIES, Susanne (Orgs.). *Harsh Punishment: International Experiences of Women's Imprisonment*. Boston: Northeastern University Press, 1999. pp. 189-210.

GIALLOMBARDO, Rose. *Society of Women: A Study of a Women's Prison*. Nova York: John Wiley, 1966.

GIBBONS, John J.; KATZENBACH, Nicholas de B. "Confronting Confinement: A Report of the Commission on Safety and Abuse in America's Prisons". Nova York: Vera Institute of Justice, 2006. Disponível em: <https://www.vera.org/downloads/publications/Confronting_Confinement.pdf>.

GILLIARD, Darrell K. "Prison and Jail Inmates at Midyear 1998". Bureau of Justice Statistics, mar. 1999. NCJ 173414.

GILMORE, Ruth Wilson. "Globalization and U.S. Prison Growth: From Military Keynesianism to Post-Keynesian Militarism". *Race and Class*, v. 40, n. 2/3, pp. 171-88, 1998-9.

GOLDBERG, David Theo. *Racist Culture: Philosophy and the Politics of Meaning*. Malden, Mass.: Blackwell, 1993.

_____. "Wedded to Dixie: Dinesh D'Souza and the New Segregationism". In: _____. *Racial Subjects: Writing on Race in America*. Nova York: Routledge, 1997.

GOTANDA, Neil. "A Critique of 'Our Constitution Is Color-Blind'". In: CRENSHAW, Kimberlé et al. (Orgs.). *Critical Race Theory: The Key Writings that Formed the Movement*. Nova York: New Press, 1995.

GRACE, Sharon et al. (Orgs.). *Criminal Women: Gender Matters*. Bristol, UK: Bristol University Press, 2022. Disponível em: <https://doi.org/10.56687/9781529208443>.

GREENFIELD, Lawrence A.; MINOR-HARPER, Stephanie. *Women in Prison*. Washington, DC: US Dept. of Justice, Office of Justice Programs, Bureau of Statistics, 1991.

GREENFIELD, Lawrence A.; SNELL, Tracy L. *Women Offenders*. Bureau of Justice Statistics Special Report. Washington, DC: US Department of Justice, 1999.

GUINIER, Lani. *The Tyranny of the Majority: Fundamental Fairness in Representative Democracy*. Nova York: Free Press, 1994.

HALL, Stuart et al. *Policing the Crisis: Mugging, the State and Law and Order*. Nova York: Holmes and Meier, 1978.

HANCOCK, Linda. "Economic Pragmatism and the Ideology of Sexism: Prison Policy and Women". *Women's Studies International Forum*, v. 9, n. l, pp. 101-7, 1986.

HARRIS, Cheryl. "Whiteness As Property". In: CRENSHAW, Kimberlé et al. (Orgs.). *Critical Race Theory: The Key Writings That Formed the Movement*. Nova York: New Press, 1995.

HAWKINS, Richard; ALPERT, Geoffrey P. *American Prison Systems: Punishment and Justice*. Englewood Cliffs, NJ: Prentice-Hall, 1989.

HEFFERNAN, Esther. *Making It in Prison: The Square, the Cool, and the Life*. Nova York: Wiley-Interscience, 1972.

HIRSCH, Adam J. *The Rise of the Penitentiary: Prisons and Punishment in Early America*. New Haven; Londres: Yale University Press, 1992.

HOWE, Adrian. "Prologue to a History of Women's Imprisonment: In Search for a Feminist Perspective". *Social Justice*, v. 17, n. 2, pp. 4-22, 1990.

_____. *Punish and Critique: Toward a Feminist Analysis of Penality*. Londres: Routledge, 1994.

HULL, Elizabeth A. *The Disenfranchisement of Ex-Felons*. Filadélfia: Temple University Press, 2006. p. 17.

HUMAN RIGHTS WATCH. *All Too Familiar: Sexual Abuse of Women in U.S. State Prisons*. Nova York: Human Rights Watch, 1996.

_____. *Cold Storage: Super-Maximum Security Confinement in Indiana*. Nova York: Human Rights Watch, out. 1997.

_____. *Locked Away: Immigration Detainees in Jails in the United States*. Nova York: Human Rights Watch, 1998.

_____. *Letter to INS Commissioner Doris Meisner*. Nova York: Human Rights Watch, 2000.

IRWIN, John; AUSTIN, James. *It's About Time: America's Imprisonment Binge*. 2 ed. Belmont, CA: Wadsworth Publishing, 1997.

JACKSON, Kim. "Patriarchal Justice and the Control of Women". *New Studies on the Left*, pp. 153-71, primavera 1989.

JACOBS, James B. *Stateville: The Penitentiary in Mass Society*. Chicago: University of Chicago Press, 1977.

JOHNSON, Regina. Entrevista jurídica, 3 mar. 1998. Prisão Estadual Valley para Mulheres.

JOHNSTON, Barbara Rose. "Environmental Degradation and Human Rights Abuse". In: _____. *Who Pays the Price? The Sociocultural Context of Environmental Crisis*. Washington: Island Press, 1994. pp. 7-15.

JOSE KAMPFNER, Christina. "Coming to Terms with Existential Death: An Analysis of Women's Adaptation to Life in Prison". *Social Justice*, v. 17, n. 2, pp. 11-125, 1990.

KRUTTSCHNITT, Candace. "Race Relations and the Female Inmate". *Crime and Delinquency*, v. 29, n. 4, pp. 588-9, out. 1983.

KUPERS, Terry. *Prison Madness: The Mental Health Crisis Behind Bars and What We Must Do About It*. San Francisco: Jossey-Bass, 2000.

LICHTENSTEIN, Alexander C.; KROLL, Michael A. "The Fortress Economy: The Economic Role of the US Prison System". In: ROSENBLATT, Elihu. *Criminal Injustice: Confronting the Prison Crisis*. Boston: South End Press, 1996. pp. 16-39.

LIVE Jail-Cam. 23 maio 2001. Disponível em: <www.crime.com>.

LLOYD, Eva. *Prisoners and Their Children*. Londres: Save the Children Fund, 1995.

LUBIANO, Wahneema. "Black Ladies, Welfare Queens, and State Minstrels: Ideological War by Narrative Means". In: MORRISON, Toni (Org.). *Race-ing Justice, En-gendering Power: Essays on Anita Hill, Clarence Thomas, and the Construction of Social Reality*. Nova York: Pantheon, 1992, pp. 323-63.

MAKING Standards Work: An International Handbook on Good Prison Practice. Haia: Penal Reform International, 1995.

MANCINI, Matthew J. *One Dies, Get Another: Convict Leasing in the American South, 1866-1928*. Columbia: University of South Carolina Press, 1996.

MANZA, Jeff; UGGEN, Christopher. *Locked Out: Felon Disenfranchisement and American Democracy*. Nova York: Oxford University Press, 2006.

MAUER, Marc. *Young Black Men and the Criminal Justice System: A Growing National Problem*. Washington, DC: The Sentencing Project, 1990.

MAUER, Marc; HULING, Tracy. *Young Black Men and the Criminal Justice System: Five Years Later*. Washington, DC: The Sentencing Project, 1995.

MCDERMID, Lea et al. *From Classrooms to Cellblocks: How Prison Building Affects Higher Education and African American Enrollment in California*. Washington, DC: Justice Policy Institute, 1996.

MCDERMOTT, Kathleen; KING Roy. "Mind Games: Where the Action Is in Prisons". *British Journal of Criminology*, v. 28, n. 3, pp. 357-77, 1988.

MCFEELY, William S. *Frederick Douglass*. Nova York: W. W. Norton, 1991.

MILLER, Jerome G. *Search and Destroy: African-American Males and the Criminal Justice System*. Cambridge: Cambridge University Press, 1996.

MILLER, Tekla Dennison. *The Warden Wore Pink*. Brunswick, ME: Biddle Publishing, 1996.

MOSLEY, Albert G.; CAPALDI, Nicholas. *Affirmative Action: Social Justice or Unfair Preference*. Nova York: Rowman and Littlefield, 1996.

NEWSOME, Melba. "Hard Time". *Essence Magazine*, v. 31, n. 5, pp. 146-50 e 210-14, 2000.

NIGHTLINE. *Crime & Punishment: Women in Prison: Medical Care*. 2 nov. 1999.

OLIVAS, Michael A. "The Chronicles, My Grandfather's Stories, and Immigration Law: The Slave Traders Chronicle as Racial History". In: DELGADO, Richard (Org.). *Critical Race Theory: The Cutting Edge*. Filadélfia: Temple University Press, 1995. pp. 15-24.

ORLAND, Leonard. *Prisons: Houses of Darkness*. Nova York: Free Press, 1975.

OSHINSKY, David. *Worse Than Slavery: Parchman Farm and the Jim Crow Justice System*. Nova York: Free Press, 1996.

RAFTER, Nicole Hahn. *Creating Born Criminals*. Urbana: University of Illinois Press, 1998.

REIMAN, Jeffrey. *The Rich Get Richer and the Poor Get Prison: Ideology, Crime and Criminal Justice*. 3. ed. Nova York: Macmillan, 1990.

RICHIE, Beth E. *Compelled to Crime: The Gender Entrapment of Battered Black Women*. Nova York: Routledge, 1996.

ROSENBLATT, Elihu (Org.). *Criminal Injustice: Confronting the Prison Crisis*. Boston: South End Press, 1996.

ROSS, Luana. *Inventing the Savage: The Social Construction of Native American Criminality*. Austin: University of Texas Press, 1998.

ROTMAN, Edgardo. *Beyond Punishment: A New View on the Rehabilitation of Criminal Offenders*. Nova York: Greenwood Press, 1990.

SELKE, William L. *Prisons in Crisis*. Bloomington: Indiana University Press, 1993.

SIMMONS, A. John et al. (Orgs.). *Punishment: A Philosophy and Public Affairs Reader*. Princeton: Princeton University Press, 1995.

SMART, Carol. *Women, Crime and Criminology: A Feminist Critique*. Londres: Routledge and Kegan Paul, 1976.

STEINBERG, Susann. Deputy Director of Health Care Services Division, California Department of Corrections, reunião com defensores de pessoas presas. Sacramento, CA: California Department of Corrections, 10 out. 2000.

STERN, Vivien. *A Sin Against the Future: Imprisonment in the World*. Boston: Northeastern University Press, 1998.

SUDBURY, Julia. "Transatlantic Visions: Resisting the Globalization of Mass Incarceration". *Social Justice*, v. 27, n. 3, pp. 133-49, 2000.

TERRELL, Mary Church. "Peonage in the United States: The Convict Lease System and the Chain Gang". *The Nineteenth Century*, v. 62, pp. 306-22, ago. 1907.

TOBIAS, D. E. "A Negro on the Position of the Negro in America". *The Nineteenth Century*, v. 46, n. 274, pp. 957-73, dez. 1899.

TOCQUEVILLE, Alexis de. *Democracy in America*. Nova York: Vintage Books, 1954. v. 1.

TONRY, Michael (Org.). *The Future of Imprisonment*. Nova York: Oxford University Press, 2004.

TRUTH to Power: Women Testify at Legislative Hearings. Trechos de audiências legislativas de mulheres encarceradas na Prisão Estadual Valley para Mulheres, 11 out. 2000, e na Instituição da Califórnia para Mulheres, 12 out. 2000. Produzido pela Women in Prison Emergency Network, 2000. Fita de vídeo, 40 min.

UN SPECIAL RAPPORTEUR ON VIOLENCE AGAINST WOMEN. *Report of the Mission to the United States of American on the Issue of Violence against Women in State and Federal Prisons.* Nova York: United Nations Economic and Social Council, 1999.

VAN SWAANINGEN, Ren[ac]e; JONGE, Gerard de. "The Dutch Prison System and Penal Policy in the 1990s: From Humanitarian Paternalism to Penal Business Management". In: RUGGIERO, Vincenzo; RYAN, Mick; SIM, Joe (Orgs.). *Western European Penal Systems: A Critical Anatomy*. Londres: Sage Publications, 1995.

WALKER, Samuel; SPOHN, Cassia; DELONE, Miriam. *The Color of Justice: Race, Ethnicity, and Crime in America*. Belmont, CA: Wadsworth Publishing, 1996.

WASHINGTON, Mary Helen. "Prison Studies as Part of American Studies". *American Studies Newsletter*, v. 22, n. 1, mar. 1999.

WELCH, Michael. "The Role of Immigration and Naturalization Service in the Prison-Industrial Complex". *Social Justice*, v. 27, n. 3, pp. 73-88, 2000.

WEST, Cornel. *Race Matters*. Boston: Beacon Press, 1993.

WHITIN, E. Stagg. *Penal Servitude*. Nova York: National Committee on Prison Labor, 1912.

WILBANKS, William. *The Myth of a Racist Criminal Justice System*. Monterey, CA: Brooks Cole, 1987.

WILLIAMS, Fiona. *Social Policy: A Critical Introduction*. Cambridge: Polity Press, 1989.

WOLLESWINKEL, R. Comunicação pessoal, 1996.

WRIGHT, Albert, Jr. "Young Inmates Need Help, From Inside and Out". *Emerge*, out. 1997.

ZEDNER, Lucia. "Wayward Sisters: The Prison for Women". In: MORRIS, Norval; ROTHMAN, David J. (Orgs.). *The Oxford History of the Prison*. Nova York e Oxford: Oxford University Press, 1998.

Índice remissivo

ações afirmativas, 30-1, 111, 193-4, 198, 237

África do Sul: pena de morte na, 133, 163

Alabama, 78, 121; arrendamento de pessoas condenadas no, 64, 66; *chain gangs* no, 122, 180-1; população prisional do, na Reconstrução, 66; prisões para mulheres no, 180-1; privação do direito ao voto para pessoas negras no, 35

Alpert, Geoffrey, 321*n*

Alternatives to Women's Imprisonment [Alternativas ao encarceramento de mulheres] (Carlen), 261

American Notes [Notas sobre os Estados Unidos] (Dickens), 37-8

Amerswiel: Prisão Feminina de, 241, 248, 252, 275-304

Anistia Internacional, 160, 163, 197

anticomunismo, 124, 132; *ver também* medo

aplicação da lei: militarização da, 124

Arpaio, Joe, 181, 310

arrendamento de pessoas condenadas, 11, 34, 59-89, 99, 102, 106; mulheres e, 86, 88, 176

arrendamento rural, 62, 65-6, 68, 77

Austrália: colonização na, 142; prisões na, 190, 201, 328*n*

Barry, Richard, 88

Beaumont, Gustave de: *On the Penitentiary System in the United States and Its Application in France* [Sobre o sistema penintenciário dos Estados Unidos e sua aplicação na França], 36-7, 48, 315*n*

Beccaria, Cesare, 163; *Dos delitos e das penas*, 143

Belknap, Joanne: *The Invisible Woman* [A mulher invisível], 170

Bell, Derrick, 40; "Racial Realism" [Realismo racial], 29; "The Space Traders" [Os comerciantes espaciais], 21-9, 40

Bentham, Jeremy, 96-7, 100, 145, 151, 163, 263

Bhavnani, Kum-Kum, 128, 232

Black Reconstruction [Reconstrução negra] (Du Bois), 69, 84

blackface: uso de, para cometer crimes, 73-4, 138

Bouvard, Marguerite, 312

branks (instrumento de tortura), 142, 169

Brazoria (Texas): Centro de Detenção de, 103

Brown, John C., 72

Broxton, Gloria, 207

Burnham, Linda, 183

Byrd, Alton, 86-7

cadeias: do condado de Maricopa, 218; do condado de San Francisco, 234, 239-40, 248-53, 262-5; em Nova Orleans, 222; estatísticas de, nos Estados Unidos, 154; na Índia, 143; na Pensilvânia, 146

California Civil Rights Initiative (CCRI) [Iniciativa de Direitos Civis da Califórnia, 1996], 30, 32

California Coalition for Women Prisoners, 226

California Department of Corrections and Rehabilitation [Departamento de Correções e Reabilitação da Califórnia], 44, 123, 192, 207-12, 224, 236-9

California Prison Focus, 226

Califórnia: financiamento da educação superior na, 193-4, 200

Campbell, Davara, 213-4

Capaldi, Nicholas, 31-2

Carlen, Pat: *Alternatives to Women's Imprisonment* [Alternativas ao encarceramento de mulheres], 261; *Women's Imprisonment* [Encarceramento de mulheres], 171

"cegueira racial", 30, 112-3

chain gangs (na atualidade), 122, 180-1, 310-1

chain gangs (pós-Guerra Civil) *ver* arrendamento de pessoas condenadas

Chambliss, William, 106

Chapman, Sherrie, 209

China: pena de morte na, 133, 163; taxa de encarceramento na, 152; trabalho prisional na, 157

Clinton, Bill, 112, 127

cobertura midiática do crime *ver* crime

Códigos da Escravidão, 60, 99, 137

Códigos Negros, 60-1, 71, 95, 99, 137

Coffey, Pamela, 210

Comitê Nacional do Trabalho Prisional, 64

complexo industrial militar, 158-9, 175, 188, 199

Compromisso Hayes-Tilden (1877), 62, 66

Conferência Internacional sobre Abolição Penal (ICOPA), 162

Connerly, Ward, 31-2

Conyers, John, 54

Corrections Corporation of American (CCA), 156, 190, 200, 202

crack, 92, 126, 139-140

crime: representação na mídia do, 130-1, 274; *ver também blackface*; medo; pobreza e crimecriminalização, 119; de imigrantes, 222; de mulheres, 126-7, 210, 219, 220, 222, 291; da pobreza, 36; do trabalho sexual, 219; *ver também* pessoas negras estadunidenses: criminalização de

Critical Resistance [Resistência crítica], 45, 226

Cuba, 233-4, 243-4, 251-2

Currie, Elliott, 177, 189

Dam, Bernadette van, 241-2, 252, 285, 296

Dayan, Colin, 46-7, 51

Décima Quarta Emenda, 39, 53, 164

Décima Quinta Emenda, 53, 66

Décima Terceira Emenda, 34, 53, 60, 65, 129, 137

democracia na América, A (Tocqueville), 36, 48-9

devido processo: de pessoas negras, 74, 138; do caso Furman, 164; em prisões, 51

Dickens, Charles: *American Notes* [Notas sobre os Estados Unidos], 37-8

direitos civis, 29-35

direitos humanos, 196-7, 217, 225-6, 277, 279, 285n, 310-2

Dobash, Russell P., 169, 260-1

Donziger, Steven, 92, 101

Dos Delitos e das Penas (Beccaria), 143

Douglass, Frederick, 34, 57-82, 85-9, 137, 317n, 319n; "Why Is the *Negro* Lynched?" [Por que o *negro* é linchado?], 76

Downes, David, 193

Du Bois, W.E.B., 63, 81-9; *Black Reconstruction* [Reconstrução negra], 69, 84

Elders, Joycely, 126

Emendas da Constituição dos Estados Unidos *ver* Décima Quarta Emenda; Décima Quinta Emenda; Décima Terceira Emenda; Oitava Emenda

encarceramento *ver* prisão e encarceramento

Escócia: cadeias e prisões para mulheres na, 171-2, 260-1

escolas: prisão e, 106, 193

escravidão, 34, 38, 47-50, 57-70, 258; perpetuação da, 77; punição corporal na, 95, 98; sistema de arrendamento de pessoas condenadas e, 82, 99; *ver também* Códigos da Escravidão; Décima Terceira Emenda

espetáculo público: punição como, 142, 169; *ver também* linchamento

estatísticas criminais, 134

estereótipos: sobre encarceramento, 303; sobre mulheres negras, 92-3, 126, 189, 266; sobre mulheres presas, 211, 257, 260; sobre presos, 25

esterilização, forçada, 214

eugenia, 88, 177

Evans, Linda, 192

execução *ver* pena de morte

Exodusters, 67, 69-70

Farrakhan, Louis, 111-2

FBI, 134

Fierce, Milfred, 62-3, 78, 86, 320n

financiamento da educação superior, 192-4, 200

Fitzgerald, Jodie, 207n

Fletcher, Beverly: *Women Prisoners* [Mulheres presas], 258-9

Foner, Philip, 61, 66

Foucault, Michel, 43, 97, 127, 150-1, 174, 260, 305; *Vigiar e Punir*, 141, 159, 330n

França: histórico da punição corporal na, 141; prisões na, 37, 48, 151, 235

freio de fofoqueira *ver branks* (instrumento de tortura)

Fry, Elizabeth, 148

Future of Imprisonment, The [O futuro do encarceramento] (Tonry), 42-3

Goldberg, David Theo, 94
Goldberg, Eve, 192
Grã-Bretanha *ver* Reino Unido
Greener, Richard T., 318*n*
"guerra ao crime", 132
Guerra ao Terror, 47
guerra às drogas, 138-9, 202, 204, 211, 222
Guinier, Lani, 27, 112

Harris, Cheryl, 74, 138
Hawkins, Richard, 321*n*
Hayes, Rutherford, 58, 62, 66
Henry, Beverly, 209
hepatite C (HCV) na prisão, 212, 225
Hirsch, Adam, 44
HIV, 193, 209, 212; e testagem de HIV na prisão, 212, 225, 299
Holanda, 139, 153, 161, 233, 237, 272-312; prisão Rasphuis da, 135; prisões para mulheres na, 234, 241, 248-53, 270, 275, 280, 292-304
"*homosecting*" [práticas homossexuais entre pessoas presas], 221, 269
Howard, John: *The State of Prisons* [O estado das prisões], 145-6
Hull, Elizabeth, 53
Huron Valley: Presídio Feminino de, 178-80

"imoralidade" sexual, 136, 148, 194
Índia: cadeias e prisões na, 143, 149
"indústria da punição", 115, 128, 154, 188
Inglaterra: domínio colonial pela, na Índia, 143; Elizabeth Fry, 148; estatísticas prisionais na, 155; Lei dos Pobres de 1834, 134; penitenciárias na, 145-6; punição de mulheres na, 169; transferência forçada na, 142
Instituição da Califórnia para Mulheres, 238-9, 241
instituições psiquiátricas, 136, 147, 206, 236
Instituto de Pesquisa em Humanidades da Universidade da Califórnia, 238-9
Invisible Woman, The [A mulher invisível] (Belknap), 170

Jackson, George, 160
Japão: política criminal no, 133
Johnson, Regina, 218
Johnston, Rose, 311
Justice Now [Justiça Agora] (organização), 213*n*, 226

Kirchheimer, Otto: *Punishment and Social Structure* [Punição e estrutura social], 144

latinos: prisão de, 39, 156, 216*n*
Legal Services for Prisoners with Children, 207*n*
Lei de Adoção e de Famílias Seguras (1997), 216
Lei de Reforma do Litígio Prisional, 223
leis de drogas, 153; descriminalização do uso de drogas e, 153, 227, 276; *ver também* crack; guerra às drogas
leis de sentenciamento, 204, 219; *ver também* leis do tipo "três faltas, tá fora"
leis de vadiagem, 61, 134, 137
leis do tipo "três faltas, tá fora", 118-9, 153, 204, 257, 274
lesbianidade, 136, 221, 268-9
linchamento, 75-6, 86, 88, 95, 142

Lopez, Theresa, 213
"louco" (rótulo), 147
Lubiano, Wahneema, 118

Making Standards Work [Fazendo as normas funcionarem], 277, 279, 284, 302-3
Malthus, Thomas, 114, 134
Mancini, Matthew J., 98; *One Dies, Get Another* [Se um morrer, compre outro], 79-80, 99, 318n
Mannheim, Hermann, 42
Manza, Jeff, 54
Maricopa (Arizona), condado de, 181, 218
Marx, Karl, 135
Mathiesen, Thomas, 159
medo: do comunismo, 119, 124; do crime, 118-9, 124, 126, 131, 256; de pessoas negras, 118
meninas, 64, 136, 219-220, 288; negras estadunidenses, 64, 220; no sistema de justiça juvenil, 219-20
Methvin, Eugene H., 114
Miller, Jerome, 29, 91, 105
Miller, Tekla Dennison, 178-80
monitoramento eletrônico (em prisão domiciliar), 157, 309
Morcum, Michael, 239
Morris, Norval: *The Future of Imprisonment* [O futuro do encarceramento], 42
Moseley-Braun, Carol, 117
mulheres asiáticas estadunidenses, 204, 264
mulheres brancas, 94-8, 176; encarceradas, 149, 171, 176; punição de, 87, 94, 96, 168; taxa de controle na justiça criminal e, 116, 204; *ver também* mulheres "perdidas"; punição corporal

mulheres latinas: Cadeia do Condado de San Francisco e, 264; detenção juvenil de, 220; prisão de, 203, 213
mulheres negras estadunidenses: aprisionamento de gênero e, 172-3, 194, 323n; criminalização de, 92; na escravidão, 95, 98; estereotipagem de, 92-3, 126, 189, 266; prisioneiras, 59, 86-7, 92-6, 114, 116, 126, 155, 176 (estatísticas, 177)
mulheres no sistema de arrendamento de pessoas condenadas, 86, 88, 176
mulheres "perdidas", 95, 98, 148
mulheres presas, 116, 126, 128, 139, 155, 167-84, 196-270; abuso sexual de, 182-4, 215, 216-9, 225; *chain gangs* e, 180-1, 310-1; filhas e filhos de, 284-97; infantilização e, 275, 295; negligência médica de, 207-12, 225; negras estadunidenses, 59, 86-7, 92-6, 114, 116, 126, 155, 176; parto de, 292; "perfil nacional", 259; saúde reprodutiva de, 213-6; uniformes e pulseiras de, 265, 281; vigilância de, 263, 269

Nações Unidas *ver* Organização das Nações Unidas (ONU)

Oitava Emenda, 46-7, 223
Oklahoma: população prisional feminina em, 259
Olivas, Michael, 23
On the Penitentiary System in the United States and Its Application in France [Sobre o sistema penitenciário dos Estados Unidos e sua aplicação na França] (Beaumont e Tocqueville), 36-7, 48
Organização das Nações Unidas (ONU):

Conferência Mundial da ONU de Combate ao Racismo, Discriminação Racial, Xenofobia e Intolerâncias Correlatas, 227; mulheres presas e, 197; Regras Mínimas para o Tratamento de Reclusos da (RM), 141, 161, 165, 206, 211-2, 277; saúde na prisão e, 208

Oshinsky, David, 64, 72, 76, 99

panóptico (Bentham), 96-7, 100, 105, 145, 151, 263
patriarcado e criminalidade, 135-6
pena de morte, 46, 133, 160, 162-4; histórico da, 141; opinião pública sobre a, 164
Penal Reform International [Reforma Penal Internacional] (ONG), 161, 206, 277, 297, 311
Penitenciária Estadual do Leste, 37, 48-9, 146
Penitenciária Estadual do Oeste, 146
pessoas nativo-americanas: detenção e encarceramento de, 39, 188, 203; esterilização forçada de, 214
pessoas negras estadunidenses: criminalização de, 58-65, 70-4, 82, 88, 92, 113-27, 137-8; encarceramento de, 30, 59, 91-6, 101-4, 114-7, 124 (corredor da morte, 163) (estatísticas, 29, 39, 50, 59, 91, 101, 116, 155-6, 193, 215n); Exodusters, 67, 69, 70; linchamento de, 76, 86, 88, 95, 142; privação do direito ao voto de, 35, 54, 81; Reconstrução Radical e, 53, 66; segregação na era Jim Crow de, 74; em "The Space Traders" (Bell), 21-9; *ver também* Códigos da Escravidão
Pieterse, Jan Nederveen, 285n

"Pig Law" (Mississippi, 1876), 71-2
pobreza e crime, 134-5
política de imigração, 24
Powell, Michael Lamar, 121
presos políticos, 158-60, 234
prisão e encarceramento, 26-54, 90-107, 131; alternativas a, 128-9; ativismo e abolicionismo de, 42, 158-60, 178, 202, 224-8; autoperpetuação de, 43, 151; complexo industrial prisional e, 26, 33, 40, 45, 100, 102, 154-6, 187-204; confinamento solitário em, 46, 165; detenção diurna em, 276; direitos de presos em, 39, 51-2, 277, 279, 283; estatísticas de, 28, 50, 59, 91, 101-2, 115-7, 139, 152-6, 177, 188, 235, 256, 274; histórico de, 37-8, 141-53; histórico nos Estados Unidos de, 36-9, 44-5; modelo de Auburn e, 146; modelo médico de, 151, 206; "modelo da Pensilvânia" e, 37-8, 100, 146; movimentos reformistas em, 175-6; negligência médica em, 207-12; "penitenciárias" e, 94-7, 100, 145-6; prisões de segurança supermáxima e, 104-5, 107, 165, 181, 188; privação do direito ao voto e, 34-5; privatização em, 102, 156-7, 162, 165, 190-1, 200; "reabilitação" e "reforma" em, 93, 150-1, 153, 175-6; Rebelião de Attica e, 159; Regras Mínimas para Tratamento de Reclusos em (RM), 141, 161, 165, 211-2; reincidência em, 93, 151, 274; "servidão penal" e, 77; sistema de arrendamento de pessoas condenadas em, 34, 59-89, 99-100, 102, 106; trabalho prisional em (na atualidade), 107, 121-4, 156-7, 191-2; turismo em, 49; vigilância de, 96-7, 145,

151, 263, 269; votos de presos em, 129; *ver também chain gangs* (na atualidade); HIV e testagem de HIV; mulheres presas; presos políticos; prisões abertas

prisões abertas, 280, 286-7, 299-302, 309; *ver também* prisões semiabertas

prisões para mulheres, 147-8, 155, 183, 196-228, 256; assédio e abuso sexual em, 215-9; campanhas anti-imigração e, 222-3; estruturas familiares substitutas e, 282; lésbicas e *homosecting*, 221, 269; Michigan, 178-80; na Holanda, 234, 241, 248-53, 270, 273-312; no Alabama, 180-1; sexualidade nas, 267-9

prisões semiabertas, 279, 286, 300

privação do direito ao voto, 129; para criminosos, 34-5, 52-4; para pessoas negras estadunidenses, 34, 54, 81

privatização de prisões, 102, 156-7, 162, 165, 190-1, 200

problemas de saúde mental e pessoas com questões de saúde mental, 205-6, 280

prostitutas e prostituição *ver* trabalhadoras do sexo e trabalho sexual

punição, 141-5; *ver também* pena de morte; prisão e encarceramento

punição corporal, 96, 98, 147-8; de mulheres, 94, 136, 142, 145, 168

Punishment and Social Structure [Punição e estrutura social] (Rusche e Kirchheimer), 144

quacres, 37, 147-8

raça e criminalização, 25, 28, 33, 39, 70, 111-29, 138, 189, 220; *ver também*

pessoas negras estadunidenses: criminalização

"Racial Realism" [Realismo racial] (Bell), 29

racismo, 117, 120, 127, 129, 177, 197, 203, 248-53; aspectos legais e, 26, 28; científico, 88; estrutural, 113-24, 170, 193; generização do, 237; na Holanda, 295; pena de morte e, 163; permanência do, 23, 27; prisão e, 107, 187-95

Rafter, Nicole, 177

reabilitação (drogas), 192, 226-7, 268, 280; Holanda, 241

"reabilitação" (termo), 188, 199

Rebelião de Attica, 159, 178

Reconstrução, 53, 66-7

Regras Mínimas das Nações Unidas para o Tratamento de Prisioneiros (RM) *ver* Organização das Nações Unidas: Regras Mínimas para o Tratamento de Reclusos (RM)

Reiman, Jeffrey, 257

Reino Unido: população prisional no, 155; prisões para mulheres no, 171-2; prisões privadas no, 156-7; *ver também* Escócia; Inglaterra

remoção forçada de pessoas negras estadunidenses *ver* "Space Traders, The" [Os comerciantes espaciais] (Bell)

Richie, Beth, 172, 174, 176, 323-4*n*

Rodriguez, Sylvia, 222-3

Ruffin v. Commonwealth of Virginia (caso), 33

San Francisco: Cadeia do Condado de, 234, 239-40, 248-53, 262-5

Schwarzenegger, Arnold, 44

sentenças mínimas obrigatórias, 204, 219

Serviço de Imigração e Naturalização

349

dos Estados Unidos (INS): centros de detenção do, 33, 188, 221-3

sexualidade feminina: policiamento da, 149, 194, 219-21, 267-9; *ver também* lesbianidade

"síndrome das mulheres vítimas de violência doméstica", 140, 172, 323*n*

Smart, Carol, 266

Sociedade dos Amigos *ver* quacres

"Space Traders, The" [Os comerciantes espaciais] (Bell), 21-9, 40

State of Prisons, The [O estado das prisões] (Howard), 145-6

Stern, Vivien, 328*n*

Terrell, Mary Church, 63, 81, 85-8

Tobias, D.E., 69, 81-2, 320*n*

Tocqueville, Alexis de, 315*n*; *A Democracia na América*, 36, 48-9; *On the Penitentiary System in the United States and Its Application in France* [Sobre o sistema penitenciário dos Estados Unidos e sua aplicação na França], 36-7, 48

Tonry, Michael, 42-3

tortura de mulheres, 142, 168, 217, 291; na punição capital, 75, 141

trabalhadoras do sexo e trabalho sexual, 94, 129, 142, 145, 219-20, 276

Uggen, Christopher, 54

Velez, Isabel, 243

violência contra mulheres, 140, 167-74, 196, 205-7; *ver também* tortura de mulheres

violência doméstica, 140, 167-71, 205

Wackenhut Corrections Corporation (WCC), 156-7, 190, 200, 202

Washington, Booker T., 62, 68, 81

Washington, Mary Helen, 236

Wilson, Pete, 119

Women Prisoners: A Forgotten Population [Mulheres presas; uma população esquecida] (Fletcher et al.), 258-9

Women's Imprisonment: A Study in Social Control [Encarceramento de mulheres; um estudo sobre controle social] (Carlen), 171

Wooten, James, 114

workhouses, 135-6, 151

Worse than Slavery [Pior que a escravidão] (Oshinsky), 64, 99

Wright, Albert, Jr., 90-1

xenofobia, 221; na Holanda, 248, 250

Zedner, Lucia, 177

ESTA OBRA FOI COMPOSTA PELO ACQUA ESTÚDIO EM MINION E IMPRESSA
EM OFSETE PELA GRÁFICA SANTA MARTA SOBRE PAPEL PÓLEN NATURAL
DA SUZANO S.A. PARA A EDITORA SCHWARCZ EM JULHO DE 2025

A marca FSC® é a garantia de que a madeira utilizada na fabricação do papel deste livro provém de florestas que foram gerenciadas de maneira ambientalmente correta, socialmente justa e economicamente viável, além de outras fontes de origem controlada.